第二言語リテラシーと
ストーリーテリング活動

―次世代の日本語学習者のコミュニケーションのために―

● 著者紹介

嶋津百代
　　ハワイ大学(日本語学修士 2000.8)
　　大阪大学(言語文化学博士 2008.6)
　　現在、高麗大学校文科大学日語日文学科助教授

第二言語リテラシーとストーリーテリング活動
―次世代の日本語学習者のコミュニケーションのために―

초판인쇄 2015년　2월　3일
초판발행 2015년　2월　10일

저　자 嶋津百代
발행처 제이앤씨
발행인 윤석현
등　록 제7-220호

주소 서울시 도봉구 우이천로 353 3F
전화 (02)992-3253(대)
팩스 (02)991-1285
전자우편 jncbook@hanmail.net
홈페이지 http://www.jncbook.co.kr
책임편집 김선은

ⓒ 嶋津百代, 2015. Printed in KOREA.

ISBN 978-89-5668-341-6　93730　　　　　　　　　　　　**정가** 35,000원

第二言語リテラシーと
ストーリーテリング活動

―次世代の日本語学習者のコミュニケーションのために―

제2언어 리터러시와 스토리텔링 활동
―차세대 일본어학습자의 커뮤니케이션을 위하여―

嶋 津 百 代

제이앤씨
Publishing Company

はじめに

　私たちの日常はストーリーで溢れている。私たちの人生も様々なストーリーに彩られている。普通の一日に起こった些細な出来事から、人生を変えた忘れられない出来事まで、誰にでも語りたいものがあり、語るべきものがある。

　そのようにして語られるストーリーは、人とのコミュニケーションにおいて様々な役目を果たしてくれる。自分の経験を例として語ることで、相手を笑わせたり説得したり、相手に何かを説明したり同意させたりすることができる。また、ストーリーを語ることは、語り手の自己表現や自己呈示にもなる。さらに、聞き手との相互理解を活性化させ、人との繋がりや結びつきの深化に貢献するものにもなる。

　本書は、語り手と聞き手双方がストーリーを共に構築していくことに着目して、このようなストーリーテリング活動を日本語学習者が行い、その活動の過程に観察できる第二言語能力を研究したものである。

　学習者の第二言語能力が最も創造的な形で具現化されるのは、ストーリーテリング活動においてであると、筆者は思う。日本語習得の途上にある学習者は、ブリコラージュ的にストーリーテリングを成立させていく。断片的な第二言語の知識を寄せ集め、かれらにとって使用可能なあらゆるリソースを動員して、ストーリーを語り、ストーリーに耳を傾ける。そして、語り手と聞き手の協働作業を通して、ストーリーに新たな意味づけを行い、コミュニケーションを達成させる。このように、ストーリーテリング活動は学習者のコミュニケーション能力のデモンストレーションとなるのである。

　本書は、学習者の第二言語リテラシーを定義することから始める。序論としての第1章は、本研究における問題意識を導いた先行研究の概観と本研究の理論的枠組み、さらに、本研究の目的と意義、本研究の研究設問について述べる。第2章は、本研究の言語活動に関する理論的背景を提示するものである。同時に、対話・実践・リテラシーという3つの観点から、第二言語話者 / 第二言語学習者の言語活動を検討する。第3章では、ストーリーテリングに関する先行研究を概観し、第二言語習得研究、および日本語教育研究における本研究の位置づけを明確にする。第4章では、本研究で用いた方法論を、データ収集やデータ分析の方法から説明する。

　そして、第5章から具体的なデータの分析に入る。第5章は、ストーリーテリング活動における学習者の対話を分析し、そこに具

現化され実践されている第二言語リテラシーの考察、第6章は、ストーリーテリング活動を教室活動としての側面から見た場合に観察される、第二言語リテラシーの考察が中心となる。続く第7章では、学習者とのインタビュー・データから、ストーリーテリング活動及び教室外での第二言語環境における学習者の様々な意識や気づきを取り上げ、そうした学習者の意識や気づきと第5章や第6章で考察する第二言語リテラシーの具現化や実践との関連を見ていく。また、学習者の意識や気づきに、学習者の第二言語話者としての行為の特質を観察し、さらに、ストーリーテリング活動の教室活動としての可能性も検討していく。最後の第8章は、データの分析結果を基に、第二言語話者の視点に立った第二言語能力の考察を含め、本研究の総括、本研究の示唆、そして本研究に残された研究課題や今後の教育的課題について述べる。

　本書もまた、1つのストーリーテリングである。日本語学習者に関する1つのストーリーとして、本書を読み進めていただきたく思う。本研究がささやかながらも、日本語教育をはじめとする第二言語教育分野に貢献できるのであれば、筆者としてこれに勝る喜びはない。

第二言語リテラシーとストーリーテリング活動

目 次

第二言語リテラシーとストーリーテリング活動

第1章 序論

第1章

序論

　21世紀に入り、英語の第二言語習得研究において、言語使用や
アイデンティティの問題など様々な側面から、英語を第二言語と
する者の特徴を提示しようとする研究が増えてきた(Cook, 2002)。
このことは、英語圏における多言語・多文化社会の実状を反映し
ている証拠でもあり、多数の第二言語話者[1]で構成されている社
会の様相を明らかにしようという試みの現われであるとも言え
る。また、第二言語教育の枠組みにおいては、対象言語の母語話
者[2]の言語能力や言語使用を目指すことが、第二言語学習者の言

---

　1)　本研究では、非母語話者として第二言語を使用する者に対して「第二言
　　　語話者」という用語を一貫して用いるが、教育現場において第二言語を
　　　学ぶ学習者に対しては「第二言語学習者」(あるいは「日本語学習者」)と
　　　いう用語も用いる。なお、本書では、日本在住の日本語学習者の言語
　　　活動を取り上げるため、外国語環境ではなく、第二言語環境における
　　　第二言語話者が対象となる。
　2)　本研究では、英語の "native speaker" "non native speaker" の日本語訳
　　　として、従来使用されている「母語話者」「非母語話者」と言う用語を基
　　　本的に用いる。ただし、本書で引用する先行研究において、「ネイティ
　　　ブ・スピーカー」「ノン・ネイティブ・スピーカー」という用語が使われて
　　　いる場合は、それに従う。

語学習の最終目標ではないという主張も出てきた(Cook, 2002; Kramsch, 1998)。つまり、母語話者の視点から第二言語学習者の育成を目指してきた教育を見直し、第二言語学習者の視点に立った第二言語教育のあり方が探求され始めたと言えよう。

　日本においても、第二言語としての日本語話者を取り巻く環境は、言語的にも文化的にも社会的にも以前より多様化してきている。法務省入国管理局の報告によれば、東日本大震災が起こった平成23年以降の日本における外国人登録者数は前年度に比べて減少したものの、平成24年末時点において203万3656人の外国人が在留している(法務省入国管理局, 2014)。日本政府も今後、外国人労働者や留学生を積極的に受け入れていくことを方針として打ち出している。

　外国人定住者が増えるということは、日本語母語話者との接触場面だけでなく、第一言語が異なる日本語非母語話者同士が、日本語を媒介としたコミュニティを形成する場面が増えることを意味する。例えば、日本語教室というコミュニティではもちろん、日本語母語話者である教師を除いて、日本語学習者は同国人同士、あるいは他国からの留学生などと日本語で活動を共にすることになる。つまり、日本語学習者を取り巻いている日本語環境は、言語的側面においても社会文化的側面においても、日本語母語話者同士が通常体験するものと必ずしも同じではない。

　日本語教育にとって、こうした現状は決して無視できない。第二言語によるコミュニケーション能力(communicative competence, Hymes, 1972a; Canale & Swain, 1980)の獲得を目指したコミュニカ

ティブ・アプローチが、教育実践のあり方の指針として日本語教育実践に採用されるようになって久しいが、近年、コミュニケーション能力という概念自体が捕捉しきれていないという指摘や（森, 2005）、今後の「言語能力の捉え方が言語教育のあり方を決定づける」（川上, 2005a, p.3）という示唆もあり、日本語教育においても学習者の目指すべき日本語能力を再検討しようという動きが見られる。母語話者が有する言語能力の観点からではなく、第二言語話者にとっての第二言語能力をどう捉えるかが、第二言語としての日本語に関する研究の現下の課題であろうし、また、このような問題意識を持って、日本語教育に従事する者がどのような日本語教育を目指し、どのような教室実践を創造するかという教育理念の根本的な見直しが必要とされていると言えよう。

　そのような状況下にある第二言語環境において、第二言語話者である日本語学習者に求められている日本語能力とは何であろうか。日本語教師は、学習者のどのような言語行為に注目し、学習者の日本語能力をどのように評価すればいいのだろうか。本研究は、このような問いへの答えを探る試みとして、日本語学習者の言語活動の実践そのものに着目し、第二言語話者の視点から見た第二言語能力を考察するものである。対象言語の母語話者をモデルとし、その比較において非母語話者の言語能力や言語使用を評価するというパラダイムを脱した視点から、学習者同士が経験している言語活動を捉え、日本語学習者の様々な行為が観察される具体的な現象を提示していく。

　以下、本章では、本研究の問題意識を導いた第二言語話者の概

念および第二言語の能力観についての先行研究を概観する(1.1)。次に、第二言語能力を考察するにあたっての本研究の理論的枠組みを説明する(1.2)。そして、本研究の目的と意義を述べた後(1.3)、本研究の研究課題を概括的に整理する(1.4)。

1.1 第二言語話者と第二言語能力

先述したように、本研究は、日本語学習者の様々な言語行為が観察される具体的な現象を提示し、第二言語話者の視点から見た第二言語能力を考察するものである。従来の第二言語教育が内包する母語話者の言語規範に基づく言語能力を理想とした枠組み自体を疑問視する観点から、第二言語学習者の言語能力を捉えていく。そこで、本研究の出発点として、第二言語話者の視点から見た第二言語能力をどう捉えるべきかといった本研究の問題意識を導いた先行研究を紹介したい。本節では、「母語話者」と「非母語話者」という二項対立的な観点を批判的に考察している先行研究を概説しながら、第二言語話者の理念的な概念を明らかにしていく(1.1.1)。そして、従来の第二言語教育で提唱されてきた学習者の能力観を整理するとともに、近年議論されている新たな能力観についての動向も合わせて論じていく(1.1.2)。

1.1.1 第二言語話者の概念

　1990年代後半以降、欧米の第二言語習得研究や応用言語学研究において、母語話者の定義の見直しが研究テーマとして盛んに取り上げられるようになった。このような背景には、グローバル化する世界レベルで英語が使用され国際語として認識されるようになった経緯があり、英語話者の民族的・言語的側面の多様性に注目した研究が増える中で、「母語話者とは誰か」という定義づけの問題が浮上したためと考えられる。例えば、Davies(1991, 2003)は、応用言語学研究における母語話者の概念のあいまい性を指摘し、母語話者が有していると考えられる言語的・社会言語的・心理言語的な能力の側面を検証し直すことで、母語話者を定義づけている根拠のない要因と、母語話者の現実を構築している実質的な要因を整理している。さらに、そのような母語話者の概念を構成している要因から、非母語話者が対象言語の母語話者のようになれる可能性と、その際生じるであろう諸問題についても論じている。

　また、大平(2001)も第二言語習得研究におけるネイティブ・スピーカーの定義に関する先行研究を概観し、ネイティブ・スピーカーの定義の方法を「当該言語との接触開始時期に着目した時間説、当該言語使用における有能さに着目した能力説、現実の諸要素を捨象し、完全な能力を有する理想的な話者を想定した理想説」(p.99)に分類している。大平は、このように様々に定義可能なネイティブ・スピーカーという概念自体が、その規範からの逸脱と

して、ノン・ネイティブ・スピーカーという属性を形成していることを指摘している。また、ネイティブ・スピーカーとノン・ネイティブ・スピーカーの接触場面において、コミュニケーション上の何らかの問題の原因をノン・ネイティブ・スピーカーの言語能力不足に起因していると見る限り、こうした属性は継続的に維持され続けることになってしまうという。

　Kramsch(1998)は、このような母語話者性や非母語話者性という概念が、言語使用の真正性(authenticity)や正統性(legitimacy)を支持するために、ある種の「権威(authority)」を母語話者に与えることになると捉えている。つまり、言語使用の真正性や正統性を維持するには、理想的なモデルとしての話者を必要とするため、その言語に関する知識を最も多く所有し、その言語を最もオーセンティック(authentic)に使用するとされている母語話者の存在が重要な意味を持つのである。しかし、こうした言語使用の真正性や正統性、そして母語話者の権威は、多くの非母語話者で構成されている多言語・多文化社会においては、その意味を失うことをKramschは指摘している。言語使用の真正性や正統性が意味を失うと、母語話者と非母語話者という概念の二項対立的な関係自体、意味を成さなくなる。先述のDavies(2003)が指摘した母語話者の概念の曖昧性は、そのような「多言語・多文化社会の曖昧な部分(grey zones of our multilingual, multicultural societies)」(Kramsch, 1998, p.27)が生んだ、いわば当然の帰結であると言える。

　西口(2005manuscript)も、母語話者と非母語話者という二項対立関係を脱する視点を提案している研究者の一人である。西口はま

ず、日本社会において「十全に日本語を使用できる者」を日本語話者と呼び、そうした日本語話者の全体集合の各部分集合を構成している属性を、家庭環境や地理的・社会的環境から分類し整理している。そして、我々の意識や態度に由来する、日本語非母語話者に対する排除の構造と同化の圧力といった観点から、「わたしたち日本語母語話者」という観念の排他的な側面に一石を投じている。そこで、西口は、母語話者と非母語話者の二項対立を止揚する新たなカテゴリーとして、属性としてではなく「能力としての日本語話者」という概念を導入し、そのような話者から成る「日本語話者世界の形成」を提案している。

　以上、母語話者と非母語話者という対立的概念を再考し、第二言語話者の概念の捉え直しを試みている先行研究を概観した。これらの先行研究が示唆している点は、まず、現行のあるいは今後の多様な社会変化に鑑みて第二言語話者を定義するには、母語話者と非母語話者という二項対立的な見方を脱する視点が要求されていることが挙げられる。次に、母語話者や非母語話者という属性は生得的に与えられるものではなく、「能力」として言語を習得しさえすれば、誰でもコミュニティのメンバーシップを獲得できるべきだという点である。母語話者であろうと非母語話者であろうと対象言語社会における様々なコミュニティに属すことができ、そのコミュニティのメンバーとして他者から認識されることは可能であろう。しかし、大平(2001)が指摘したように、規範からの逸脱としての「非母語話者」の疎外は、極言すれば、かれらの対象言語能力には関係なく、対象言語のコミュニティが「能力と

しての第二言語話者」を受け入れるかどうか、また、非母語話者自身が対象言語話者としての自信やアイデンティティを持ちえるかどうかといった意識や態度のあり方の問題にも還元されると言えよう(Davies, 2003; 西口, 2005 manuscript)。

1.1.2 第二言語の能力観からリテラシー観へ

次に、本項では、第二言語習得研究や第二言語教育において、これまで提唱されてきた第二言語の能力観を整理しつつ、近年議論されているリテラシー観に関する論考を概観していく。

第二言語教育の分野においては、文法体系に関する生得的な認知能力に注目したChomsky(1965)の言語能力(linguistic competence)に始まり、言語運用に関わる能力の重要性を示唆して提唱されたHymes(1972a)のコミュニケーション能力(communicative competence)に到って、学習者が習得すべき「能力」の定義が議論されてきた。そして、Canale & Swain(1980)やBachman(1990)等によって、Hymesのコミュニケーション能力の内容がより明確化され、この能力観に基づいた、第二言語あるいは外国語教授法としてのコミュニカティブ・アプローチが生まれた。

しかし、近年、このコミュニケーション能力の概念の限界が指摘され始めた。例えば、コミュニケーション能力は「言語使用という面を強調した概念であるにも関わらず、基本的にはやはりそれぞれの個人が所有し発話の際に適用するものという観点が強調され、実際に言語能力を示す場であるインターラクションにおい

て、他者との相互行為がいかに個人の言語能力の表出に作用するかという観点への認識が浅い」(森, 2005, p.194)という指摘がある。さらに、対象言語話者との適切で円滑なコミュニケーションの達成を目指したコミュニケーション能力の概念は、近年のグローバル化時代では自明となった対象言語の非母語話者同士の接触場面のコミュニケーションに対応しきれなくなったという指摘もある(Kramsch, 2006)。

こうしたコミュニケーション能力に対する批判的指摘から、第二言語習得を研究する新しい理論的枠組みとして「相互行為能力(interactional competence)」が提唱された(Hall, 1995; Young, 1999等)。能力を個人の特性として捉え、具体的な相互行為実践から独立した形で評価してきたコミュニケーション能力の概念とは異なり、相互行為能力の概念では、その能力は他者との相互行為を通して協働的に構築されるという視点が強調され、より経験のある他者と共に相互行為の実践に参加することによって習得されるものであるとする。

また、コミュニケーション能力の概念が扱わなかった文化やアイデンティティやイデオロギーの問題を見据え、コミュニケーション能力を補足するものとして提唱された能力観に「異文化能力(intercultural competence)」(Lo Bianco, Liddicoat, & Crozet, 1999)がある。この異文化能力の概念は、「異文化に対応する話者(intercultural speaker)[3]」を育成するために明確化された能力観であ

---

3)「異文化に対応する話者」(intercultural speakerの日本語訳は、川上(2005b)より借用)は、言語教育における異文化間コミュニケーションの重要性

る。異文化能力とは、簡潔に言えば、他者との交流において他者
の考え方を受け入れ、互いの相違を認識し評価できる能力を指
す。また、所与のコンテクストにおいて自身の判断で対応を決定
でき、その場で自らが適切だと考える言語形式や言語使用を選択
できるような適応力のことである。この能力観は、文化の相違に
ついての観察や批判的分析、その場で起こっている文化現象の解
釈などが、異文化間の相互理解につながるという啓発的な信念の
下、学習者の単一的な意識や態度を変化させ、異文化の相違や多
様性についての意識を涵養することを目指している。

　このように、コミュニケーション能力の限界に応じる形で提唱
された能力観は、コミュニケーション能力という概念が言語教育
に与えてきた貢献を認めながらも、他者との相互行為や文化的価
値観といった側面をより具体的な形で「能力」と関連づけたもので
あると言える。

　ここで、英語教育や日本語教育において、近年注目されるよう
になったリテラシー観について説明しておきたい。本来、リテラ
シーとは、母語使用場面における文字の読み書き能力、つまり識
字力に限定された能力を意味していた。現在、言語教育で扱われ
ているリテラシーの定義は、情報を受信して解読できる、あるい
は情報を発信できるという読み書きのスキルとしてのリテラシー
を超えて、「何かを理解し、その理解を行動のために使いうるも
の」(細川，2006，p.130)といった、より包括的なリテラシーの捉え

_____

を踏まえ、Byram& Zarate(1994)やKramsch(1998)が提唱した言語話者
の概念である。

方へと変化してきた。

　英語教育では、20世紀から21世紀への移行期に、イギリスの言語教育実践者から成るThe New London Groupが、21世紀の英語教育のあり方について問題提起し、「マルチ・リテラシーズ(Multiliteracies)」(The New London Group, 1996, 2000; Cope & Kalantzis, 2000)というリテラシー観を提唱した。このマルチ・リテラシーズという概念は、読み書き能力を含意したリテラシーの従来の意味を踏まえた上で、多言語・多文化社会において時代が要求する新たなリテラシーの総体を提示しようとするものである。ますますグローバル化している国際社会においては、同一言語であっても、そのレジスターや方言、また、そこから派生したリンガフランカを用いる様々な言語話者と交渉できる能力を身につけなければならない。さらに、新しいマルチメディアやテクノロジーの発展に伴って出現してきた様々なテクスト形式にも対応できるような能力の獲得も必要であろう。この「リテラシーズ」は、言語能力そのものだけでなく、あらゆる活動において必要とされる能力を統合的に、また相互構成的に捉え、様々な「能力の集合体」として扱われている。

　日本語教育においても、こうしたリテラシーの概念が、日本語学習者の言語能力観の見直しのための指針として導入されはじめている(川上, 2005a; 細川, 2006等)。例えば、日本語教育者が創設した「リテラシーズ研究会」は、日本語教育・日本事情教育において新しい展望を切り開く概念として、リテラシーの「文化」的側面を取り上げ、「文化リテラシー」(Hirsch, 1987)の追究を掲げてい

る。また、言語・文化・教育という枠組みを軸にして、リテラシーを「知識」ではなく「能力」と捉えること、文化の多様性を前提とすること、人が文化を捉えなおし続ける過程を重視することを、リテラシーに関する共通理解としている(リテラシーズ研究会, 2005)。

　このリテラシーズ研究会を担う研究者の一人である細川(2003, 2006, 2007)は、「文化」を「人間一人一人の個人の中にある暗黙知の総体」(細川, 2003, p.40)と捉えており、この「暗黙知の総体」は個人の中に個人知として存在するものであるため、「個の文化」と呼んでいる。「個の文化」観は、人間の認識はすべて個人に属するものであり、集団自体が認識を持つということはあり得ないという見解から出発し、個人の認識や表現、ひいては生き方そのものが文化であると考える。そして、この「個の文化」観に関連した能力として挙げられているのが「文化リテラシー」である。細川にとっての「文化リテラシー」は、「個人の中の『文化』をインターアクションという行為によって、自らの外側に存在する他者とやりとりする力」(細川, 2006, p.139)である。細川は、こうした「文化リテラシー」に関して、以下のように述べている。

　　重要なことは、外側から何かをもらってくるのではなく、自分の中にあるものをどのように熟成・醸成させ、そしてそれ4)発信し、他者とそれを交換していくかだということではないだろうか。しか

---

4) 「それ」の後に助詞が抜け落ちているか、あるいは、入力ミスと思われるが、原文のまま引用してある。

もそれは常に更新し続けるものである。が、その更新し続ける自分
固有の文化をどのようにして豊かにしていくかということだと筆者
は考える。その意味では、ことばと文化を結ぶ力とは、自分の外側
にあるものを知識として獲得することではなく、自分の中にある固
有のイメージを絶えず更新していく能力だと思われる。

(細川, 2006, p.139)

　上述したように、従来のコミュニケーション能力観から見れ
ば、学習者の第二言語能力は習得されうるものであり、一度習得
されると具体的で個別的な状況においても一様に再利用され続け
るものとして捉えられ、また、教師が援助するべき能力として物
象化して扱われてしまう怖れがある。しかし、実際には、上述の
細川(2006)のリテラシー観が示唆しているように、学習者のリテ
ラシーは他者との対話を通して立ち現れるものであり、その場で
立ち現れたリテラシーはまた、さらに積み重ねられていく対話に
よって常に修正されていくものと見ることができる。この点にお
いて、昨今日本語教育において展開されているリテラシー観は、
リテラシーを、他者との対話を通して常に修正、更新されていく
ものであると捉えている点において注目に値する。
　さらに、細川(2007)では、日本語学習者のことばの獲得に関す
る、以下のような指摘がある。

　　ことばを獲得することは、定められた語彙・文型を知識として学
　習することを目標とするものではなく、その向こうにある学習行為
　者一人一人の思想の表現されることがめざされるべきであろう。ま

た、この場合には、その一人一人の思想の質が教室という活動にお
いて問われなければならない。これは第一・第二の言語の別を超え
て行われるべきことであろう。　　　　　　　　　　　（細川, 2007, p.83）

　このように、細川にとって「ことばの獲得」とは、学習者が自身
の思想の表現を獲得していくことであり、また、思想自体の質の
向上を目指すことを意味している。さらに、こうした「ことばの獲
得」は、第一言語と第二言語の区別なく、学習者が獲得しなけれ
ばならないリテラシーとして捉えられている。このようなリテラ
シーの捉え方においても、細川のリテラシー観は明らかに従来の
能力観とは一線を画するものであると言える。

　以上、本節では、本研究の問題意識でもあり研究目的でもあ
る、第二言語話者の視点に立って第二言語能力を捉えるための契
機となった先行研究を概観した。次節では、日本語学習者の言語
活動の観察と記述、及び、日本語学習者の言語能力の考察にあた
り、本研究が採る理論的枠組みを説明する。

1.2　本研究の理論的枠組み

　前節1.1.1で概観した先行研究が示唆しているように、母語話者
の言語使用を理想として、それらを第二言語教育の指導目標に据
えることは、学習者に母語話者の話し方や書き方を真似るよう要
求することになり、学習者自身の歴史的背景や社会的・文化的ア

イデンティティを喪失させることに繋がりかねない。そうした学習者への要求は非現実的であり、接触場面において謂われのない有利な特権を母語話者に与えることになってしまう。母語話者の言語使用は、ある社会で認識され構築されてきた一つの現実ではあるが、非母語話者が従事するコンテクストにとって必ずしも重要ではないことを認識する必要がある。

　先述したように、本研究は、第二言語話者の言語能力を捉える際に、対象言語の母語話者の言語能力を規範として、非母語話者の言語能力を評価するといったパラダイムから、第二言語話者の視点に立ち、第二言語話者の言語能力を評価していくパラダイムへの転換を目指すものである。そのための理論的枠組みとして、本研究は、第二言語話者の言語活動の特徴に鑑み、Cook(1991, 1992, 2002)が提唱している「マルチ能力(multicompetence)」の概念を用いる。以下、本節では、第二言語話者の言語能力を考察する際に、本研究が採る理論的枠組みとして、Cookの「第二言語使用者」の理論、及び「マルチ能力」の概念を紹介する(1.2.1)。その後、それらの理論に基づき、本研究における第二言語リテラシーの定義を述べる(1.2.2)。

1.2.1 第二言語話者の言語活動を捉えるパラダイム

　Cook(2002)の定義によれば、第二言語が用いられる環境や第二言語の能力のレベルにかかわらず、第二言語に関する知識を有し第二言語を使用するという意味では、誰もが「第二言語使用者

(second language user)」でありうる。そして、第二言語使用者の中でも、特に言語習得の過程にある者は、「第二言語学習者(second language learner)」と呼ばれる。このCookの「第二言語使用者」と「第二言語学習者」の分類に従えば、本研究の対象である第二言語環境において生活している日本語学習者は、教室で日本語を学ぶという意味では「第二言語学習者」であるが、同時に、第二言語としての日本語に関する知識を持ち、それらを基に第二言語を使用する「第二言語使用者」として、教室内外における活動に参加していると言えるであろう。

また、Cook(2002)は、2言語以上を操るバイリンガル(あるいはマルチリンガル)である「第二言語使用者」は、かれらが使用する第一言語と第二言語の言語的側面や社会文化的側面、認知的側面などから見て、1言語のみ習得しているモノリンガルである母語話者とは、その性質が異なっていることを主張している。その根拠として、例えば、第二言語使用者は第一言語と第二言語の両言語に関する知識を有しているので、その言語に関する知識の豊富さは、モノリンガルである母語話者と同一であるとは見なされないことなどを挙げている。

本研究は、こうしたCookの観点に同意するものである。従来の第二言語教育を批判的な眼で捉えてきたCookは、「第二言語の最終到達点が何を意味するのかが未だ解決されていないのに、そうした最終到達点がモノリンガルである母語話者と同じであるべきだとする理由は決して本質的ではない」(2002, p.6)と指摘し、対象言語の母語話者の言語能力や言語使用を目指すことが、第二言語

学習者の言語学習の最終目標ではないことを主張してきた[5]。こ
のようなCookの観点は、現在の社会状況の複雑さやそこで生活す
る第二言語使用者の多様性を認めており、また、対象言語の母語
話者をモデルとし、その比較において非母語話者の言語能力や言
語使用を評価するという視点からではなく、第二言語学習者の価
値規準から見た言語能力を提唱しようというCookの試みの基盤と
なっている。

　このような観点から、Cook(1991, 1992, 2002)は、第二言語使用者
の「マルチ能力(multi-competence)」の概念を提唱している。マルチ
能力とは、1つの思考において2つ以上の言語に関する知識が共存
している状態を指し、学習者が習得している第一言語と第二言語
の両知識を示す言語能力のことである。学習者の第二言語能力
を、対象言語の母語話者に満たない不完全なものとして捉えるの
ではなく、第一言語と第二言語の両言語を含めた学習者の言語能
力の総体として捉えている。つまり、第二言語話者は、第一言語
と第二言語の両言語に関する知識を、あらゆる活動を達成するた
めのリソースとして用いることができると考える。

　例えば、このマルチ能力の観点では、第二言語学習者の複言語
使用を第二言語能力の不足を示しているとは見なさず、学習者の

---

5) Cook(2002)によれば、第二言語学習者の場合は、同様に学習途上にあっ
　て、より多くの知識を得た第二言語学習者、あるいは第二言語使用者
　を学習目標のモデルにすべきであるという。第二言語教育研究において
　第二言語話者の言語能力や言語使用を評価する際には、対象言語の母
　語話者に代わるモデルとして、「成功した第二言語使用者(successful
　second language user)」を規準にすることを提案している。

言語に対するマルチ能力の現れと解釈する。従来の第二言語習得研究は、第二言語学習者が対象言語の母語話者に近づくことを理想とすることから、学習者の発話における母語使用やコードスイッチングを、学習者の不十分な第二言語能力に起因するものと解釈することが多い。しかし、マルチ能力観では、そのような学習者の複言語使用を、対象言語の母語話者の言語使用の規準からではなく、第二言語学習者独自の言語使用の表出といった観点から捉えるため、そうした言語使用において学習者が実際に何を行おうとしているのかを探る(Belz, 2002)。

学習者にとって重要なのは、自分の伝えたい意味や概念を言語化するために、ある言語記号を単に再生するのではなく、その記号の慣習的な意味を超えて、第二言語話者として独自の新しい意味を吹き込み、再記号化することである。マルチ能力観が示唆しているのは、このような学習者の独自性が、学習者自身が第二言語話者としての発話や行為を発達させていく契機になるという点であり、本研究もそのような視点に立つ。

1.2.2 第二言語リテラシーの定義

本節の最後に、本研究における第二言語リテラシーを定義しておく。本研究では、学習者のリテラシーを、従来のコミュニケーション能力観の範疇で扱われてきたような、第二言語学習者すべてが獲得するべき一定の能力と捉えるのではなく、前節1.1.2で紹介した細川(2006)のリテラシー観が示唆していたように、リテラ

シーは具体的で個別的な活動における他者との対話を通して立ち
現れるものであるとし、そして、その場で立ち現れたリテラシー
は、さらに、積み重ねられていく対話を通して常に更新され、修
正されていくものと見る。

　しかし、前節で引用したように、細川(2007)のリテラシー観
は、第二言語を媒介にして他者と対話する日本語学習者を対象に
しているものの、学習者の第一言語や第二言語に関わらず、学習
者の「ことばの獲得」をリテラシー観の中心に据えている。した
がって、細川の考察に付け加えるとすれば、日本語学習者間の対
話を通して行われるリテラシーの修正や更新が「第二言語である日
本語」のことばを媒介にして行われていくという点であろう。ここ
に、筆者が、他の学習者との対話を通して具現化していく日本語
学習者の「リテラシー」を「第二言語リテラシー」と呼ぶ所以があ
る。つまり、第二言語としての日本語学習者にとっての「第二言
語リテラシー」というのは、利用可能なあらゆる日本語のリソース
を媒介にして自身のことばを創造していくことであり、そうした
リソースを用いて他の学習者との対話に貢献でき、また、第二言
語話者としての行為を実践していくことであると考えるからであ
る。

　そこで、本研究は、上述のCook(2002)の「マルチ能力」の概念を
援用し、日本語学習者の第二言語リテラシーが「学習者の思考に
おいて、学習者がこれまでに習得している第一言語と習得過程に
ある第二言語に関する知識、そして、両言語による言語体験が共
存した状態にある」と捉える。特に、本研究の対象となる日本語

学習者は、大学の日本語クラスを受講する時点で、第一言語や第二言語を媒介にして、様々な状況において振舞う指針となる、ある種の行為体系や言語機構をすでに獲得している。それらを基に、他の学習者と協働して創造していく第二言語で示された現実の様態が、学習者のリテラシーが具現化される場であると考える。学習者は、第一言語あるいは第二言語を媒介にして得たリテラシーを、活動を達成するためのリソースとして用い、活動の実践においては、そうした両言語による二重の言語体験を経験していることになると言える。

　細川(2006)が述べているように、第二言語学習者が「自分の中にあるものを表現化していく過程で、自らに固有のものをどのようにして自覚化・意識化していくかということが、ことばと文化の教育に問われている」(p.139)と言えるであろう。したがって、学習者が自身の第二言語リテラシーをどう扱っているか、第二言語リテラシーに対する学習者自身の理解がどのように彼らの行動を導いているかといった視点が、第二言語リテラシー研究の出発点となるべきであり、日本語教育と直結するべきところであると考える。

1.3 本研究の目的と意義

　本節では、本研究の目的と意義について説明する。本研究は、日本語学習者の様々な言語行為が観察される具体的な現象を提示

し、第二言語話者の視点から見た第二言語能力を考察するものである。また、第二言語話者として活動する日本語学習者の第二言語能力を考察することで、今後の日本語教育の方向性も合わせて検討していきたい。

　本研究が目指すこのような目的が実現可能であると思われる研究の対象として、本研究では、我々の言語活動の一つの形態でもあり、学習者の教室活動としても導入されうるストーリーテリング活動6)を取り上げる。我々は日常生活におけるあらゆる場面で、我々自身の経験や過去の出来事を語る、聞くなどという行為を常に行っており、そうした行為を通して他者との関係や活動において何らかの目的を達成しようとする。ストーリーテリング活動は、個人の経験や過去の出来事から語るに値するストーリーを、ナラティブ7)という形式において言語化し、現在との関わり

---

6) 通常、ストーリーテリングは、子どもへの絵本の読み聞かせなどで取り上げられる既存の昔話や童話などの語りとして捉えられることが多い。本研究で扱うストーリーテリングは、学習者自身に関する個人の物語であり、過去の経験や現在の考えなどが口頭で語られたものである。洗練された言葉遣いや演劇的な身振りを用いて昔話や民話を語る専門家によるストーリーテリングとは異なり、学習者がごくありふれた日常生活で起こった出来事を言語化し、ストーリーという形式で提示した経験を他者と共有していく活動を取り上げる。

7)「ナラティブ」と「ストーリー」という用語は交替可能な語として用いられることが多い(Johnstone, 2001)。これらの用語を明確に区別するとすれば、「ナラティブ」は、過去の出来事が語られたものに限定されるが、「ストーリー」は、過去の出来事に限らず、日常の出来事すべてを含む語りであると言える(Polanyi, 1985)。また、Wajnryb(2003)の定義に従えば、「ストーリー」は、語り手の経験に対する認識や見解が含まれたものであり、「ナラティブ」は、そうしたストーリーが語られ言語化されたテクストと捉えることもできる。しかし、本研究では、「ナラティブ」と「ス

において構築するといった活動である。そこで語られるストーリーは、既成の物語形式に当てはめて形成されるのではなく、語り手の解釈が反映された形で、様々な方法で順序立てられ構築されていく(Ochs&Capps, 2001)。

　そして、我々の経験は、ストーリーという形式に言語化されることによって我々にとって意味あるものになり、語るという行為を通して、自身の経験に対する気づきがもたらされる。また、そうしたストーリーテリング活動における言語の役割は、経験に基づいたストーリーを構成していく媒体になり、我々の経験が他者にとっても理解可能にするための手段となる(Wajnryb, 2003)。そのため、ストーリーテリング活動では、第二言語学習者は様々な言語形式や言語使用が要求される。語り手として第二言語でストーリーを語る能力、すなわち、過去の経験や出来事における自らの行為を、第二言語を用いて言語化し、それらの行為に対する自身の解釈や評価を反映させながら、そうした行為を順序立てて構成する能力が求められるということである。そこではまた、聞き手として、ストーリーテリング活動に参加し、ストーリーの構築に貢献する能力も必要とされることになる。つまり、ストーリーテリングにおける語り手の発話や言語行為に対する理解を示すことで、活動の参加者としての存在を示していかなければなら

トーリー」の捉え方に対して厳密な立場は採らない。本書では、基本的に「ストーリー」という用語を用いるが、先行研究を引用する場合にはそこで用いられている用語に従う。また、ストーリーを語るという行為を表す表現としての「ナラティブ」あるいは「ストーリーテリング」という用語も交替可能な用語として扱う。

ない。以下の項で、このような本研究の目的と意義を、研究的側面と教育的側面から具体的に説明する。

1.3.1 研究的側面：第二言語習得研究への資料提供

　本研究の研究目的の一つは、日本語学習者のストーリーテリング活動において第二言語リテラシーの具現化が観察される具体的な現象を提示していくことである。ネウストプニー(1995)は、「日本語教育の目的が、日本語を外国人の話し手に使わせることにあるなら、外国人の話し手が実際にどのように使っているかを研究してみる価値があるはずである。むしろ、これは日本語教育の出発点であり、かつ到達点であるかもしれない」(p.186)と述べている。また、鎌田(2005)は、多様化する日本社会において第二言語学習者が必要とする能力を把握するためには、日本語母語話者と日本語非母語話者の接触場面研究だけでなく、学習者同士が経験する言語場面や言語活動に機軸を置いた研究が必要であると提言している。そのため、Cook(2002)が指摘しているように、第二言語話者の視点に立った第二言語教育の適切な方向性を定めるための示唆を得るには、まずは、言語教授の基礎となる第二言語話者の言語行為そのものを観察し、そこから第二言語話者自身が具現化していく第二言語能力を検討していく必要があると考える。

　従来の第二言語習得研究や日本語教育研究においては、学習者のナラティブやストーリーテリングは、学習者の言語習得の過程を明らかにするための分析対象として扱われてきた(木田・小玉,

2001; Yoshimi, 2001等)。しかし、前節で論じたように、本研究では、第二言語リテラシーを実体化された学習者の能力としてではなく、他者との対話において再構成され、進行中の活動において具現化されていくものと捉え、そのような観点から学習者のストーリーテリング活動自体を分析対象とするため、本研究で扱うストーリーテリング活動は、従来の研究で扱われてきたストーリーテリングとは一線を画すると言える。

　ストーリーテリング活動において、学習者は第二言語に関する知識(knowledge)を含む利用可能なリソースを通して、自分の過去の経験(experience)を語るという言語活動を行う。また、ストーリーテリング活動は、自分の過去の経験にことばを与え、他者との関わりを通して具現化していくという意味で、社会的な性質を持つ活動でもある(Ochs & Capps, 2001)。さらに、学習者はストーリーテリング活動において、第二言語を用いて行動したり表現したりする第二言語話者としての行為を、現在進行で「経験する(experiencing)」(Berger & Luckmann, 1966; 邦訳, 2003)ことにもなる。そして、学習者のそうした行為の基盤になっているのは、第二言語に関する知識も含め、学習者がこれまでに知識として獲得しているものと言えるが、ストーリーテリング活動における他者との関わりによって、新たに「知ること(knowing)」(Wells, 1999)もあるだろう。こうしたストーリーテリング活動における学習者の過去の経験と知識(再構築される対象)、また学習者が現在その場で経験していることと新たに知ること(進行中の行為)は、学習者の行為や言語使用に反映していくと考えられる。ストーリーテリ

ング活動は、こうした学習者の第二言語リテラシーが具現化される場である。

このようなストーリーテリング活動の特質を踏まえて、本研究では「語り手」と「聞き手」両者の行為に注目し、学習者の第二言語リテラシーの具現化を観察していく。特に聞き手のストーリーテリング活動への貢献は、従来の第二言語習得や日本語教育におけるナラティブ研究において焦点化されてこなかったことから、聞き手の能動的な行為が観察される具体的な現象を取り上げていくことは、本研究の目的である第二言語リテラシーの具現化を考察するためにも意義あることだと思われる。

1.3.2 教育的側面：日本語教育を考える視点の提示

本研究のもう一つの目的は、第二言語で「語る」「聞く」という行為に対する学習者の気づきを促す教室活動として、ストーリーテリング活動を日本語教育との関連で検証することである。会話授業にストーリーテリングを採用した日本語の教室実践は、ここ数年注目されてきているが(中井, 2005; 矢部, 2003等)、ストーリーテリングにおける学習者間のやり取りや学習者の行為そのものの分析から、教室活動としてのストーリーテリングを検討した日本語教育研究は管見では見当たらない。

日本の大学に入学してくる留学生のほとんどは、日本語学習の全くの初心者ではなく、自国の大学で日本語学習経験を持つ学習者や、日本の日本語学校で1年間から2年間日本語を学習してきた

学習者であり、すでに一定期間、第二言語としての日本語環境で
生活してきた留学生も多い。このような学習者で構成される日本
の大学の日本語教室では、学習者が第二言語に関してすでに学ん
だことやすでに知っていることをどのように実践しているのかを
観察すること、また、そうした実践を可能にするための教室活動
を提供することができるかどうかを検討することが重要な焦点と
されるべきである。ストーリーテリング活動は、学習者が教室内
外でこれまでに獲得した第二言語に関する知識を、実践を通して
再構成できる場でもあり、そうした知識が有効であるかどうかを
試せる場ともなりうる。

　教室で行われるストーリーテリング活動では、ことばを紡ぎだ
す主体は学習者個人であるが、他の学習者との社会的な実践とし
て展開される。語られたストーリーは自己を語るメディアとな
り、他者との対話を生み出す手段にもなる。したがって、教室活
動としてのストーリーテリングは、教室固有という性質を持ちつ
つも、他の学習者との交わりを通して具体的で個別的な「その場
の現実」(Berger & Luckmann, 1966; 邦訳, 2003)を構築するという相
互行為実践の一つとなりうる。

　このような視点で、様々な形式のストーリーを扱った教室のア
クティビティの例を提供しているWajnryb(2003)は、「ストーリーで
構成される授業(storied lesson)」を提案している。ストーリーで構
成される授業では、ストーリーの様々な側面が学習のリソースと
して利用でき、学習者がそれぞれの言語学習の目的を達成するよ
う援助できるという。そして、学習者が自身の日常生活に由来す

るストーリーを語る授業実践は、「ストーリーで構成されるクラス(storied class)」の創造にもつながっていく。

Wajnryb(2003)はまた、第二言語に関するリテラシーについても触れており、ストーリーテリングの過程において、学習者が第二言語に関する知識に意識的に気づいていくと述べている。さらに、ストーリーテリングでは、自身の経験を再構成したストーリーを学習者同士が共有するために、学習者は様々な交渉的な活動に従事しなければならず、そのため、他の学習者の言語行為に対する批判的な眼を養うことができると論じられている。そして、このようなストーリーテリングは、学習者の意識や気づきといった認知的な側面にも働きかけることになる(Edwards, 1997)。

このような観点から、本研究では、ストーリーテリングにおける学習者のストーリー構築や第二言語話者としての行為への気づきを明らかにすることによって、ストーリーテリングという活動が教室活動として先述した問題意識を反映したものであり、学習者の気づきを促す活動であることを検討する。また、ストーリーを「語る」「聞く」という営みを学習者のパフォーマンスの評価対象として捉えるのではなく、対話に参加していく実践であり、そして、自己理解が深められていく実践であると捉え、そうした実践がストーリーテリング活動において実現されていく過程を検証したい。

1.4 本研究の研究設問

　本章の最後に、以上に述べた本研究の目的に即して、大枠ではあるが本研究の課題を整理しておく。

> (1) ストーリーテリング活動において、学習者の経験や知識が協働的に共有あるいは(再)構築されていく過程を観察し、そうした過程に具現化される学習者の第二言語リテラシーを、具体例を基に考察する。
>
> (2) 学習者がストーリーテリング活動で用いているリソースに注目し、そうしたリソースの使用を通じて、より能動的にストーリーテリング活動に参加していく過程、また、そこで実践されている第二言語リテラシーについて、具体例を挙げて検証する。
>
> (3) ストーリーテリング活動が教室活動として行われていることを考慮し、学習者によるストーリーテリング活動の達成と第二言語リテラシーに関わる現象を検討する。
>
> (4) ストーリーテリング活動に対する、及び、第二言語環境全般における学習者の意識や気づきから、第二言語話者としての行為の特質を明らかにする。

　これら4つの研究設問は、(1)と(2)が第5章、(3)が第6章、(4)が第7章というように、各設問が本論文の5章から7章にわたる分析の部で考察する設問にあたる。各章では、これらの研究設問に基づいた分析のためのより具体的な設問と、設問に答えるための具体的な現象を提示していく。

第2章 言語活動に関する理論的背景

第2章
言語活動に関する理論的背景

　本章では、言語活動全般に関わる先行研究を概説しながら、本研究における言語活動の捉え方を明確にするとともに、本研究で扱うストーリーテリング活動との関連を考慮しつつ、第二言語学習者の言語活動を考察する際に留意するべき事象についても検討していく。

　序論で説明したように、本研究の分析の対象となるのは、日本語学習者個人の経験や考えを「語る」「聞く」といったストーリーテリング活動である。本研究では、ストーリーテリングを「一方が語り、他方が聞く」といったモノローグ的な観点で見るのではなく、ストーリーテリングにおいて語り手によって語られるストーリーは、語り手と聞き手の対話を通して協働的に構築されていくものであり、また、そうした語り手と聞き手双方のやり取りがストーリーテリングそのもの自体を形成していくと捉える。また、教室活動としてのストーリーテリング活動は、学習者間の対話であり、そうした対話が実現されうる実践の場であり、また、実践を通してリテラシーが具現化される場であると考える。

　このようなストーリーテリング活動の捉え方を念頭に、以下、本研究における言語活動に関する理論的背景を説明していく。まず、本研究が言語活動を捉える枠組みとして援用するバフチン(Bakhtin, 1981, 1986)の対話理論から「ダイアロジズム(dialogism)」の概念を紹介し、我々人間の言語活動の基本的なコミュニケーションの様相を明らかにする[1]。そして、対話における協働理論(Clark, 1996; Clark & Wilkes-Gibbs, 1986等)を基に、対話の構造とその過程をより具体的に説明していく(2.1)。次に、第二言語学習者の言語活動を観察するにあたって第二言語学習者の言語活動の核となる「対話」と「リテラシー」の関係、及び、第二言語による「リテラシー実践」について考察していく(2.2)。最後に、本章のまとめとして、本章で紹介した先行研究を整理しながら、本研究で扱う第二言語学習者の言語活動であるストーリーテリング活動と、対話・実践・第二言語リテラシーの関連について論じておく(2.3)。

2.1　ダイアロジカルな言語コミュニケーション

　本節では、バフチンの対話理論から、我々の言語活動を成すダイアロジカルな言語コミュニケーションについて概説する(2.1.1)。次に、Clark(1996)やClark & Wilkes-Gibbs(1986)等が提示した対話における協働理論から、話し手と聞き手が形成していく対話の

---

1) バフチンが提示した様々な理論、及びそれらの理論に基づく第二言語教育学の在り方については、西口(2013)に詳しい。

構造とその過程を具体的に説明していく(2.1.2)。

2.1.1 対話とダイアロジズム

　本研究で扱うストーリーテリング活動では、学習者は活動の参加者として「語り手」と「聞き手」という役割を担い、互いに対話を重ねながら活動の達成を試みていると見る。語り手と聞き手によって築かれていく対話がストーリーテリング活動を構成していると捉えるとすれば、そうした「対話」によってそこでは何が起こっているのだろうか。また、ストーリーテリング活動における「対話」とは何を意味するのであろうか。このような疑問に答える手掛りとして、まずは、日常の言語活動で観察される「対話とは何か」について考察したい。

　活動への参加者数や発話の交代性の側面から見て、通常、活動に聞き手が存在せず話し手一人だけが話す場合、または、聞き手が存在していても、話し手の話の内容や構造に与える聞き手の存在の影響を考慮せず、話し手と聞き手の役割が固定されている場合に、話し手によって話されるものが「独話(モノローグ)」とされている。それに対して、「対話(ダイアローグ)」は、基本的な最小単位として、少なくとも話し手と聞き手による一対一の参加形式を伴って行われるやり取りを指す。また、対話は、話し手と聞き手双方の発話行為の連鎖から成り立ち、両参加者によって協働的に進められるものである(Linell, 1998)。

　さらに厳密に言えば、「対話」は「会話」とも異なっている。一般

に広く捉えられている会話というものが、意味伝達を中心とした話し手と聞き手の表面上のやり取りを指すとすれば、対話は、話し手と聞き手によることばの意味生成(meaning-making)の活動がより焦点化されたやり取りであると言える[2]。つまり、話し手と聞き手が互いの視点を擦り合わせ、重ね合い、また、その違いを認識しつつ、話し手と聞き手にとっての新たな意味を創り出していく過程を含んだものであり、また、そうして創り出される意味を話し手と聞き手が共有していく過程でもある(Bakhtin, 1986)。したがって、そこには両者の間に何らかの人間的なつながりや関係性の構築も予測できる。

　このような対話と会話の相違は、バフチンの言語観の中心を成す「ダイアロジズム[3]」の概念から捉えるとより明確になる。ダイアロジズムは「現実の日常生活における他者との対話的交流」を指すだけでなく、端的に言えば、「話し手と聞き手のことばの関係性」を扱うものである。また、ダイアロジズムは、バフチンが「言語コミュニケーションの現実の単位」(Bakhtin, 1986, p.67; 邦訳, 1988, p.128)として提唱した「『発話』内における対話的相互作用[4]」や、

---

2) あらかじめ固定された表現と意味を持つ記号システムである「コード」として言語を捉えるコミュニケーション観では、表現された発話の語彙的意味に焦点が当てられる。バフチンの意味する対話においては、言語は単なるコードではなく、具体的な社会文化的コンテクストに埋め込まれた「ことば(スピーチ)」として捉えられる。

3) Holquist(1990)によれば、バフチン自身は著書の中で「ダイアロジズム」という用語を一度も用いたことがない。したがって、「ダイアロジズム」という概念の構築は、後年のバフチン研究者の貢献によるものである(Holquist, 1990; Linell, 1998等)。

4) バフチンにとって、発話における「ことば」や「声」はすべて「ダイアロジズ

他者の声やことばを摂取して自己の声やことばを構築していく過程である「イデオロギー的形成(ideological becoming)[5]」(Bakhtin, 1981; 邦訳, 1996)という意識上の対話的変容をも指している。意味生成の活動は、実際にその場でやり取りを行っている他者との間で起こるだけでなく、他者との対話を通して意識作用が及ぼされ、自己という同一主体内にも起こりうるというのが、バフチンの意味する「対話」である。

Linell(1998)は、このようなダイアロジズムを「個人内または個人間における、認知とコミュニケーションのプロセスと実践を認識論的に捉える概念」(p.17)としている。Linellのいう認知とは知的処理の過程を指し、コミュニケーションとは、それぞれに異なる個人や心、組織体やシステム間における相互作用を指す。ここでLinellが指摘している重要な点は、認知には、常に内的・対人的コミュニケーションが働いており、また、どんなコミュニケーションも認知的側面を備え持っているということである。

このように、バフチンのダイアロジズムは、ことばの重層的な構造に留意したコミュニケーション観であるが、本節では、「話し手と聞き手のことばの関係性」に焦点を絞ってバフチンのダイアロジズムを捉えていきたい。その際、ダイアロジズムの特徴を成

ム」と関わっている(Bakhtin, 1986)。この「発話内における対話的相互作用」というのは、発話には常に複数の視点を代表する「声」が響いているという性質に注目した「多声性(multivoicedness)」(Wertsch, 1991; 邦訳, 1995)や、発話は常に他者を志向しているという「アドレス性(宛て名性、addressivity)」などを指し、バフチンのダイアロジズムを構成する代表的な諸概念である。

5) この「イデオロギー的形成」については、次節2.2.1で具体的に説明する。

す「理解」と「応答」の概念(2.1.1.1)を概説し、そして、それらの概念に「パースペクティブの共有」という事象を補足し、説明する(2.1.1.2)。

2.1.1.1 話し手と聞き手のことばの関係性
: 発話の提示と理解と応答6)

　従来、コミュニケーションの一般的な認識論として採用されてきた「モノロジズム」的なコミュニケーションの捉え方では、発話はあくまでも話し手の意図によってなされるものであり、聞き手はその意図を理解するという役割のみを担っている。すなわち、「話し手が伝え、聞き手が理解する」という一方的なトランスファーの構図が存在し、話し手の意図や意味がどこに由来するかは説明しない。また、聞き手の理解がどのように呈示されるかも考慮しない。したがって、話し手による発話は、事前に意識的に計画されて産出されるものであるという見解を持つ。

　こうしたダイアロジズムの対概念であるモノロジズムを代表する「コミュニケーションのトランスファー理論」(Linell,　1998)に対し、バフチンは、「話者の側の能動的なことばのプロセス」と「聴き手の側の受動的なことばの知覚と理解のプロセス」(Bakhtin,

---

6) バフチンの著書の日本語訳文献では、例えば「理解」と「了解」、「応答」と「返答」、「聞き手」と「聴き手」、「コンテキスト」と「コンテクスト」など、文献によって翻訳に相違が見られるが、本書においてそれらの文献を引用する際は原文のまま引用する。ただし、本書では、引用以外は基本的に"understanding"を「理解」、"response"を「応答」、"listener"を「聞き手」、"context"は「コンテクスト」といった日本語訳を用いる。

1986, p.68;邦訳, 1988, p.130)という図式を徹底的に批判している。そして、バフチンは、ことばの理解に関連させて、話し手と聞き手双方によることばのやり取り、すなわち、「言語的交通」(バフチン, 1989)の現象を理論的に説明している。話し手とのコミュニケーションの過程において決して受動的ではない、聞き手の理解の能動性について、バフチンが触れている箇所を以下に引用する。

> じっさい聴き手は、ことばの(言語上の)意義を知覚し理解しながら、同時にそのことばに対して、能動的な返答の立場をとるわけだから。すなわち、そのことばに賛成もしくは不賛成である(全面的に、あるいは部分的に)、そのことばを補足し応用する、そのことばを遂行しにかかる、という具合に。しかも聴き手のこの返答の立場は、彼が耳をかたむけ理解するプロセスの全体にわたって、初めから、時には文字どおりに話者の最初の言葉から形づくられる。生きたことば、生きた発話の理解はどれも、能動的な返答の性格をもつ(なるほど、能動性の度合いはじつにさまざまだが)。どのような理解も返答をはらみ、なんらかのかたちでかならず返答を生み出す。つまり、聴き手が話者になる。聴き取られることばの意義の受動的な理解というのは、現実の全一的な、能動的に返答する理解—それにつづく実際に声にされた返答で現実化される—の、単なる抽象的要因にすぎない。
> 　　　　　　　　　(Bakhtin, 1986, p.68; 邦訳, 1988, p.131)

　こうした聞き手の能動的な返答(応答)としての理解に対応させ、バフチンは続けて、対話における話し手としての意識上の行為や話し手のことばの在り方に関しても、以下のように述べている。

話者自身もまさに、そのような能動的な返答としての理解をあてに
している。彼が期待するのは、受動的な理解—それはいわば他人の
頭の中につくり出される自分の考えの模像に過ぎない—ではなく、
返答、賛同、共感、反駁、遂行その他である(さまざまなことばの
ジャンルは、話者ないしは書き手のさまざまな特定の志向、言語的
意図を前提にしている)。自分のことばを理解させようとする欲求
は、話者の具体的で全一な言語的意図の、単なる抽象的要因にすぎ
ない。それどころか、話者の誰もが、程度の差はあれ、みずからも
返答者なのである。というのも、彼は宇宙の永遠の沈黙を最初に
破った話者ではないからで、彼は自分の使用する言語が体系として
存在するのを前提とするだけでなく、先行するなんらかの発話—自
分や他人の発話—をも前提としており、それらと、彼の所与の発話
はなんらかの仕方で関係しているからである(それらに依拠する、そ
れらと論争する、あるいは単に聴き手がすでにそれらを承知してい
るのを前提にする、といった具合に)。

(Bakhtin, 1986, p.69; 邦訳, 1988, p.132-133)

　このように、話し手の発話が構築される際の相手は「受動的な
聞き手ではなく、言語コミュニケーションの能動的な参加者」であ
り、話し手は「最初から、かれらの返答を、能動的な返答として
の理解を期待している。発話の全体がいわば、この返答に向けて
構築される」のである(Bakhtin, 1986, p.94; 邦訳, 1988, p.180)。さら
に、バフチンは、そうした能動的な返答(応答)としての積極的理
解(能動的了解)を以下のように説明している。

　積極的理解は、このようにして理解されるものを理解する者の新し
い視野の中に入れることにより、この理解されるものを一連の複雑
な相互関係、それに対する共鳴や不協和音の中に置き、この理解さ
れたものを新しい諸要素で豊かにする。話者もまたまさにこのよう
な理解を念頭に置くのである。それゆえ、聞き手への話者の志向
は、聞き手の固有な視野、固有な世界への志向であり、そのような
志向は話者の言葉の中に全く新しい諸契機を持ち込む。というの
も、このことによって異なるコンテキスト、異なる視点、異なる視
野、異なる表現的アクセントの体系、異なる社会的＜言語＞の相互
作用が生まれるからである。話者は自分の言葉を、それを規定して
いる視野と共に、理解者の異なる視野の中に定位しようと努め、こ
の視野の中の諸要素と対話的関係に入る。話者は異なる他者の視野
の中に入りこみ、自己の言表を他者の領域で、その聞き手の統覚的
な背景の上に構成するのである。

(Bakhtin, 1981, p.282; 邦訳, 1996, p.48-49)

　こうした話し手と聞き手のことばの対話的関係における理解と
応答の過程に必要なのは、話し手の発話には、発話を作り出す主
体の声に加えて、発話が向けられている他者の視点や意識として
の声が含まれていなければならないということである。さらに、
話し手が聞き手に発話を理解させるとすれば、自身の発話に対話
者である聞き手の視点を取り込み、同時にそれを聞き手に呈示し
ていく必要がある。一方、聞き手も話し手の発話を理解するため
には、以下のような作業を行わなければならない。

　　　他者の発話を了解するということは、それにたいして定位し、しか
　　るべきコンテクストのなかにしかるべき場所を見つけるということ
　　である。われわれは、了解している発話のそれぞれの語に、いわば
　　われわれ自身の応える一連の語を積み重ねる。それらの数が多く、
　　それらが本質的であればあるほど、了解は深く、本質的なものとな
　　る。このようにしてわれわれは、発話のなかの抽出可能な意味的要
　　素のそれぞれ、あるいは全体としての発話を、応答のある別の能動
　　的なコンテクストに移す。**あらゆる了解は対話的である**。了解は、
　　対話の一方の言葉が別の言葉に対置しているように、発話に対置し
　　ている。了解は、話し手の言葉に**対置している言葉**をさがそうとす
　　る。
　　　　　　　　　　　　　　　（バフチン, 1989, p.158、太字は原文のまま）

　以上のバフチンの議論から明らかになったように、話し手のも
のであれ聞き手のものであれ、すべての「発話」とそれに続く「理解」
は、いずれもそれに先行する発話(あるいは潜在的な発話)に対す
る「応答」の性質を含むものである。話し手の発話は、まず、先行
する発話に対する(あるいは、誰かに向けられた)何らかの「応答」
として立ち現われるものであり、次に、そうした発話が聞き手に
理解され、また、聞き手がその発話に対して応答するであろうこ
とを前提に「発話」として形成される。そして、聞き手は、話し手
の発話に「理解」のためのことばを見出し、さらに、それに対する
「応答」のためのことばを探し出す。話し手と聞き手は、このよう
な「言語的交通」を通してことばを理解し、また、応答し合ってい
ることを互いに承認しつつ、対話を重ねていくのである。

2.1.1.2 話し手と聞き手によるパースペクティブの共有

　本項では、前項で見てきたバフチンのダイアロジズムの「話し手と聞き手のことばの関係性」に関して、話し手と聞き手のパースペクティブの共有といった事象を補足しておきたい。

　バフチンによれば、ことばは常に「自己のコンテキストと他者のそれとの境界に生きている」(Bakhtin, 1981, p.284; 邦訳, 1996, p.51)という。そして、

> あらゆる現実の対話の応答もまたこのような二重の生を営んでいる。応答は対話全体のコンテキストの中で構成され理解されるが、このコンテキストは自己の(話者の視点からの)言表と他者の(相手の視点からの)それから構成されているからである。
>
> (Bakhtin, 1981, p.284; 邦訳, 1996, p.51)

　話し手の視点からのことばと聞き手の視点からのことばから構成されるこのようなコンテキストにおいては、前項で述べたように、「話し手が聞き手に発話を理解させるとすれば、自身の発話に対話者である聞き手の視点を取り込み、同時にそれを聞き手に呈示していく必要がある」ということに繋がる。さらに付け加えるなら、聞き手も、話し手の視点と自らの視点を擦り合わせ、話し手の発話を理解し、また理解していることを示すことを通して、応答していかなければならないということを意味している。

　このことはつまり、対話における話し手と聞き手の間に相互の「理解と応答」が成立するためには、対話者双方が理解し合っているということだけでなく、同時に、「理解し合っている」というこ

とを互いに表明し合う相互行為が行われなければならないということである。言い換えれば、「理解している」あるいは「理解し合っている」とは、あくまでも「理解している」側による、相手に関する想定の次元で行われていることであり、「理解している」側が相手の内奥を直接的に把握しているという意味ではない。

　我々が他者と共有していると思っている世界は、それぞれの認識に基づいて構成された別々の世界であって、我々はそれぞれの仕方で経験し、認識し、組み立てた固有の世界に生きている。我々が経験している世界とは、あくまで自身のパースペクティブによって構築した世界に過ぎない。我々は、自身のパースペクティブを通してのみ対象を見ることが出来、その対象は他者と同じように経験されているわけではない。したがって、それぞれの経験によって異なる世界に生きる我々は、個々の経験を分かち合うために言語コミュニケーションを行う。それは、Goffman(1959; 邦訳1974)のいう、他者との協働によって「共有世界としての状況」を定義していく過程であり、Rommetveit(1985)のいう「経験世界の共有(shared experiential world)」を達成していく過程である。そうした過程において創造される現実もまた、他者との協働によって構築されていくものと言えるのである(Jacoby & Ochs, 1995)。対話者が、互いに「相手のパースペクティブ」と「相手のパースペクティブから見た自身のパースペクティブ」の双方を取得し合っているときにのみ、両者の間に「相互理解」が成立する。したがって、真の「理解」と「応答」とは、対話者が「相手のパースペクティブ」と「自身のパースペクティブ」、さらには「相手のパースペクティブから

見た自身のパースペクティブ」も考慮に入れつつ、相互のパースペクティブを不断に調整し合いながら互いのことばの解釈活動を行うことによって、また、そうした「パースペクティブの調整」を互いに呈示して初めて成立する現象であると言える。このことを補足した上で、次節から、話し手と聞き手が形成していく、より具体的な対話の構造とその過程を見ていく。

2.1.2 対話の構造とその過程

　前項で説明した「話し手と聞き手のことばの関係性」における「応答としての理解」が呈示されうる話し手と聞き手の発話の境界について、バフチンは、次のように説明している。

> 言語コミュニケーションの単位となる個々の具体的な発話の境界は、ことばの主体の交替によって、つまり話者の交替によって定まる。(中略)どんな発話も、絶対的な始まりと終りをもつ。それが始まる前には他者の発話があるし、終ると他者の返答の発話(あるいは沈黙でもって能動的に答える理解、あるいはそうした理解をふまえた返答の動作)がつづくのである。
>
> (Bakhtin, 1986, p.71; 邦訳, 1988, p.136)

　そして、「ことばの主体の交替が最も単純明瞭なかたちで観察できるのは、実際の対話の場合である」(Bakhtin, 1986, p.72; 邦訳, 1988, p.137)ゆえ、対話を構成しているそれぞれの発話の連鎖を分析することで、話し手と聞き手によってその場で生成されていく

意味や応答として示されている理解の考察が可能になると考えられる。本項では、このような話し手と聞き手によって形成されていく対話の構造とその過程について具体的に説明していく。まず、Clark(1996)等の協働理論を紹介し、語り手と聞き手の連携的行為の観点から、対話において階層的にやり取りされていく語り手と聞き手の行為を見ていく(2.1.2.1)。次に、Clark & Schaefer(1989)が提示した「聞き手の理解の証拠(Evidence of understanding)[7]」から、話し手の発話に対する理解の結果としての聞き手の応答のあり方について論じる(2.1.2.2)。

2.1.2.1 対話における協働理論

Clark & Wilkes-Gibbs(1986)やClark & Schaefer(1989)が提示し、Clark(1996)で補足されている「協働モデル(collaborative model)」は、上述のバフチンの認識論的な対話理論を構造化したものと言え、対話において起こりうる様々な現象を、話し手と聞き手のより具体的で実践的な行為から明らかにしている。

まず、対話における話し手と聞き手の行為を、Clark(1996)は、Goffman(1981)が提示した「参加の枠組み(participation framework)[8]」

---

7) この「聞き手の理解の証拠」で挙げられている聞き手の行為は、話し手の発話に対する聞き手の理解だけでなく、「誤解」あるいは「理解に達するための交渉」としても捉えられる。

8) Goffman(1981)は、「話し手」と「聞き手」の役割を下位分類することによって、相互行為における参加者の多様な役割とその参加のあり方を明らかにしている。そうした参加者の役割を定式化したものが「参加の枠組み」である。「話し手」とされる人物の役割は、「アニメーター(animator)」「オーサー(author)」「プリンシパル(principal)」の3つに分類さ

における話し手と聞き手の役割を修正したものを用いて説明している。対面的コミュケーションにおける話し手の役割は「プリンシパル(principal)」「フォームレーター(formulator)」「ヴォーカライザー(vocalizer)」、聞き手の役割は「レスポンデント(respondent)」「アイデンティファイアー(identifier)」「アテンダー(attender)」である。Clarkによれば、話し手は同時にこれら3つの役割を担うという。また、聞き手もこのような話し手の役割の行為に対して、それぞれに対応した行為で応答する。話し手の「話すこと」における行為

れる。アニメーターとは「音声的な発話の産出者：発声者」である。オーサーは「その場で使用される言語表現の選択者：著者」であり、言葉を繋ぎまとめ、組み立て、言語化する主体である。オーサーは次に説明するプリンシパルの発話を創造するが、プリンシパルが有する地位に対して社会的責任は持たない。プリンシパルは「発話に示される考えを所有する者：責任主体」を指し、そこで表現される言葉にその者の地位や信念などが示され、発話内容の責任を担う(さらに、発話の指示対象であり発話を通して描写される「フィギュア：登場人物(figure)」が加えられる)。多人数会話と呼ばれる状況、つまり、数人がその場に存在していて会話が生じる場合、話し手以外の参加者は「オーディエンス(audience)」(Goffman, 1974)となる。このオーディエンスである「聞き手」にも役割の類型が存在する。「聞き手」は、「承認された参加者(ratified participants)」と「承認されていない参加者(unratified participants)」(Goffman, 1976, 1981)に分けられる。「承認された参加者」には「話し手によって話しかけられ、何らかの反応を期待されている受け手(addressed recipients)」と「話し手によって参加は承認されているが、話しかけられてはいない受け手(unaddressed recipients)」がいる。「承認されていない参加者」には「話し手に存在が認知されている人(bystander)」と「話し手に存在が認知されていない人」がいる。さらに、「会話を偶然漏れ聞く人：傍聴者(overhearer)」と「会話を立ち聞きする人：盗聴者(eavesdropper)」がいる。Goffman(1981)では、こうした話し手と聞き手の様々な役割類型が提示されたが、これらの役割間における行為の関係については説明されていない。

は、以下のように、聞き手の「聞くこと」の行為を導く。

話すこと	聞くこと
1 AがBに音声を有声化する	BがAの有声化された音声を注意して聞く
2 AがBに発話を与える	BがAの発話を認識する
3 AがBに何かを意味する	BがAの意味を理解する

(Clark, 1996, p.21、筆者訳)

　さらに、協働モデルは、話し手と聞き手の間のコミュニケーションが達成されるためには、対話者の双方が、その場で焦点が当てられている指示対象に関して、共通の基盤(common　ground)を協働的に確立する必要があるという観点に基づいている。共通の基盤というのは、話し手と聞き手がすでに所有している情報や、そうした情報を基にした仮定などが共有された状態を指す。

　この協働モデルによれば、対話の参加者は、相手の発話を理解するために必要な知識をその場で確立し、共有していく相互責任がある。話し手が聞き手にある指示対象を提示した場合に、聞き手がその指示対象について理解したと確信するまで指示対象を提示する際の観点や視点を変えながら、発話を続けなければならない。また、聞き手も話し手が指示対象に関して何を提示しているのかを理解しようと努めなければならず、同時に、話し手の発話を理解したかどうかを話し手に知らせる責任がある。話し手と聞き手は互いが理解しているという確信を得るまで、こうした基盤作り(grounding)を続ける。この基盤作りの過程は、以下のような

対話者の提示(presentation)と受諾(acceptance)という基本的な二つの位相から成り立っている。

> 提示の相：AがBに対して考慮すべきuという発話を提示する。そのとき、Aは次のような前提に基づいて行動している。もし、Bがeという証拠、あるいはそれよりも強固な証拠を与えれば、Aは自身が意味したuをBが理解していると信じることができるということである。

> 受諾の相：Bはuという発話を受け入れる場合、Aが意味しているuを理解したと信じている証拠eを与える。そのとき、Bは次のような前提に基づいて行動している。Aがe'という証拠を示せば、AもBが理解していることを信じるであろうということである。

> (Clark & Schaefer, 1989, p.265、筆者訳)

このような基盤作りの過程は、「Aが意味していることをBが理解する」という表面的で受動的なコミュニケーションの図式を超えて、AとBが互いに理解したという「信念(belief)」を築いていく体系的な手順を示している。こうした「理解」に達するための協働的な働きかけを通して行われる基盤作りを、Clark & Schaefer(1989)は、話し手と聞き手によるディスコースへの「貢献(contribution)」として捉えている。こうした基盤作りの過程において、指示対象の「意味の共有」ないし「相互理解」に到達するために、両者による複数の行為が噛み合わされることによって「連携的行為(joint action)」

が生じる。Clark(1996)によれば、この連携的行為の積み重ねによって、対話は進められていく。

　先述の「話す」「聞く」ことにおいて断層的に重ねられていく行為と、この話し手と聞き手による基盤作りにおいて、相互が「理解し合っている」ことを確認していく作業である「提示」と「受諾」の深層的な行為が噛み合わされる。その結果、話し手と聞き手の間に連携的行為が成立すると、Clarkは捉えている。

2.1.2.2　聞き手の理解の証拠

　前項で見たように、話し手と聞き手は、そこで焦点化されている意味を共有しながら、互いが理解し合っていると確信するまで基盤作りを続ける。本項では、話し手との「パースペクティブの共有」に達し、聞き手が理解している証拠となる現象、また、聞き手が表明する理解の証拠の具体的な例を挙げたい。そうした聞き手の理解の証拠、つまり、応答がどのようになされるか、Clark & Schaefer(1989)が提示した5つの「聞き手の理解の証拠9)」から説明していく。

　(1) 注目の継続：話し手の話に注目していることを示す
　(2) 適切な貢献：話し手の話に適切に貢献していくという意思を示す
　(3) 承認：あいづちなどによって、話し手に話を続けさせる
　(4) デモンストレーション：話し手が何を意味しているか理解したこ

---

9) 第5章5.2では、このClark & Schaefer(1989)の「聞き手の理解の証拠」を、ストーリーテリング活動における聞き手の行為に適用し、修正したものを提示する。

とを表明する

(5) 呈示：話し手の発話の全体あるいは一部をそのまま表現できる

(Clark & Schaefer, 1989, p.267参照、筆者訳)

　この「注目の継続」は、聞き手が話し手の話に注目していることを示すため、話し手に視線を向けるなどが例として挙げられる。「適切な貢献」というのは、聞き手が話し手の話に貢献していくという意思を態度で示すことである。したがって、聞き手が話し手との対話への参加準備ができているということを意味する。「承認」は、話し手に話を続けさせるものであり、うなずきやあいづちが挙げられる。「デモンストレーション」は、話し手の発話を理解したことを表明することである。「呈示」は、話し手の発話の全体あるいは一部を表現できることであるので、話し手の発話の繰り返しや言い換えなどが挙げられる。

　Clark& Schaeferによれば、上記の(1)から(5)の順に、聞き手が話し手との対話へより貢献していくことを表しているという。つまり、聞き手の応答にも段階的なあり方が観察できるということである。ただし、必ずしも聞き手の理解の深さが、この「聞き手の理解の証拠」の順にしたがって示されるというわけではないこともClark & Schaeferは指摘している。聞き手が話し手の発話を完全に理解していても、話し手と聞き手が置かれている状況や対話において達成されるべき目的によっては、あいづちなどの「承認」を表明するに留めておく方が好ましい場合もある。したがって、対話が生じる活動自体の性質や活動の目的などによって、聞き手の応

答のあり方は異なってくると言える。

　以上、本節では、本研究における言語活動を捉える枠組みとして、バフチンの言語コミュニケーション観の中心的概念であるダイアロジズムを概説し、ダイアロジズムの観点から、話し手の発話の提示、それに対する聞き手の理解、そして応答という言語的交通の様相を見てきた。そして、話し手と聞き手の間で交わされる対話の構造をより明らかにするために、Clark(1996)等の協働理論を用いて、対話の過程で起こる現象を具体的に説明した。次節では、本節同様、先行研究を参照しながら、第二言語学習者の言語活動の様相を捉えていく。

2.2 第二言語学習者の言語活動

　本節では、第二言語学習者の言語活動について、本研究に関連すると思われる先行研究を紹介しながら、その様態を明らかにしていく。以下、2.2.1では、対話とリテラシーの関連について述べる。フレイレのリテラシー論で展開されている「対話」と「意識化」の問題、バフチンの対話理論を成す概念の一つである「イデオロギー的形成」を概説する。続く2.2.2では、実践とリテラシーの関係から、第二言語学習者によるリテラシー実践について説明する。

2.2.1 対話とリテラシー

　これまで、他者との対話を通して深まっていく自己変容や自己認識に注目し、「対話」を教育の中心に据えるべきだという主張は、数多くなされてきた(Wells, 1999; Freire, 1970; 佐藤, 1999)。第二言語教育や日本語教育においても、近年、教育現場での学習者間の対話が日本語学習者の自己形成や他者理解に与える、その重要性が指摘されている(細川, 2005; 矢部, 2005)。クラムシュ(2005)は、言語的側面や社会文化的側面、語用論的側面などの対象言語に関する学習者自身の「発見」こそが第二言語教育の目標であり、そのような発見は他者との対話においてのみ可能であることを主張している。また、第二言語習得研究においても、従来の実験主義的な第二言語習得の捉え方に代わり、ダイアロジズムに基づいた観点から第二言語習得を捉えようとした研究が行われるようになってきた(Johnson, 2004; Hall, Vitanova, & Marchenkova, 2005)。このように、こうした主張や指摘には、学習者の言語活動あるいは学習活動全般において生じる現象を、ダイアロジズムの概念から捉えようとする試みが示唆されている。

　ここで、「対話」以外に、第二言語学習者の言語活動を捉える際に、「学習者」であるということを考慮して焦点化されるべきものとして、「リテラシー」を挙げたい。特に学習者の言語活動においては、学習者のリテラシーの具現化が、その特徴の一つであると考えるからである。以下、対話とリテラシーの関係を論じたフレイレ(Freire, 1970; 邦訳, 1979)がリテラシー形成において重要視した

対話と意識化の問題(2.2.1.1)、そして、バフチン(Bakhtin, 1981; 邦訳, 1996)の「イデオロギー的形成」(2.2.1.2)を概説する。

2.2.1.1 リテラシー形成における対話と意識化

　リテラシーは、本来、文字の読み書きの能力、つまり識字力を意味する言葉として捉えられてきた。世界各国では、社会的に不利な立場に置かれている人々の人権、特に学習権の保障を目指す社会教育運動の一環として、識字教育の実践が積み重ねられてきた。そうした識字教育の歴史の中で、リテラシーの定義も、単なる文字の読み書きの能力という捉え方から、社会的実践という枠組みにおいて包括的なリテラシーの捉え方へと変化していく。

　ブラジルにおける成人のための識字教育の理論的指導者であり実践家であるフレイレ(Freire, 1970; 邦訳, 1979)にとって、「読み書きができる」ということは、誰かによって正統とみなされた知識をそのまま受け入れ、そうした知識を用いて与えられた問題を解決できるような能力ではない。文字の読み書きに限定した「機能的リテラシー(functional literacy)」と呼ばれる機能主義的な能力観に基づく言語能力ではなく、テクストを通して「世界を読み取る能力」を指している。この「世界を読み取る能力」とは、読み書きに関する知識を再構成する過程で、学習者が自己と他者との関係性を「意識化」し、新たな社会文化的意味を創出していく力である。そして、このようなリテラシー形成は、他者との「対話」を通して、自身が置かれている現実の生活を対象化し、自己と世界の関係を捉え直し続けることで可能になる。

　フレイレは特に、従来の教師による一方的な語りかけの教育[10]
において、権威主義的な関係性に陥っていてもその矛盾に気づか
ず、生徒が自分の置かれている状況を無意識的に肯定してしまう
ことを、「抑圧と被抑圧」という構図から説明している。抑圧状況
にある生徒の意識は、現実に埋没していまい、現実から迫られて
いる挑戦の多くを知覚できないか、あるいは歪んだ形で知覚して
しまうことになる。こうした生徒の意識を覚醒させるためには、
生徒自身がこうした状況を客観的にまた批判的に読み解くことが
必要となる。フレイレはこうした行為を「意識化」と呼ぶ。そし
て、意識化によって、「客観的に存在してはいたが漠然としか知
覚されなかったものでも、もし実際、それが完全に知覚されたば
あいには、課題の性格をおびたものとして、それゆえ挑戦を迫る
ものとして、くっきりと立ち現われはじめる」(Freire, 1970, p.64;
邦訳, 1979, p.87)と述べている。

　この意識化の過程は、実践を通した対話によって現実を批判的
に読み解き、現実を捉える方法の変化を自覚することから始ま
る。そして、これまでの歪んだ認識に気づき、現実を異なったや
り方で認識するようになる。このように、我々が現実社会を客観

---

10) フレイレは、教師と生徒の関係を銀行の預金者と金庫に例えて、このよ
　うな教育方針を「銀行型教育概念(the banking concept of education)」
　(Freire, 1970, p.53; 邦訳, 1979, p.66)と呼び、生徒の非人間化をもた
　らすものであると批判している。この銀行型教育に対立するものとし
　て、フレイレは「課題提起教育(problem-posing education)」を提唱し、
　被抑圧者が意識化を通して自己の解放を図り、現実社会の変革への参
　加を可能にする教育として実践している。

的かつ批判的に捉えるためには、「対話」と「意識化」が欠かせない。そして「対話」と「意識化」を通して「世界のなかに、世界とともにあり、そしてそこで自分自身を発見する方法を、批判的に知覚する能力を発展させる」(Freire, 1970, p.64; 邦訳, 1979, p.87)ことができるのである。このような能力が、フレイレが真に意味した「リテラシー」である。

　「変革的リテラシー(transformative literacy)」と呼ばれるフレイレのリテラシー理論を出発点にして、社会変革の可能性の追求に加え、社会を批判的に読み取りながら自己の歴史を再編し、自身の声や経験を豊かにするための手段という特徴が付与されたリテラシーを、被抑圧者の立場に限らず教育に関わる者すべてに適用できるよう拡大した概念が「批判的リテラシー(critical literacy)」である(Giroux, 1992)。この批判的リテラシーは、テクストにおける支配的ディスコースや、正統とされている物の見方によって形成されてきた自身の経験などを、他者と批判的に読み解いていくことを必要とする。現状を批判的に捉え、それを変えようと積極的にまた自発的に、現実の世界に働きかけると同時に、他者からの声に反応することで、多様な視座を内包する自己が形成されていく。自己と世界の境界線を行き来することによって、自身が生み出すことばにも気を配り、また、そのことばによって他者にどのような影響を与える可能性があるのか、その可能性によって自己がどのように他者や社会に位置づけられるのかを探求していくことが、批判的リテラシーの視点でもある。

　以上で概説してきたフレイレのリテラシー論や批判的リテラ

シーの概念には、情報を受信して解読できる、あるいは情報を発信できるという読み書きのスキルとしてのリテラシーを超えて、日常生活のあらゆる活動においてイデオロギーやディスコースがどのように作用しているかを読み取り理解する能力が示唆されている。また、これらのリテラシー論で議論されている対話は、教室内で生じる教師と学習者の対話に留まるものではない。それは、自身の置かれている現実を分析する過程で、これまでの認識を自覚するという自らとの対話でもあり、他者の考察を通して自分のそれまでの考察を再検討するといった他の学習者との対話でもある。

　このように、リテラシーの理論や概念は学習や教育への示唆とともに構築されてきた。しかし、リテラシーは、学校などのフォーマルな場における教育を通してだけでなく、家庭や地域コミュニティなどインフォーマルな場での学習や、また自己内における「意味の理論づけ行為(sense-making)」の過程を通して形成されるものでもあると考えられている(Barton & Hamilton, 2000)。ただし、リテラシー形成のための意識化は、常に社会的コンテクストにおける対話を通して生じるものであり、しかも、そうしたリテラシー形成の過程は、自己形成の内在化の過程と一致していると言える。この点において、リテラシーの形成の過程は、次項で紹介するバフチンの「イデオロギー的形成」と通じるところである。

2.2.1.2 対話とイデオロギー的形成
　前節2.1.1で述べたように、バフチンの「対話」は、日常生活にお

ける「他者との対話的交流」だけでなく、「自己と他者によることばの意味の生成活動」をも指している。このことばの「意味」というのは「二つあるいはそれ以上の声が出会ったときに、つまり、話している人の声に対して聞いている人の声が応答しているときにだけ成立する」(Wertsch, 1991, p.52; 邦訳, 1995, p.75)ものであるので、「対話」は「自己と他者の声の出会い」とも言える。そして、他者の声との出会いによって自己の意識に起こる事象を、バフチンは「他者性」の概念と関連させて、以下のように説明している。

> 存在することは、即ち他者に対して、他者を通じて自己に対して、存在することである。人間には彼が主権をもっているような内的領域は存在しない。彼の全存在は常に境界にあり、自己の内面を見ることは即ち他者の眼を見ること、あるいは他者の眼で見ることなのである。……私は他者なしにはありえないし、他者なしに自分自身となることもできない。―即ち私は、自己の中に他者を見出しつつ、他者の中に自己を見出さなければならない(相互に反駁しあい、相互に受け入れあいながら)。 (バフチン, 1988, pp.250-251)

　こうした自己と他者の関係は、「歴史的に培われてきた声(＝他者)と現在の自己の声との出会い」であると同時に、「異質な者同士の出会い」とも言える。他者と関わるということは、自己を他者に投影し、そこで自己を明らかにすることで自己を意識していくことである。つまり、「対話」とは、異質性を持った他者と自己との関わりであると捉えることができる。
　このような対話の状況では「差異」が重要な役割を担い、また、

差異が生み出す多様性によって、自己が既に持っていた見解や立場を変更または修正することが可能になり、その結果、他者とともにことばの「意味」を生成していくということである。この差異に関して、桑野(1990)は以下のように述べている。

> バフチンの「対話」は、両者の究極的な一致をめざすものではないばかりか、差異を認め合い、さらには差異をよろこぶものであって、好んで論争、闘争を交わす。差異があることが重要である。双方に差異があってはじめて、「他者」が存在してはじめて、もっと正確にいえば、差異と差異が「対話」してはじめて、「意味」もうまれてくるというわけである。
> (桑野, 1990, p.13)

　第二言語学習者の言語活動が行われる状況、例えば「第二言語の語学教室」という場では、このような差異は、学習者の多様性によって生じると考えられる。そして、バフチンの主張に基づくと、第二言語学習者の言語活動には、そうした学習者間の差異の出会いによる対話の重要性と、対話によって産み出される「意味」の可能性が潜在していると言える。

　こうした他者の声との出会いによる自己の声の変化を、バフチンはより具体的に説明している。実際の日常生活における対話では、話し手が他者のことばを引き取って模倣ないしは反復しながら、そこに新しい評価やアイロニーや自己流の様々なアクセントを付け加えて「二つの声をもつことば(double-voiced speech)」にしていることが頻繁に起こっていることを指摘している。

　　　言葉は自己の意味と自己の表現とに、様々なアクセントをになった
　　他者の言葉という媒体を通過することによって近づき、この媒体の
　　様々な諸要素と共鳴したり反発したりしながら、このような対話化
　　された過程の中で自己の文体の相貌と調子(トーン)との形式化を可
　　能なものとするのである。(Bakhtin, 1981, p.277; 邦訳, 1996, p.41-42)

　　　自分の言葉によってテキストを語るということは、ある程度、他者
　　の言葉について、二声的に語ることなのである。というのも、＜自
　　分の言葉＞は、他者の言葉の独自性を完全に溶解してしまうことは
　　ありえず、自分の言葉による叙述は、必要な箇所では、伝達される
　　テキストの文体と表現を再現するため混成的な性格をになわざるを
　　えないからである。　　　　　　(Bakhtin, 1981, p.341; 邦訳, 1996, p.159)

　バフチンはこのような二声性を持つことばが生じる過程を、「イ
デオロギー的形成(ideological becoming)[11]」という概念で説明して
いる。「イデオロギー的形成」とは「他者の言葉の選択的獲得の過
程」(Bakhtin, 1981, p.341;邦訳, 1996, p.158)であり、「世界の捉え方
や思考のシステムの発達の過程」(Freedman & Ball, 2004, p.5)であ
る。対話を通してその意味が生成されていくことばは、それが自
己のことばであっても、元々はすべて、外部との接触によって形
成されたものである。それは、進行中の対話における他者のこと
ばだけでなく、自己の成長過程で出会う親や教師のことばや、

----

11) この「イデオロギー」という語は、狭義の政治的イデオロギーを指してい
　　るのではなく、社会歴史的コンテクストにおける我々の価値観や信念の
　　意味合いを持つ(Freedman & Ball, 2004)。「イデオロギー的形成」とは、
　　そうした我々自身のイデオロギーの発達を意味している。

様々なテクストにおけることばなども含まれる。「イデオロギー的形成」は、他者の意味や意図が植え付けられたことばによって、さらに我々が自己のことばに自身の意味を加え、我々自身を理解していくという行為である。

　バフチンは、このイデオロギー的形成の過程を、「権威的なことば(authoritative discourse)」と「内的説得力のあることば(internally persuasive discourse)」の闘争と対話的相関関係として特徴づけている(Bakhtin, 1981, p.342; 邦訳, 1996, p.159)。「権威的なことば」とは、ある種の権力を有する権威的な地位にある者のことばだけでなく、歴史的に培われてきた他者のことばでもある。バフチンによれば、まず「権威的言葉が我々に要求するのは、承認と受容である。それは、我々に対するその内的説得力の程度にかかわらず、我々に自己を強制する。我々はそれを、あらかじめ権威と結合したものとして見出す」(Bakhtin, 1981, p.342; 邦訳, 1996, p.160)。一方、「内的説得力のあることば」とは、簡潔に言えば、各個人が自身のために、また、自身にとって重要で価値があると考えることばを指す。この内的説得力のあることばについて、バフチンは以下のように説明している。

　　うわべだけの権威的な言葉と異なり、内的説得力のある言葉は、それが肯定的に摂取される過程において、「自己の言葉」と緊密に絡みあう。我々の意識の日常において、内的説得力を持つ言葉は、半ば自己の、半ば他者の言葉である。内的説得力のある言葉の創造的な生産性は、まさにそれが自立した思考と自立した新しい言葉を呼び

起こし、内部から多くの我々の言葉を組織するものであって、他の
言葉から孤立した不動の状態にとどまるものではないという点にあ
る。それは、我々によって解釈されるというよりは、むしろ自由に
敷衍されるのであって、新しい素材、新しい状況に適用され、新し
いコンテキストと相互に照らしあうのである。そればかりでなく、
内的説得力のある言葉は、他の内的説得力のある言葉と緊張した相
互作用を開始し、闘争関係に入る。我々がイデオロギー的に形成さ
れる過程は、まさに我々の内部において異なる言語・イデオロギー
的視点、アプローチ、傾向、評価などが支配権を求めて繰り広げる
このような緊張した闘争なのである。内的説得力のある言葉の意味
構造は完結したものではなく、開かれたものである。内的説得力の
ある言葉は、自己を対話化する新しいコンテキストの中に置かれる
たびに、新しい意味の可能性を余すところなく開示することができ
る。　　　　　　(Bakhtin, 1981, p.345-346; 邦訳, 1996, p.165)

　このように、内的説得力のあることばは、異質なものとの真の
対話から生まれる創造性を意味しており、自己のことばの意味の
生成は、継続的にまた協働的に他者とディスコースを共有するこ
とによって達成されていく。
　第二言語学習者も同様、このような「権威的なことば」と「内的
説得力のあることば」の葛藤を経験し、自身の「イデオロギー的形
成」の過程に従事していくと思われる。例えば、教室で第二言語
を学んでいる学習者は、授業で扱うテクストにおける第二言語そ
のものや、教師のディスコースや他のクラスメートのディスコー
スなど、異種混淆的な(heteroglossic)ディスコースと対峙すること

になる。そのようなディスコースが横行する教室という社会的空間において、学習者は自身のイデオロギー的形成の機会が与えられていると言えるが、同時に、イデオロギー的形成のための空間を見出す、あるいは創造していく必要がある。バフチンが示唆しているように、学習者がそのような空間を獲得するためには、また、そこからさらに自身のことばの意味を生成するためには、継続的な「対話」とそこで生じる葛藤、「ストラグル」が必須なのである。そして、

> 意識は自己をとりまく他者の言葉の世界で目覚めるものなのであり、最初のうちは、自己をそれらの他者の言葉から分け隔ててはいない。つまり、自己の言葉と他者の言葉、自己の思考と他者の思考が区別されるのは、かなり後のことなのである。自立した試行的・選択的思考が始まると、まず最初に内的説得力を持った言葉が、権威的で強制的な言葉から、また我々にとって意味を持たず、我々を挑発することのない数々の言葉から区別される。
>
> (Bakhtin, 1981, p.345; 邦訳, 1996, p.164-165)

そうして、「他者の言葉から生まれ、他者の言葉から対話的な刺激を受けた自己の言葉と自己の声は、遅かれ早かれ、この他者の言葉の支配から抜け出し始める」(Bakhtin, 1981, p.348; 邦訳, 1996, p.16)のである。ここで、バフチンがさらに指摘しているのは「ある発話の理解とか了解はある発話と別の発話が出会い、対峙し合う過程」(Wertsch, 1991, p.52; 邦訳, 1995, p.75)であるが、イデオロギー的形成の過程において、そのような差異との対峙によって生

じるストラグルから、新たな理解への可能性を探っていくことが
重要だということである。

2.2.2 第二言語学習者のリテラシー実践

　前項で概説したバフチンの「イデオロギー的形成」の概念は、
我々の自己意識の変容を引き起こし、新たな自己の理解を導く、
他者との対話の重要性を示唆しているものであった。したがっ
て、イデオロギー的形成の過程において立ち現れる我々の表現形
態は、他者との関係の中で行われる行為であるがゆえに、必然的
に、個人的な行為というよりも社会的に媒介された行為であると
言える。そして、他者との対話が起こる場でイデオロギー的形成
が達成されていくということは、その形成過程において、我々は
社会的な「実践」に埋め込まれているということを意味する。

　本項では、第二言語学習者の言語活動の一側面である「実践」に
ついて、リテラシーとの関係から考察していく。以下、実践とリ
テラシーの関係(2.2.2.1)、教室活動における相互行為実践(2.2.2.2)
について説明する。

2.2.2.1 実践とリテラシー

Wenger(1998)は、保険会社で働くクレーム処理係の人々を対象
に参与観察を繰り返し、自らもクレーム処理の操作を体験しなが
ら、クレーム処理係が仕事上必要とされる技能を学んでいく過程
を詳細に分析し、「実践のコミュニティ(community of practice)[12]」

を形成している諸概念の構築を試みている。Wengerは、「実践」を
「世界やそこに従事することを意味あるものとして我々に経験させ
る過程」(1998, p.51)と捉えている。このWengerの実践の定義は、
前章で説明した「世界の捉え方や思考のシステムの発達の過程」
(Freedman & Ball, 2004, p.5)としての「イデオロギー的形成」の定義
に通じるものがある。

　また、Wengerは「実践」を、我々の日常生活の経験としての「意
味」に関連するものと捉えている。この意味というのは、他者も
含めた、我々を取り巻く環境や、我々自身の認識の内部で起こる
「交渉」によって生じるものである。このような意味の交渉は、「参
加(participation)」と「具象化(reification)」の相互作用を指しており、
コミュニティにおける参加と具象化という過程そのものが、実践

---

12) この「実践のコミュニティ」という概念は、Lave & Wenger(1991; 邦訳,
　　1993)によって提唱されたものである。Lave & Wengerは、西アフリカの
　　ヴァイ族とゴラ族の仕立屋の職人から成るコミュニティなど、徒弟制の
　　現場を対象とした事例を取り上げ、参加者によって共有されている目的
　　実現のための行為が協働的に組み立てられていく活動の現場を「実践の
　　コミュニティ」と呼び、そのような場での「参加」の過程を学習として捉
　　えている。このような実践のコミュニティでは、そこで必要とされる知
　　識や技能をすでに習得した熟練者がすでに存在しており、新参者は、熟
　　練者とのやり取りを通して自身の役割を理解し、実践に参加していくと
　　いう過程を踏む。その過程では、周辺的参加(peripheral participation)
　　から十全的参加(full participation)へと、実践への参加が変化していく。
　　Lave & Wengerは、実践における学習理論として「正統的周辺参加論
　　(Legitimate Peripheral Participation)」を構築し、そのような実践が組織
　　化されていく過程を捉えている。また、Lave & Wengerは、社会的実践
　　の一部として学習を位置づけ、そうした実践への参加を通して、そのコ
　　ミュニティにおけるアイデンティティを確立していくという点から学習を
　　捉える。

を形成しているという。Wengerによれば、我々が活動に参加し行動しようとするとき、そこには常に具象化が起きている。我々が他者と関わりを持つとき、そこでは他者との対話が生じ、あるいは対話に対する拒否が起こる。これらはすべて何かの意味を巡って、具象化が起こっている所以であるという。つまり、我々は他者との対話を通して意味を「具象化」し、「参加」によって他者と意味の擦り合わせをしながらその場の意味を創造していくということである。Wengerは、あるコミュニティにおけるこうした「参加」と「具象化」が、我々の経験を形成し、また、我々の経験がコミュニティ自体を構成していくと述べている。参加と具象化の過程において「交渉される経験(negotiated experience)」が、コミュニティのメンバーシップを構築していくという。そして、参加と具象化の過程そのものである「実践」は、その過程におけるあらゆる場面や状況で起こる学習が埋め込まれているコミュニティを構築していくのである。

　Wengerはまた、こうした参加と具象化の過程で観察される、我々の行動の拠り所となっている「知識」というものが、個人の頭の中にもともと存在するのではなく、コミュニティにおいて繰り返し行われる活動の社会的実践を通して形成されていくという前提に立っている。Gee(2000)は、個人を実践のコミュニティの一部を形成している「軌跡(trajectories)」と見なし、このような軌跡において形成されていく個人の知識は、別の実践のコミュニティに参加する際に、個人が再形成したり、変容させたりできるものを意味している。ここで言われている知識とは、あくまでも個人に

よって調整可能な能力としてのリテラシーである。

　「ニュー・リテラシー・スタディーズ(New Literacy Studies)」と呼ばれる研究も、そうしたリテラシーが、既存のテクストを通して得られた知識が蓄積されたものでも、認知的な情報処理機能としてのスキルとして個人に存在しているものでもなく、社会やコミュニティのメンバーとの関係に存在しているものとして理解している。これらの研究の中でも、特にBarton & Hamilton(2000)やGee(2000)などを始めとする「状況的リテラシー(situated literacy)」と呼ばれるリテラシーを追究する研究は、所与の活動を媒介しているテクストとリテラシーの関連にのみ焦点が絞られていては、複合的な機能を果たすリテラシーを掌握することはできず、より広域なコンテクストにリテラシーを位置づけて観察しければならないと主張している。したがって、ある状況に埋め込まれているリテラシーを論じる場合には、「実践」「活動」「テクスト」といった要因から包括的にリテラシーを考察することが強調されている。このような「実践」「活動」「テクスト」の関連からリテラシーを捉える研究は、「リテラシー・イベント(literacy event)[13]」という事象に注目する(Barton & Hamilton, 2000等)。リテラシー・イベントとは、活動の参加者のリテラシーが、参加者間の相互行為やその意味解

---

13)「リテラシー・イベント(literacy event)」という用語とその概念は、Hymes(1972b)が社会言語的観点から定義した「スピーチ・イベント(speech event)」に由来するものである。Hymesは、スピーチ・イベントを「言語使用のための規則や規範によって支配されている活動あるいは活動の一面」(1972b, p.56)とし、言語を媒介にして行われる社会的活動として捉えている。

釈の過程にとって重要な役割を果たしているような活動である(Heath, 1983)。そして、そのようなリテラシー・イベントで行われる実践は「リテラシー実践」と呼ばれ、各々の実践が達成するべき目的を伴っている場合、リテラシーは、参加者の行為や言語使用において観察可能になるという(Barton & Hamilton, 2000)。

2.2.2.2 教室活動における相互行為実践

前項で論じた「実践」を通して経験される「いかなる人間の個人的な言語体験も、他者の個人的発話との不断の相互作用のなかで形成され発展していく」(Bakhtin, 1986, p.89; 邦訳, 1988, p.169)ものである。そこで、本項では、学習者の言語活動において観察される他者との相互行為の実践について説明し、さらに、「教室」という場において行われる「教室活動」として学習者の言語活動を見た場合に、考慮しなければならない側面を補足しておく。

Hall(1995)によれば、「相互行為」とは、ある社会やコミュニティのメンバーが、言葉や身体的配置、さらに常識的知識といった利用可能なリソースを利用しながら、他のメンバーと構成していく実践そのもののことである。また、Hallが考察している「相互行為実践(interactive practices)」とは、「一定の構造を共有し、話し手のコミュニティにとって社会文化的な意義がある、くり返し行なわれるトーク(talk)の実際の例(episodes)」(Young, 1999, p.118; 西口, 2004, p.113より)が具象化される、その様相を指す。この相互行為実践においては、単に言語を操作できることだけでなく、その言語を用いることによって示されるコミュニティの価値観や信念

を、他者とのやり取りにおいて表明していくことが重要とされている。

　また、日本語学習者が必要とする相互行為実践を検討し、そうした相互行為実践を含んだ教室活動の実践を報告している西口(2004)は、相互行為実践を「参加者がその実践を遂行するために、言語的なリソースを含む相互行為のためのリソースを動員して協働的に構築される」(p.113)ものと捉えている。第二言語学習者は、こうした他者との相互行為を伴う実践に従事しながら、利用可能な第二言語のリソースを用いながら、第二言語による言語体験をその場で経験していると言える。

　こうした「相互行為実践」は、そこで学習者によって用いられるリソースや学習者が具現化していくリテラシーにより焦点が当てられると、前項で説明した「リテラシー実践」の一形態と捉えることができる。Holme(2004)は、コミュニティのメンバーが、ことばを媒介にしてリテラシーを実践していくことを「リテラシー実践」と呼んでいる。コミュニティのメンバーの言語使用という側面からリテラシー実践を捉えると、かれらにとって利用可能なリソースとかれらのリテラシーは融和的に絡み合っていると言える。

　しかし、そのような実践が「教室活動」の枠組みで行われるということを考慮して、第二言語学習者のリテラシー実践を捉える場合には、より具体的に実践を定義し直す必要があると思われる。前項で説明したBarton & Hamilton(2000)によれば、リテラシー実践は、ある目的を志向する性質を有するものである。教室活動における実践も、目的を志向する性質を持つ。なぜなら、教室活動

は、教師の立場からすれば、通常、ある学習項目や既習事項に関
して学習者の学習達成度を評価するという目的を持つものであ
り、また、学習者の立場から見れば、教師によって課題として与
えられた活動の目的を達成するといった点において、常に目的志
向の活動として捉えられるからである。そして、そうしたある種
の制度的背景の下で行われる活動は、具体的な相互行為の実践に
反映されることになる(Drew & Heritage, 1992)。

　こうした教室活動で行われるリテラシー実践は、課題の遂行と
いう目的を共有し、それに向けて参加者双方が責任を持ち積極的
に対話に関わっていかなければ成り立たない。そして、そのよう
な学習者間の対話においては、課題を達成するといった目的に向
かって、教室活動として与えられた現実的な、あるいは仮想的な
コンテクストを維持しようとする学習者の試みや、その都度、対
話の状況や方向を修正しようとする学習者の能動的なパフォーマ
ンスが観察できるであろうと思われる。

2.3 対話・実践・第二言語リテラシー

　本章の最後として、本節では、これまで概観してきた先行研究
の知見を参考に、改めて学習者の言語活動を支える対話と実践、
そして学習者の第二言語リテラシーを包括して論じておきたい。
　本研究は、本章で概説したダイアロジズムの観点から学習者の
言語活動を捉えるものである。本章で考察してきたように、バフ

チンのダイアロジックな言語コミュニケーション観における「対話」
は、自己と他者との関わり、話し手と聞き手のことばの言語的交
通、そして、歴史的な他者の声や異文化という対象世界をも含め
た、差異との出会いという視点から、自己内の意識上の変容をも
たらす対話として、重層的に構築されていくものである。第二言
語学習者の言語活動は、活動のあらゆる過程で「対話」を伴う。学
習者同士が互いに働きかけ応答し合う対話を通して、学習者はこ
れまでの視点や価値観、過去の経験や既得の知識にまで意識が及
んでいくのである。

　また、前述したBarton & Hamilton(2000)によれば、コミュニティ
における実践には、そこでの活動において必要とされるリテラ
シーの気づきや、自分にとってそのリテラシーがどのような意味
を成すかといった参加者自身の意識化の過程も観察されるという
ことである。実践におけるリテラシーの形成の過程は、参加者を
互いに結びつける社会的な過程であると同時に、参加者の間で
「共有された認知(shared cognitions)」(Barton & Hamilton, 2000, p.10)
がそこで具現化されていく過程でもあり、また、個人の内面で起
こる意識の変容の過程でもあると言える。

　この点において、リテラシーの形成およびその具現化の過程
は、先述したバフチンのイデオロギー的形成の過程そのものであ
る。イデオロギー的形成の過程は、他者との対話を通して、学習
者が自己と他者、また社会との関係性を意識化し、新たな社会文
化的意味を創出していく過程である。それは、自身が置かれてい
る現実の生活を対象化し、自己と世界の関係を捉え直し続けるこ

とで可能になる。自己と世界の境界線を行き来することによって、自身が生み出すことばにも気を配り、そのことばによって他者にどのような影響を与える可能性があるのか、その可能性によって自己がどのように他者や社会に位置づけられるのかを探求していくことが必要となる。

　前節で述べたように、第二言語学習者も、このようなリテラシーの形成に通じる「イデオロギー的形成」の過程を経験していくと思われる。他者の意味が詰め込まれた「他者のことば」を受け取り、「自分自身のことばで語り直す」(Bakhtin, 1981, p.341)過程で、学習者自身の意味を形成していく。ここでいう「他者のことば」というのは、細川(2006)の意味する「情報＝個人の外側にあって、『能力』のリソースとなるもの」(p.138)に共通するものと捉えることもできるであろう。細川が指摘しているのは、この能力のリソースとなる「情報」をどのようにして個人の「能力」として位置づけていくかが、教育における重要課題であるということである。

　また、イデオロギー的形成の過程は、単に「他者のことばを受け取り、自分自身のことばで語り直す」過程であるだけではなく、同時に、アイデンティティや主観性を形成していく現在進行の過程であると言える。この過程で、第二言語学習者は第二言語に関する経験や知識を得るだけにとどまらず、第二言語話者としての振舞いやアイデンティティを形成していくことになる。

　ここで補足しておきたいのは、序論で定義した第二言語リテラシーの観点から見れば、本研究の日本語学習者の場合、大学の日本語クラスに参加する時点ですでに、学習者がこれまでに習得し

ている第一言語と習得過程にある第二言語に関する知識、そして、両言語による言語体験が、学習者の思考において共存した状態にあると捉えられる点である。したがって、本研究の日本語学習者は、全く無の状態から第二言語を媒介にしたイデオロギー的形成を発達させていくわけではないと考えられる。基本的には、第一言語あるいは第二言語を介してこれまでに経験したイデオロギー的形成を基に、イデオロギー的形成に関する新しい言語体験を経験していくと言える。

　このように、第二言語学習者の「イデオロギー的形成」の過程に注目すると、学習者の言語活動を構成している基盤が何かをより理解することができる。そのためには、学習者のリテラシーが「観察可能なパフォーマンス」として立ち現れる学習者の行為を観察することも重要となる。本研究では、次章で論じていくストーリーテリング活動が、学習者が他の学習者との対話を通して「ストーリーを語る、聞く」ことを実践する場を与えるだけでなく、互いの行為に観察されるリテラシーの具現化に、学習者が利用可能なリソースを新たに発見する可能性を与え、また、第二言語を媒介としたイデオロギー的形成への手段も学習者に与えるであろうと考える。

　以上、本章では、先行研究の概観を中心に、言語活動に関する本研究の理論的背景、及び、第二言語学習者の言語活動について考察した。次章では、本研究で扱うストーリーテリング活動に関連する諸事象について、さらに先行研究を概観しながら詳細に説明していく。

第二言語リテラシーとストーリーテリング活動

第3章
ストーリーテリングに関する
先行研究

第3章

ストーリーテリングに関する先行研究

　前章では、言語活動に関する理論的な考察を通して、本研究における第二言語学習者の言語活動の捉え方を明らかにした。本章では、本研究の分析対象であるストーリーテリングに関する先行研究を概観し、本研究で扱うストーリーテリング活動の具体的な様相の捉え方を説明していく。また、そうすることによって、第二言語習得研究や日本語教育の分野における本研究の位置づけを明確にしていく。

　これまで社会科学や人文科学の様々な研究領域において、ナラティブやストーリーテリングは、言語的側面、社会文化的側面や、心理的・認知的側面など、様々なアプローチから数多くの研究が発表されており、それぞれの研究分野の発展に貢献している。中でも口頭のナラティブ(oral narratives)は、コミュニケーションにおける言語形式の一つのジャンルとして、言語学や社会学、文化人類学、心理学などの分野において様々な観点から研究が重ねられてきた(Jefferson, 1987; Labov & Waletzky, 1997[1967][1]; Labov, 1972; Ochs & Capps, 2001; Wortham, 2001等多数)。最近では、そ

れらの分野を超えた学際的なアプローチで、ナラティブの特質や機能、また、その運用面が解明されつつある。研究分野によって、ナラティブの定義[2]やナラティブを分析する際の枠組みは異なるが、ナラティブ研究すべてに共通するのは、我々の人生はナラティブによって構成されているという前提がその根底にあることである。したがって、我々の様々な人生経験そのものや、他者との関係性、あるいは他者との活動の目的が、ナラティブを通して観察できるという観点からナラティブを扱う。

　以下、本研究に関連すると思われるナラティブやストーリーテリングの先行研究を概観しながら、様々なナラティブの捉え方やナラティブの分析のためのアプローチを説明する(3.1)。次に、先行研究を参照しつつ、より具体的なストーリーテリングの様相、及び、ストーリーテリングで用いられるストラテジック・リソー

---

1) Labov & WaletzkyのNarrative analysis: Oral version of personal experience は、1967年に初版されたものであるが、1997年にJournal of narrative and life historyの中で再版されている。筆者は、1997年に再版されたものを参考文献として用いたが、本書においてLabov & Waletzkyを引用する場合、両年号とも表記する。

2) ナラティブの定義は、特にナラティブ研究で取り上げられているストーリーのトピックから見ると、非常に広範囲に渡っている。ナラティブの研究対象には、過去の経験や出来事が語られたものだけでなく、最近では、日常生活において一時的に語られるささいな話(Bamberg, 2004)や、将来の仮定的な出来事の話(Georgakopoulou, 2002)なども含められている。本研究では、日本語学習者個人の過去の経験が語られたものを基本的に扱うが、ストーリーのトピックによっては、過去の経験に限定せず、学習者が現在抱えている問題や将来の計画などに対する意見や考察など、それらがある一定の長さを持ったナラティブとして捉えられる場合、分析の対象とする。

スを提示する(3.2)。さらに、第二言語習得や日本語教育における
ナラティブの先行研究を取り上げ、学習者のナラティブ及びス
トーリーテリングの分析を通してすでに明らかになっている研究
結果を整理する。そして、本章の最後に、当該分野における本研
究の位置づけを明らかにするとともに、本研究で分析していくス
トーリーテリング活動と第二言語リテラシーの関連について述べ
る(3.3)。

3.1 ナラティブに関する先行研究

　本節ではまず、言語学やコミュニケーション研究の関連分野に
影響を与え、現在もなお多くのナラティブ研究に援用され続けて
いる、Labov&Waletzky(1997[1967])とLabov(1972)が提示したナラ
ティブ構造のモデルを取り上げる(3.1.1)。そして、「ラボビアン・
モデル(あるいはラボビアン・アプローチ)」と呼ばれるこのナラ
ティブ構造のモデルに対する議論や批判を整理する。次に、ナラ
ティブを社会的活動として捉えた研究で、会話の参加者によるス
トーリーの協働的な形成とその過程や、ストーリーテリングにお
ける参加者の役割を考察したナラティブ研究を概観する(3.1.2)。

3.1.1 個人の経験を語るナラティブ

Labov&Waletzky(1997[1967])が提示したナラティブ構造は、後に
Labov(1972)によって修正が加えられ、「個人の経験を語った口頭
のナラティブ(oral narratives of personal experiences)」を研究するた
めの基本的な枠組みとして、様々な社会的・文化的コンテクスト
を取り扱った多くのナラティブ研究に援用されている(Minami,
2002等)。Labov & WaletzkyやLabovの研究が、ナラティブ研究全般
に与えた貢献の一つは、ナラティブの分析対象の領域を拡張させ
たことである。Propp(1968)などに代表されるロシア・フォルマリ
ストたちの研究の流れを汲んで、当時主流であった文学作品を扱
うテクスト分析の場から、普通の人々によって日常のことばで語
られたディスコース分析の領域へと、研究の分析対象を移行させ
たのである。こうした貢献によって、Labovらの研究は、口頭のナ
ラティブ研究の先駆的な研究と見なされるようになる。本項で
は、Labov & Waletzky(1997[1967])とLabov(1972)が提示したナラ
ティブ構造とその機能的側面について説明し(3.1.1.1)、続いて、
このラボビアン・モデルを巡って展開されている議論を整理する
(3.1.1.2)。

3.1.1.1 ラボビアン・モデル：ナラティブ構造とその機能的側面

Labov & Waletzky(1997[1967])の関心は、階級や人種的相違が何
らかの影響を与えているであろうコミュニケーション上の問題で
あり、社会言語学的見地から、様々な言語形式の変種と社会的属

性との関連を考察することにあった。そのため、語り手の社会的属性とかれらが語るナラティブとの相関関係を検証するために、そのナラティブの構造を分析するための理論的・方法論的枠組みを築く。そして、様々な形式で表現されるナラティブの中でも、過去に起こった出来事を再現する「個人の経験を語った口頭のナラティブ」が最も単純で基本的なナラティブであると考え、語り手の経験を意味あるものにするための言語運用として組織されているという仮説を立てる。

そこで、Labov & Waletzkyは、異なる人種や、様々な職業や世代に属する人々にインタビューを行い、そこで語られたナラティブから、特に、ニューヨーク市在住のアフリカ系アメリカ人に特有の語り方というものが存在することを例証するとともに、そこから英語のナラティブに共通する基本的な構造を導き出した。それらのインタビューでは「死の恐怖に晒されたことがありますか (Were you ever in a situation where you thought you were in serious danger of being killed?)」といった質問が被験者に与えられ、「生命が脅かされた経験(life threatening experience)」に関するナラティブが引き出される。Labov(1972)によれば、このような質問を契機に「語り手は過去の出来事を再び自分の中に呼び起こし追体験することになる」(p.354)ため、語り手からナラティブを引き出すのに最も適した質問であるという。

こうして得られたナラティブのデータを基に、Labov& Waletzkyは、そこに繰り返し現れるプロトタイプ的なナラティブ構造のパターンを見出す。Labov & Waletzkyが観察したナラティブの主要な

構成要素は、1)方向付け(orientation)、2)状況説明(complication)、3)評価(evaluation)、4)結果(resolution)、5)終結部(coda)であり、このような構造で語られる出来事が、実際に起こった時間の経過と同じ順序で表現されるものとして捉えられている。Labov&Waletzkyによれば、すべてのナラティブがこのような構造で形成されるわけではないが、「個人の経験を語った口頭のナラティブ」を分析するための基準となる形式であることを主張している。これらの構成要素が、出来事が起こった時間軸に沿って現れると、ナラティブは一貫性を持つ。

　Labov & Waletsky(1997[1967])の貢献として、こうしたナラティブの構造的側面を明らかにしたことがしばしば取り上げられるが、Labov & Waletskyの研究の重要な貢献の一つは、従来のナラティブ研究において重要視されてこなかったナラティブの構成要素の機能的な側面にも光を当てたことである。すなわち、従来のナラティブ研究が考察の中心に置いてきた言語の「指示的意味」から「評価的意味」を取り出すことによって、ナラティブ研究で構築されうる理論を言語理論からディスコース理論へと移行させたことにある。Labov & Waletskyは、ナラティブ構造における各構成要素が担っている機能を「指示的機能(referential function)」と「評価的機能(evaluative function)」の二つに分類し、端的に言えば、前者はストーリーにおいて「何が起こったか」を説明し、後者はそのストーリーが「いかに語るに値するか」を提示する働きをすると定義した。これら二つの機能は、実際にはLabov & Waletskyのモデルの核とも言えるもので、ナラティブ構造における各構成要素は、語り

において現れるその順序だけでなく、それぞれの要素が供給する情報もナラティブを構成するのに重要な役割を果たしていることが指摘されている。

　後にLabov(1972)は、このようなナラティブ構造における各構成要素の機能により焦点を絞り、Labov ＆ Waletzky(1997[1967])で明らかにされたナラティブ構造の構成要素に手を加え、修正したものを提示している。そのナラティブ構造を以下に示す。

　　概要(Abstract)：ナラティブの要約
　　方向付け(Orientation)：時間、場所、登場人物、状況や活動の説明
　　行為説明(Complicating action)：実際に起こった出来事の詳細
　　評価(Evaluation)：出来事に対する、語り手の考えや感情、態度の表示
　　結果(Result or resolution)：最後に何が起こったかについての説明
　　終結部(Coda)：ナラティブの世界から語りが行われている現実への戻り
　　　　　　　　　　　　　　　　　(Labov, 1972, p.363参照、筆者訳)

　ここで、各構成要素の内容の概略を述べておく。ナラティブの冒頭で語られる「概要」部は省略されることもあるが、語り手がこれから語ろうとするストーリーの前置きであり、「何についての語りか」というストーリー全体の要約が示されるところである。Labov(1972)のデータ例で挙げられているように、「死の恐怖に晒されたことがありますか」という質問に対し、語り手が「兄貴が俺の頭をナイフで指したことがある」と述べてからストーリーを開始するのが概要部である。この概要部は、語り手が語るに値する話をこれから語るということ、聞き手が時間を費やしてでも耳を傾

ける価値のある話であるということを告知する場でもある。

「方向付け」の部分では、一般に「いつ、どこで、誰が、何を」といった時間や場所、登場人物、その場の活動や状況などのナラティブの背景情報が紹介される。語り手は方向付けによって、聞き手をナラティブの世界へと導く。方向付けは、ナラティブの冒頭に現れることが多いが、必ずしもナラティブの冒頭部分で語られるとは限らず、必要であれば行為説明や評価、結果などの構成要素部に組み込まれる場合もある。例えば、方向付けが行為説明の部分に埋め込まれるのは、語り手が、行為説明で語る内容を聞き手により理解させるために、新たに必要な背景情報を供給するためである。

「行為説明」は、過去の経験における出来事そのものに言及する場であり、実際に「何が起こったか」を具体的に再現することによって聞き手の関心を惹きつける。そして、ストーリーがクライマックスに向かって動き出す場でもある。過去の経験を再現する方法の一つとして、ナラティブは、その節構造が実際に起こったとされる出来事の時間的経過と一致されなければならず、この点において、行為説明は重要な構成要素として捉えられている。

この行為説明の後に置かれている「評価」部は、ナラティブにおいて最も重要な構成要素とされており、簡潔に言えば、語っている出来事に対する語り手自身の感情や態度が表現される部分である。語り手の感情や態度が表現されることによって、「だから何を言いたいのか(So what?)」(Labov, 1972, p.370)という問いに対する答えが明確になる。そのため、評価によって、そこで語られてい

る出来事の価値が意味づけされ、ストーリーがいかに興味深いものであるかが示されるため、聞き手が語り手のストーリーのポイントを理解しやすくなる。このモデルでは、評価は、ナラティブが構成される順序として行為説明の後に位置づけられてはいるが、実際にはナラティブ全体を通してどの箇所においても挿入可能な構成要素である。

　次の「結果」は、行為説明によって描写された出来事において「最終的に何が起こったか」を説明する部分である。この結果部に、ストーリーの終わりを告げる終結部が続く。ナラティブは過去の時点の経験が語られたものであって、ストーリーテリングが起こっている時点との接点がないことが多いため、聞き手に対して現在の時点に戻ることを告げるきっかけが必要となる。終結部分でよく観察されるのは「以上です(That was it)」といった表現や、ナラティブの登場人物の現在の状況、その出来事の余談といった後日談である。

　これらのナラティブ構造における各構成要素の中で、Labovが、特に重要視したものが「評価」である。ナラティブにおいて最も重要な構成要素として扱われている評価は、さらに「埋め込まれている評価(embedding evaluation)」と「外からの評価(external evaluation)」に分けられる(Labov, 1972, p.370-373)。「埋め込まれている評価」は、評価自体がナラティブを構成する独立節としてナラティブに埋め込まれているもので、語り手本人も含めたナラティブの登場人物がある出来事に対して行った評価を、語り手が代弁したものである。すなわち、その過去の時点の語り手の視点から見た出来

事に言及する評価であると言える。一方、「外からの評価」は、語り手がナラティブを中断し、聞き手に向き合ってナラティブのポイントを伝える手段として用いられる。つまり、出来事に対する語り手自身のコメントが、現在の時点と関連づけられたものだと言える。このような評価がナラティブに組み込まれているがゆえに、ナラティブは、通常のディスコースから区別された、独自の形式を持つものとして捉えられる。評価のないナラティブは、単なる過去の出来事の報告や歴史的事実の描写としてしか存在しなくなってしまうのである。

　以上で述べたように、Labovらが定義した「評価」は「語り手がナラティブのポイントを示すための手段であり、その存在理由はなぜそれが語られたのか、語り手は何を言おうとしているのかを表すことにある」(Labov, 1972, p.366)とされている。このことはナラティブの意味生成的な側面、すなわち、語り手は聞き手とともにナラティブのポイントを交渉しなければならないことを意味している。しかし、ラボビアン・モデルは、このようにナラティブが語られる際の聞き手の存在を含意してはいるが、語り手のナラティブに影響を与えると考えられる聞き手の役割にそれほど注目していないことが、モデルに対する批判や議論につながっていく。このようなラボビアン・モデルを巡る議論については次項で述べる。

3.1.1.2 ラボビアン・モデルを巡る議論
　前述のように、Labov&Waletzky(1997[1967])とLabov(1972)の功績

は、ナラティブの分析対象を、文学作品などのテクストから、普通の人々の日常のことばで語られたディスコースにまで拡張させたことである。また、「個人の経験を語ったナラティブ」の構造を可視化させたこと、さらに、ナラティブの構成要素の機能を明確化させたことが挙げられる。

　Labovらの研究が日常のことばで語られたディスコースを扱ったことから、ラボビアン・モデルは従来のディスコース分析の分野にも影響を与えた。ディスコース分析の手法を用いたナラティブ研究は、インタビューの手法で収集されたナラティブではなく、自然会話に現れるナラティブ3)を分析対象としたという点でLabovらの研究との相違はあるものの、ラボビアン・モデルの基本的概念を受け継いでおり、語り手の過去の経験がナラティブという形式にどのように再現されているかを検討することを目的としている(Gee, 1991; Tannen, 1993等)。また、Labovらが提示したナラティブ構造の概念や各構成要素が担う機能的側面からの考察は、ディスコース分析の分野でも、特に文化的コンテクストを中心とした研究や(Polanyi, 1985等)、異文化間の相違を扱うナラティブ研究に受け継がれている(Gee, 19864), 1991; Minami, 2002等)。

---

3) 「自然会話に現れるナラティブ」というのは、"casual narratives"(Maynard, 1989)や"conversational narrative"(Ochs & Capps, 2001)、"conversational storytelling"(Norrick, 2000)のことであるが、会話の最中に、過去に起こった出来事や経験、人から聞いた話や噂話などが、折に触れて差し込まれるように、会話において自然に、また自発的に語られるナラティブを指す。次項3.1.2で、この「会話中に生じるナラティブ」をより詳細に取り上げる。

4) Gee(1986)は、Hymes(1981)が民話などのナラティブの構造分析のため

　しかし、前項の最後で述べたように、ラボビアン・モデルが、語り手によるナラティブの意味内容を理解し、ストーリーテリングに携わる参加者としての聞き手の役割にそれほど注目していないことや(Norrick, 2000; Polanyi, 1979 等)、ナラティブを構成する各要素の現れる順序が、必ずしもナラティブのプロットの順序に相等する必要のないことなどが指摘されていることから(Gwyn, 2000)、ナラティブ構造の枠組みとして提示されたラボビアン・モデルを巡っては、その有効性と普遍性に関して数多くの批判や議論がなされてきた。

　そのようなラボビアン・モデルに対する議論や批判は、まず、Labovらの研究における方法論の問題が出発点となっている。Gwyn(2000)は、Labovらの研究の成果が限られた範囲のデータに基づいていること、つまり、被験者が都心部に在住するアフリカ系アメリカ人の男性に限定されていることを指摘し、ラボビアン・モデルの有効性に疑問を呈している。実際、Labov & Waletsky

---

　に提示した方法論である「バース分析」を修正し、Chafe(1980)が語り手の意識の流れに注目してナラティブの最小単位とした「アイデア・ユニット(idea units)」の概念を採り入れ、日常会話に現れるナラティブの構造を検証するためのスタンザ分析を考案している。ラボビアン・モデルがそれぞれ独自の機能を持つ構成要素から成るナラティブのマクロ構造を分析するためのものであるに対し、スタンザ分析はナラティブのミクロ構造を明らかにするものであると言える。換言すれば、ラボビアン・モデルが我々の経験は所与の構造の枠組みの中で表出されるという観点を含意している一方、スタンザ分析は我々がそれぞれ異なる独自の方法で経験を再構成していくという視点を持つ。したがって、上述のように、異なる文化に属する話者によって語られたナラティブを比較する場合に有効な方法であると考えられている。

(1997[1967])もそのことを認識しており、あるスピーチ・コミュニティに限定して収集したデータから研究結果を導き出していることを注意事項として挙げている。また、Gwynは、Labovらの研究で扱っているナラティブの長さが比較的短いこと、出来事の描写がそれほど複雑ではなく最小限の説明に留まっていることなどを指摘している。つまり、研究者が理想とする特定のタイプのナラティブを得るために、研究者のコントロールの下で被験者が誘導された結果、こうしたナラティブが引き出されたとも考えられるからであろう。

　このように、ラボビアン・モデルの構築を導いたデータ収集の方法論に関して、インタビューで誘導されて語られたナラティブであるということが問題となり、ラボビアン・モデルは、自然会話に現れるナラティブには適用できないという議論が生まれる。そのような議論の背景には、インタビューでは被験者が一方的に語るナラティブが抽出され、会話においては語り手と聞き手の双方向的なやり取りが観察されるという見解の相違が前提となっている。したがって、会話中に生じるナラティブの場合、聞き手の役割や反応を考慮して分析されなければならないという議論につながっていくことになる(Norrick, 2000; Polanyi, 1979等)。

　そうした議論では、特に、ラボビアン・モデルの構成要素の一つである「評価」の概念が議論の中心となっている(Maynard, 1989; Nishikawa, 1999; Polanyi, 1979等)。Labov(1972)自身、「評価」は語り手がナラティブのポイントを示す手段であり、ストーリーテリングが成功裏に終わるためにはポイントが明らかにされなければな

らないことを述べている。しかし、ナラティブのポイントは聞き手の理解があってこそ成り立つゆえ、ラボビアン・モデルでは、ナラティブの構築における聞き手の役割が軽視されているという批判がなされているわけである。

　ナラティブによって明らかにされる文化的側面に注目し、夕食の場における親しい友人同士のストーリーテリングを考察したPolanyi(1979, 1985)は、Labovらのナラティブ構造やその基本的な概念を認めながらも、会話中に自発的に生じるナラティブの分析へのラボビアン・モデルの適用は否定している。また、Polanyiの研究の焦点は、ナラティブの構造にあるのではなく、ある文化に属するメンバーがどのようにストーリーを語り、ナラティブのポイントがいかにして示されていくかを検証することにある。そこで、Polanyiは、評価がナラティブのポイントを生み出す鍵になっているという前提から、語られるストーリーのポイントは、語り手自身による評価によって一方的に提示されるものではなく、むしろストーリーテリングの過程において語り手と聞き手の間で交渉され、双方の同意の下で創造されていくものであると主張している。

　さらに、会話で自然に現れるナラティブへのラボビアン・モデルの有効性だけでなく、このモデルで示されたナラティブ構造がどの言語のナラティブにも適用できる普遍的なものであるか、すなわち、英語だけでなく他言語によって語られたナラティブに対しても有効な方法であるかということが議論の焦点ともなっている(Maynard, 1989; Nishikawa, 1999; 小玉, 2000)。

　Maynard(1989)は、友人同士である日本語母語話者間の会話で自然に現われたナラティブを基に、日本語のナラティブの特質を明らかにし、日本語のナラティブ分析に適用する場合のラボビアン・モデルの修正案を提示している。Maynardが分析の対象としたのはPolanyi同様、事前に計画されて語られたナラティブやインタビューで誘導されて語られたナラティブではなく、日常会話で自然に現れるナラティブである。Maynardが提示している日本語による「日常会話で自然に現れるナラティブ」の内部構造の大枠は、以下の通りである。

　　前置表現(Prefacing)
　　　：進行中の会話からナラティブへの移行を示す表現
　　背景設定(Setting)
　　　：出来事が起こった時間、場所、登場人物に関する情報
　　出来事(Narrative Event)：登場人物の行為や出来事の内容の描写
　　評価／報告価値(Evaluation/Reportability)
　　　：出来事に対する語り手の感情表現
　　解決(Resolution)：出来事の結果や顚末
　　終結表現(Ending Remarks)
　　　：ナラティブから新たな会話への移行を示す表現

　　　　　　　　　　　　(Maynard, 1989, p.117-118参照、筆者訳)

　「前置表現」は、進行中の会話からストーリーテリングへの移行の合図となるもので、会話中に生じるナラティブに先行するトークとして必須なものと捉えられている。また、語り手がストー

リーテリングのためのフロアを取るために聞き手と交渉する場であるとも言える。「背景設定」は、出来事が起こった時間や場所、登場人物などに関する情報で、それらが聞き手と共有されていない場合にのみ必須となる要素である。「出来事」は、ストーリーの登場人物の行為や、聞き手にとって興味があるだろうと思われる出来事の内容を描写する部分である。このような描写は、会話中に生じる日本語のナラティブには必須とされている。

　Maynardが語り手の任意として挙げている「評価 / 報告価値」は、Labov(1972)が定義した「評価」に相当する。この「評価 / 報告価値」は、語られている出来事に対する語り手の心情や感情の表現を通して、なぜそのストーリーが語られるのか、そこで語られているストーリーが聞き手にとって妥当かどうかというナラティブのポイントに言及する部分である。「解決」は、出来事の結果あるいは顛末を指す。そして、「終結表現」は、「前置表現」の対となっているもので、ナラティブの終了を告げ、ストーリーテリングから新たな会話への移行を合図するものである。この「解決」や「終結表現」がナラティブにおいて用いられるのは任意とされている。

　これらの要素の中で、ラボビアン・モデルでは必須であった「評価」が、Maynardのモデルでは任意とされていることが注目される。その理由として、評価は、語り手側の責任においてのみ必須とされる要素ではなく、評価が与えられない場合、聞き手によって与えられるか、あるいはディスコース自体に評価を認識できるのであれば、構造的な要素を形成する必要のないことが挙げられ

ている(Maynard, 1989, p.118)。つまり、評価は語り手によって明示的に述べられる必要はないという。また、Maynardが対象としているナラティブは、会話中に埋め込まれているものであるので、語られるナラティブの価値や重要性は、語り手と聞き手のやり取りや会話のコンテクスト次第で左右されるものと言ってもよい。

Nishikawa(1999)もまた、ラボビアン・モデルを日本語母語話者同士による日本語のナラティブに適用させ、その機能的側面における相違を明らかにしている研究の一つである。20代の大学生へのインタビューを通じて、筆者との間の会話に現われたナラティブを分析し、語り手と聞き手が交渉を通じてナラティブのポイントを作り出すという観点から、ナラティブのポイントを巡ってどのようなやり取りが行われているか、その過程を考察している。

ラボビアン・モデルによれば、方向付けでは、語られている出来事の時間や場所などの背景情報が提示される。しかし、日本語のナラティブでは、方向付けにおいて提供される情報が、Labovらによって分析された英語のナラティブにおける情報とは、まず量的に異なっていることをNishikawaは指摘している。次に、Nishikawaは日本語のナラティブにおける方向付けの情報が二つのタイプに分類できると述べている。一つはLabovの意味する方向付けにおける情報に相等するもので、語り手も含めたストーリーの登場人物が経験したある特定の出来事に関する指示的な情報を供給するものである。

もう一つは、Nishikawaが「一般的な予備情報(general preliminary

information)」と呼ぶもので、当時の年齢、居住地、職業など、語られている出来事の時点における語り手の人生に関わる情報を指す。語り手と聞き手は、そのような予備情報によって、ナラティブの背景知識を共有していくが、語られている出来事に関する背景情報だけが与えられるのではない。この予備情報によって、聞き手はナラティブのポイントの基になる語り手の観点に共感することができるという。ナラティブの開始直後にこの予備情報が与えられることによって、語り手の人生に関する情報が、聞き手がすでに有しているその情報に関する知識や経験に重ね合わされ、ナラティブのポイントを理解するための土台が築かれていく。日本語のナラティブには、語り手によってこのような予備情報が聞き手に与えられる過程が不可欠であるとNishikawaは主張している。

　つまり、このことは、日本語のナラティブでは、「評価」よりもむしろ詳細な背景情報が築かれる「方向付け」の機能の方が、ナラティブのポイントの通じ合わせにとってはより重要であるということに繋がる。聞き手は語り手から受け取った背景情報に基づいて先行的にポイントを理解する。言い換えれば、Nishikawaも Maynard同様、ナラティブのポイントを示す手段とされている「評価」が、語り手によって明示される必要はなく、ストーリーの世界で何が起こったのかを理解するための十分な情報があれば、聞き手によって推測されうるということを意味している。

　このように、ラボビアン・モデルを巡る議論では、ナラティブ構造の構成要素を再考する際に、ラボビアン・モデルで焦点化さ

れていなかった聞き手の存在を考慮し、「語り手によるナラティブ
のポイントの提示」とそれに対する「聞き手の理解」という観点から
議論が進められている。そして、ナラティブの構築に「語り手」と
「聞き手」といった二人以上の参加者が関わっている以上、そのよ
うな活動には何らかの社会的な要因が絡んでくる。次項から、ス
トーリーテリングを社会的活動と見て、ナラティブ構築に不可欠
な要因としての聞き手の役割がより重視されているナラティブ研
究を取り上げていく。

3.1.2 社会的活動としてのストーリーテリング

　前項で概説したように、Labov&Waletzky(1997[1967])とLabov
(1972)が提示したナラティブ構造の枠組みでは、ナラティブの分
析やその解釈の意義を、ナラティブの構成要素の相互関連や構成
要素が継起する順序に求めるため、ナラティブ構築の過程に影響
を与えるその他の事象―ストーリーテリングが行われているコン
テクストや活動、ストーリーテリング自体が目指す目的やその場
の参加者―などを考慮していない。しかし、日常会話の中で自発
的に生じるストーリーテリングの多くは、そこで行われている社
会的活動の流れの一部として起こり、活動の参加者が何かある目
的を達成するための手段として機能していることがある
(Mandelbaum, 2003a)。例えば、家族や友人など身近な人々と経験
を共有し、ラポールや関係性を築くといった社会的活動として機
能するストーリーテリングや(Mandelbaum, 2003b)、あるコミュニ

ティにおける社会文化的な規範を親が子供に指導していく「社会化(socialization)」の活動としてのストーリーテリング(Ochs, Taylor, Rudolph, & Smith, 1992)などが挙げられる。つまり、参加者がある社会的活動を達成しようとしている過程でストーリーテリングが起こると、それ自体がまた、その活動に埋め込まれた一つの社会的活動となるのである。

したがって、Labov & Waletzky(1997[1967])やLabov(1972)が、普通の人々の日常のことばで語られたナラティブを取り上げたものの、インタビューというコンテクストで語られたナラティブを分析しているのとは異なり、ある社会的活動においてナラティブがどのような機能を持っているかを探求する研究では、日常会話に埋め込まれているストーリーテリングを観察する。そうした会話中に現れるストーリーテリングを取り上げたナラティブ研究の多くは、会話分析(あるいは相互行為分析)の手法を用いてストーリーテリングを分析し、ある活動内で起こるストーリーテリングの体系的な様相や、ストーリーテリングに携わっている参加者による参加の組織化などを考察している(Goodwin, 1981, 1984, 1986; M. H. Goodwin, 1990; Jefferson, 1987; Sacks, 1992; 李, 2000等多数)。

また、Labov & Waletzky(1997[1967])やLabov(1972)では、個人の経験が語られたナラティブは、時間軸に沿った語りであり、ある一定の構造と一貫性を持つと考えられている。したがって、ラボビアン・アプローチを採る研究においては、語り手が自分の意図を聞き手に伝えるためには、過去の経験を順序立てて提示し、それらの経験に対する自身の考えや態度をナラティブに反映させな

ければならないという視点に焦点が当てられている。つまり、「な
ぜその話が語られているのか」「語り手が意味しているのは何か」を
聞き手に理解させるためには、語り手一人がその責任の多くを負
うことになる(Norrick, 2000; Ochs & Capps, 2001)。しかし、会話分
析の手法を用いたナラティブ研究では、自身の経験に対する語り
手の理解力やその経験を言語化するナラティブ能力が、ナラティ
ブ構造を構築していく唯一の動因になるとは考えない。むしろ、
ストーリーは、参加者によって協働的に形成されていくものであ
るという前提に立つ(Lerner, 1992; Mandelbaum, 2003a, 2003b)。そ
して、ラボビアン・モデルが語り手の経験が再現される「構造」を
明らかにしようとしたのに対し、会話分析の手法を用いたナラ
ティブ研究では、その場の活動の参加者によって、そこで語られ
ている語り手の経験が相互行為的に組織化され共有されていく
「過程」を観察していく。

　以下、会話分析の手法を用いた先行研究から、まず、会話中に
生じるストーリーテリングにおいて、会話の参加者が語り手のス
トーリーを語り手と共に協働的に形成していく過程を考察した研
究を紹介する(3.1.2.1)。次に、日常の自然会話で生じたストー
リーテリングを取り上げているナラティブ研究が、ストーリーテ
リングにおける語り手と聞き手の役割をどのように捉えてきたか
を説明する(3.1.2.2)。

3.1.2.1　会話の参加者によるストーリーの協働的な形成

「会話におけるナラティブ(conversational narrative)」(Ochs & Capps,

2001)あるいは「会話におけるストーリーテリング(conversational storytelling)」(Norrick, 2000)と呼ばれるストーリーテリングでは、会話中、ある参加者がストーリーを語り始めた場合、その人はストーリーの語り手になり、他の参加者は語り手のストーリーに耳を傾ける聞き手になる。そして、そこで語られるストーリーは、語り手と聞き手の相互行為の達成によって構築され(Ochs & Capps, 2001)、その場で進行している会話の中に埋め込まれながら展開していくことになる。このような観点からストーリーテリングを捉えると、ストーリーテリングの観察においては、語り手だけではなく、聞き手の行為がストーリーテリングに与える影響にも留意しなければならない。語り手がストーリーを語っている最中に挿し込まれる聞き手のストーリー内容に関する質問や明確化要求、語り手のストーリー評価に対する対峙や意見などは、語り手のストーリーだけでなく、ストーリーテリングの構造そのものにも影響を与えると考えられている。

　会話分析の手法を採るナラティブ研究は、参加者がストーリーテリングを展開していく際のそうした協働行為に焦点を当てる。また、参加者の発話や行為が「今、ここ」になぜ生起しているのかといった問いに根ざして、それらの発話や行為の連鎖上の位置を重視する。そのため、ある参加者が会話の途中でどのようにストーリーテリングを開始していくか、他の参加者がストーリーテリングにどのように関与していくか、また、どのようにストーリーを完了させるか、その過程を記述する(Jefferson, 1978; Sacks, 1992; Schegloff, 1992等)。その結果、ストーリーテリングが開始さ

れると語り手一人の長い発話が続くため、通常の会話において観察されるターン・テーキングのシステムと、ストーリーテリングにおける参加者によるターンのやり取りは異なることが指摘されている(Hutchby & Wooffitt, 1998; Mandelbaum, 2003a等)。

　会話分析の手法を確立した研究者であるSacks(1992)やSchegloff(1992)は、会話中に何らかの目的で生じるストーリーテリングを、参加者がその場で従事している社会的活動(連鎖的に組織化されたトーク)の一部として捉え、そうしたストーリーテリングの一連の流れを、ストーリーテリング・シークエンス(storytelling sequence)と呼んでいる。このストーリーテリング・シークエンスは、「前置きの連鎖(preface sequence)」、「語りの連鎖(telling sequence)」、「応答の連鎖(response sequence)」に沿って形成されていく。

　「前置きの連鎖」は、ストーリーを語ろうとする者がこれから何を語ろうとしているかを他の参加者に知らせる場である。例えば、「昨日、友だちから聞いた話、聞きたい?」というように、ストーリーを語り始める前に、他の参加者にこれから語ろうとするストーリーについて「前置き」し、語り手が参加者からそのことに対する何らかの反応を求める手段として機能している。つまり、語り手はストーリーを語り始める前に、自身が達成したい社会的活動のための十分な基盤を築き、他の参加者にストーリーテリングの開始を受容されることが必要で(Lerner, 1992; Mandelbaum, 2003a)、語り手のストーリーは、他の参加者によってストーリーテリングの許可を与えられた後にのみ開始される(Goodwin, 1984)。

　また、この「前置きの連鎖」において、語り手は、これから語ろ

うとしているストーリーの内容を受け手[5]がすでに知っているかどうかを確かめたり、そのストーリーが受け手にとって聞く価値のあるものだという説明を与えたりする例も観察されている。このような語り手の説明によって、他の参加者は、これから語られるストーリーに対して、どのように反応あるいは応答すればよいかといった解釈の枠組みや自身のスタンスを決定することができる。このような「前置きの連鎖」は、参加者がストーリーの解釈に関して交渉する場であると言える。

　語り手が進行中の会話においてストーリーを語る権利を首尾よく取得することができれば、ストーリーが語られ始め、次に「語りの連鎖」が続く。この「語りの連鎖」は、ストーリーの語り手の比較的長い発話によって構成されることになる。ストーリーが「語りの連鎖」において開始されると、語り手と受け手は、ストーリーに対する各々のスタンスを互いに呈示し続ける。ここで、どのようにストーリーの出来事を理解するべきか、参加者はその方法を示しながら、ストーリーテリングが展開されていく。そして、受け手は語り手のストーリーが終わると分かった時点で、ストーリーへの理解を呈示する。この受け手による理解の呈示は、「応答の連鎖(response sequence)」と呼ばれる。

　語り手のストーリーが終わると、「語りの連鎖」は「応答の連鎖」

---

5) 会話分析研究では、多人数会話を扱うことが多いことから、語り手のストーリーを聞く「聞き手(listener)」に対して、ストーリーの語り手以外の会話参加者を「受け手(recipient)」という用語で表すことがある。本書において、「聞き手」と「受け手」のどちらの用語を用いるかは、先行研究で使われている用語に従う。

へと移行する。「応答の連鎖」では、元の会話が再び取り戻され、他の参加者が語り手のストーリーに対して何らかの反応を示す場である。Jefferson(1978)は、この「応答の連鎖」において、参加者が語り手のストーリーに対する理解をどのように呈示するかを観察している。受け手はストーリーに対してコメントや評価を与えることで、ストーリーへの理解を示す。語り手が受け手からこのような応答を得られない場合は、受け手の応答を得るまで、自ら自身のストーリーに対するコメントや評価を付け加えることもあるという。

Goodwin(1995)は、このようなストーリーテリング・シークエンスが、ストーリーにおいて語られている出来事をどう理解するべきかを交渉するための場を参加者に与え、進行中のストーリーテリングを解釈するための枠組みを創り出していると述べている。会話中に生じるストーリーテリングは、相互行為的にそして組織的に達成される。語り手は受け手の理解に注意を払いながらストーリーを形成していく。一方、受け手は語り手のストーリーを分析しながら、ストーリーを理解するためにストーリーテリングに能動的に参加する。こうした協働作業を通して、参加者は社会的活動を達成しているのである。

分析方法として会話分析を採用してはいないが、「参加者と経験を共有する」という社会的活動としてのストーリーテリングを分析しているOchs, Taylor, Rudolph, & Smith(1992)[6]は、ストーリーテ

---

6) 西川(2005)は、このOchs, Taylor, Rudolph, & Smith(1992)の「理論構築」を日本語のナラティブに援用し、語り手と聞き手による協働的なナラ

リングの過程を通して、ストーリーテリングの参加者間で語り手の経験がいかに協働的に構築されていくかを例証している。Ochsらは、家族間の会話に現われたナラティブを取り上げ、そこで語られているストーリーが「理論構築(theory-building)」という過程を通して形成されていくことを論証している。Ochsらによれば、この理論構築というのは、我々が学問分野で科学的に理論を構築していく過程に近似しているという。例えば、科学者がある「現象」を説明するための理論を確立させるときには、それ相当の段階的な過程を経なければならないものである。まず、最も説得力があると思われる理論を一つの「案(draft)」として考え出す。次に、その案を他の科学者に提示し、その理論案が説得力のあるものかどうかを検証してもらう。そこで説明が不十分であることが分かれば、案を修正し、検証し、そして最終的な理論を確立していく。

　Ochsらは、日常会話におけるナラティブの構築においても、このような協働的な理論構築活動が観察されることを指摘している。語り手は自身の経験から、上述の科学者が説明したい「現象」にあたる「出来事」をストーリーという形式で言語的に(再)構成し、なぜ、どのようにその出来事が起きたのかを聞き手に語る。この語り手のストーリーはその出来事を説明する理論「案」と見ることができる。聞き手は語り手が提示したストーリーを自分なりに理解し、それがその出来事の説明として筋が通っているかを吟味する。そして、分からないことや納得できないことがあれば、

ティブの形成を分析している。以下、Ochs, Taylor, Rudolph,& Smith(1992)で用いられている用語の日本語訳は、西川(2005)に従う。

語り手から提示されたストーリーに疑問を投げかけ修正を促す。そして、語り手が修正案を提示することによって、聞き手は最終的に語り手の経験した出来事を理解するに至る。

　Ochsらによると、このような理論構築の活動は、(1)説明部(explanatory component)、(2)対峙可能部(challengeability component)、(3)修正部(redrafting component)で構成されている。説明部は、語り手がストーリーを提示する場である。語り手の草案とも言えるもので、経験した出来事において何が起こったのかを説明する。しかし、そのストーリーが参加者に納得のいく理論として受け入れられない場合、疑問を持つ参加者が質問したり、別のストーリー案を提案したりする対峙可能部に移行する。そうしたストーリーへの対峙が起こった後、参加者は語り手によって最初に提示されたストーリーに追加修正を加えながら、「なぜ、どのようにしてそれが起こったのか、また、なぜそれが重要なのか」といった問いをベースにして、より納得のいくストーリー案を提示しながら修正部を形成していく。このように、ストーリーは語り手が提示するだけでなく、ストーリーテリングにおける他の参加者によって修正されることから、ストーリーテリングの過程で語り手によって最初に提示されるストーリーは「案」と見なされるわけである。このような「ストーリー＝理論構築」の流れは、ストーリーテリングの参加者がそこで語られている語り手の経験を協働的に意味づけし、理論づけていくという点において、前述のSacks(1992)やSchegloff(1992)が提示したストーリーテリングにおける「語りの連鎖」と「応答の連鎖」に相等していると言える。以上、会話の参

加者によるストーリーの協働的な形成に関して、語り手と聞き手
の行為からその過程を提示した先行研究を紹介した。次項では、
従来のナラティブ研究が捉えてきたストーリーテリングにおける
語り手と聞き手の役割について説明する。

3.1.2.2 ストーリーテリングにおける語り手と聞き手の役割

　ナラティブ研究における分析のアプローチによって、ストー
リーテリングにおける参加者の役割の捉え方は様々である。ま
た、ストーリーテリングの参加者それぞれの役割のどの部分に焦
点を当てるかによって、分析の様相も異なってくる。本項では、
ストーリーの「オーサーシップ(著者性、authorship)」と「リスナー
シップ(聞き手性、listenership)」の観点から、特に聞き手のストー
リーテリングへの参加の程度や意義をどのように捉えるかによっ
て異なってくる、語り手と聞き手の役割について説明する。

　ストーリーの「オーサーシップ」とは、簡潔に言えば、ストー
リーで語られている経験や出来事を実際に体験した者が持つ、ス
トーリーに関する権利のことである。つまり、個人の過去の経験
を語るストーリーテリングにおいては、語り手はそこで語られて
いる出来事への自由な接近可能な権利(accessibility)と、ストー
リーテリングの他の参加者の役割選択を制限する資格を有する。
これに対し、ストーリーの「リスナーシップ」とは、聞き手が、聞
き手としてストーリーテリングに関与していく権利を指す。

　日常会話で生じるストーリーテリングを分析している研究の中
でも、ラボビアン・モデルの流れを汲むディスコース分析のアプ

ローチを採るナラティブ研究は、ナラティブが一貫した出来事の連続性を表しているという点において、ラボビアン・モデルのナラティブの捉え方と一致している。しかし、これらの研究は、語り手のナラティブの構築に影響を与える要因の一つとして聞き手を捉えている(Gee, 1991; Norrick, 2000; Polanyi, 1979, 1985等)。例えば、Norrick(2000)は、聞き手が語り手のストーリーを理解することがストーリーテリングの到達点であるとし、語り手と聞き手によってストーリー内容の理解がどのように達成されるかに関心を寄せている。語り手は過去の経験を現下のコンテクストにおいて言語化しつつ、聞き手に興味を持たせるために利用可能なストラテジー7)を駆使しながらストーリーを展開し、聞き手のストーリー理解をその都度確認する。聞き手は、語り手が語るストーリーの時間軸を再構築しながら、語り手のストーリーのポイントを確認しつつ、また、聞き手としてのリスナーシップを保持しながら、ストーリーの理解へと達する。

また、Gee(1991)は、ナラティブの基本的な機能は、出来事の時間軸に沿った連続性を報告することではなく、語り手の出来事に対するパースペクティブを伝えることであるとしながらも、聞き手の役割はそうしたパースペクティブを認識することであると見ている。このような観点から聞き手の役割を捉える場合、聞き手

---

7) ここでNorrick(2000)は、語り手がストーリーテリングで用いるストラテジーとして、「繰り返し(repetition)」や「創作話法(constructed dialogue)」などを挙げている。これらは、Tannen(1989)が提示した「関わりのストラテジー(involvement strategy)」と重なるものである。このようなストラテジーについては、第5章で再び取り上げる。

は、語り手のナラティブの構築において影響を与える要因ではあるが、ストーリーのオーサーシップに関しては「副次的な存在」に過ぎないと言える。語り手がナラティブで語ろうとしていることを適切に理解するといった「協力的な受け手」としての聞き手の役割になお焦点が当てられているのである。つまり、Geeにおいても、「語り手が経験を語り、聞き手がそれを理解する」といった観点でストーリーテリングが捉えられていることになる。

一方、会話分析の手法を採る研究を始めとして、社会的活動としてナラティブを捉える研究は、語り手だけでなく、ストーリー展開に影響を与える聞き手も含め、会話の参加者によってナラティブは協働的に構築されるというスタンスを取っている(Goodwin, 1986; M. H. Goodwin, 1990; Jefferson, 1987; Mandelbaum, 2003a等)。したがって、このアプローチでは、聞き手は、「協力的な受け手」であるだけでなく、より「能動的な聞き手」となり、さらにストーリーの「共著者(co-author)」にもなりえ、ナラティブの構築に積極的に関与していく存在として捉えられている(Duranti, 1986; Ochs, 1997)。

聞き手がストーリーの共著者としてストーリーテリングに参加するということは、すなわち、ストーリーの「オーサーシップ」に関与するということでもある。その場合、ストーリーのオーサーシップにおける語り手の権利と、ストーリーの共著者としての聞き手の権利は、それぞれ等しく重要なものとして扱われる。聞き手は、ストーリーの共著者として語り手のストーリー内容を明確化するために質問したり、時には語られている内容に対峙した

り、また、評価やコメントを与えたりしながら、語り手のストーリーを再構築していく。こうした聞き手の関与によって、語り手の経験を説明するのに十分なストーリーが語り手と聞き手によって協働的に構築されていく。

　しかし、ストーリーのトピックによっては、語り手と聞き手のやり取りに、ストーリーのオーサーシップやリスナーシップが観察されない場合がある。ギリシャ人女性の友人間のストーリーテリングを分析したGeorgakopoulou(2002)は、会話の参加者が男女関係に関する「将来の仮定的な出来事」を語るナラティブを考察している。そして、実際に起こったとされる過去の経験や出来事ではなく、将来の予定や計画を語り合うストーリーテリングでは、語り手と聞き手双方がストーリーを協働的に形成する様相が顕著に現われることを指摘している。このような将来の仮定的な出来事を語り合うストーリーテリングの場合、出来事を経験した者がストーリーを語るといったオーサーシップはストーリーテリングの重要な要因とはならない。なぜなら、まだ誰も経験していない出来事が仮定的なストーリーとして生起するからである。

　Georgakopoulouは、このような将来の仮定的な出来事が語られるストーリーテリングでは、通常の会話で観察される「参加の構造(participation structure)」(Goodwin, 1986)が形成されないことを指摘している。そのようなストーリーテリングでは、語り手と聞き手の役割は流動的になり、参加者は等しくストーリーへのアクセス権を持つことになる。そして、そうした役割はストーリーテリングの過程で構築されていくというのがGeorgakopoulouの主張であ

る。

　また、聞き手が語り手のストーリーを以前に聞いたことがある
かどうか、ストーリーのトピックに関心があるかどうか、ストー
リーに必要な特定のディスコース領域に通じているかどうかに
よっても、ストーリーテリングにおける聞き手の役割が異なって
くる場合がある。多人数会話における複数の聞き手の参加の役割
を分析したGoodwin(1986)は、そこで語られているストーリーの源
となる出来事に関する知識を共有していない「知らされていない受
け手(unknowing recipient)」と、そうした知識を共有している「知っ
ている受け手(knowing recipient)」の間で、語り手がどのように参
加の構造を組織していくかを提示している。特に「知っている受け
手」は、以前に語り手の話を聞いたことがあるため、あるいは、
そのストーリーが基盤になっている経験を語り手と共有している
ため、参加の構造に対して影響力を持つ。例えば、ストーリー内
容を「知っている受け手」は「共語り手(co-teller)」としてストーリー
に参加できる。語り手は、自身のストーリー描写に確信が持てな
い場合、この「知っている受け手」に対して、その場で描写してい
る出来事についてモニターするよう要求する。また、聞き手が語
り手のストーリー描写を引き継ぎ、ストーリーを構築していく場
合は、ストーリーの「共著者」として、ストーリーのオーサーシッ
プを語り手と共有することになる。

　このように、ストーリーテリングにおける聞き手の役割をどう
捉えるか、すなわち、聞き手のストーリーテリングへの参加の程
度、あるいは聞き手の貢献の度合をどう捉えるかは、ナラティブ

の分析アプローチによって異なってくるのである。

　以上、本節で概観してきたように、様々な研究分野におけるナラティブやストーリーテリングの先行研究は、それぞれのナラティブの捉え方や分析のアプローチから、ナラティブやストーリーテリングを分析し、そこで観察される現象を明らかにしてきた。これらの先行研究が提示してきたナラティブの捉え方の中から、本研究は、語り手も聞き手も含めたストーリーテリングの参加者によって、そこで語られるストーリーが協働的に形成されていくという視点に立つ。したがって、ストーリーテリングにおける参加者の役割についても、特に、ストーリーテリングへの聞き手の関与や貢献に注目し、「副次的な聞き手」あるいは「協力的な聞き手」から、ストーリーテリングの共語り手やストーリーの共著者としての「能動的な聞き手」まで、そうした様々な役割を果たす聞き手の行為を観察することが重要であると考える。次節では、さらに、ナラティブやストーリーテリングの先行研究を参照しつつ、ストーリーテリングのより具体的な様相を提示する。

3.2　ストーリーテリングの様相

　本研究では、ストーリーテリングにおける語り手と聞き手の対話によってストーリーが協働的に構築されていくものとし、また、そうした語り手と聞き手の対話がストーリーテリングそのもの自体を構成していると捉える。そして、語り手と聞き手の対話

を通して展開されていくストーリーテリングで語られるストー
リーは、その場で進行している対話の中に埋め込まれながら構築
されていく。本節では、先行研究を参照しながら、そのようなス
トーリーテリングの様相をより具体的に説明していく。まず、ス
トーリーテリングを構成する二つの位相である「語られる世界」と
「語りの世界」について考察し(3.2.1)、その後に、それらの位相
で、あるいは位相間で、語り手と聞き手が用いるストラテジッ
ク・リソースを取り上げる(3.2.2)。

3.2.1 ストーリーテリングの位相：語られる世界と語りの世界

　会話中にストーリーテリングが生じる場合、ある参加者によっ
て開始されたストーリーは、その場で進行している他の参加者と
のやり取りに埋め込まれながら展開されていく。このような語り
手と聞き手のストーリーテリングに埋め込まれながら構築されて
いくストーリーと会話全体の関係は、それぞれ「語られる世界
(narrated world)」と「語りの世界(narrating world)」(Bauman, 1986;
Chafe, 1980; Young, 1987)の関係から考察できる。「語られる世界」
とは、語り手の過去の経験や出来事が実際に起こったとされる時
間的・空間的領域である。語り手の経験や過去の出来事がナラ
ティブの筋に従って構成されるストーリーの内部世界、すなわち
ストーリーの対象となっている世界のことである。一方、「語りの
世界」とは、語り手と聞き手が、そのようなストーリーの内部世
界の意味内容を共有しようとする領域で、相互行為が起こってい

る現場の現実世界を指す。つまり、語り手と聞き手が協働的にストーリーを展開し構築していこうとする領域である。語り手と聞き手は、こうした二つの領域を往還しながら、かつ、これらの位相を創造する活動を同時に行っていると見ることができる。

Bauman & Briggs(1990)は、この「語られる世界」と「語りの世界」の関係を「テクストの循環性」の観点から説明している。ストーリーが構築されるためには、まず、過去の経験や出来事が起こったとされるコンテクスト、すなわち「語られる世界」からの経験や出来事を表象する記号の脱コンテクスト化(decontextualization)が必要とされる。つまり、過去の経験や出来事は、記号を媒介にすることで、経験や出来事として存在するわけである。そして、それらはストーリーの形式にテクスト化(entextualization)されなければならない。テクスト化されたストーリーは、語り手と聞き手が存在する現実の「語りの世界」において語られる。そこで、ストーリーのテクストは、新たなコンテクストである「語りの世界」において再コンテクスト化(recontextualization)されることになる。こうしたテクストの循環によって、ストーリー内容の対象である「語られる世界」と、語り手と聞き手の相互行為が起こっている「語りの世界」が結びつけられて、ストーリーが構築されていくのである。

したがって、ストーリーテリングにおいて、語り手は様々な言語形式や言語使用が要求されると言える。過去の経験や出来事に基づいたストーリーを構成していく際には、「語られる世界」から脱コンテクスト化された記号を、ストーリーの形式にテクスト化するための言語を使用できなければならない。さらに、「今、ここ」

で語るために、それらの言語を再コンテクスト化して用いる必要
がある。また、語り手は、聞き手にとって理解可能な方法で、テ
クストとしてのストーリーを再コンテクスト化するためには、聞
き手のパースペクティブを取り入れなければならない(Gee, 1991; Ochs,
Taylor, Rudolph, & Smith, 1992)。このようなストーリーテリングに
おいて聞き手のパースペクティブを取り込む語り手の能力は、リ
テラシーとして重要であると言われている(Snow, 1983; Cameron &
Wang, 1999)。

　ここで論じてきた観点で実際に分析を行う際には、「語られる
世界」と「語りの世界」それぞれの位相から見たストーリーテリング
の包括的な分析が必須と言える。また、テクスト化されたストー
リーで用いられているリソースや、それぞれの位相の移行を観察
可能にしているリソースを特定する必要もある。つまり、過去の
経験や出来事についてのストーリー部分と、相互行為を通して展
開されている非ストーリー部分との関係を提示できるリソースを
取り出さなければならない。上述の世界を分けるフレームの役割
を担っているリソースを分析の単位として据えることで、それぞ
れの位相の相互連関の考察も可能になるであろう。次項では、そ
のような「語られる世界」や「語りの世界」で用いられるであろうリ
ソースについて検討する。

3.2.2 ストーリーテリングで用いられるストラテジック・リソース

　ストーリーテリングにおいて、語り手が聞き手にストーリーを

理解させるためには、十分なストーリー描写を与えながら、自身の発話を調整しなければならないとされている[8](Sacks, 1992)。語り手は、聞き手がストーリーの背景知識をどの程度共有しているか、また、どの程度共有している必要があるか、さらに、聞き手からどのような反応が可能かを判断しながらストーリーを語る。そして、語り手はストーリーテリングの中で利用可能な様々なリソースを駆使し、ストーリーに対する特定の「アセスメント(評価発話、assessment)」を聞き手に提供していく(Goodwin & Goodwin, 1987, 1992)。

　会話分析の手法を用いたストーリーテリングの研究でしばしば分析されている「アセスメント」は、前節で概説したLabov&Waletzky(1997[1967])やLabov(1972)が提示したナラティブ構造の構成要素の一つ、「評価」に相等する。Labovらは、「個人の経験を語るナラティブ」の構造の構成要素の中で最も重要なものとして、この「評価」を挙げている。「評価」は、基本的には、経験に対する語り手自身の考えや態度が表現される構成単位であり、ナラティブ全体を通して現れるものと定義されている。そして、個人の経験を語るナラティブには、明示的であれ暗示的であれ、必ず評価が必要とされている。語り手の評価が提示されないナラティブは、単なる過去の出来事の報告となってしまう。

---

8) このように、聞き手の理解に合わせて語り手が発話を調整することは、「応答デザイン(recipient design)」(Sacks, Schegloff, & Jefferson, 1974)と呼ばれる。Sacks, Schegloff, & Jefferson(1974)は、この「応答デザイン」を「会話における相互行為を特徴づける最も基本的な原理」(p.727)としている。

　こうした評価は、様々な言語的・パラ言語的な表現手段である「評価装置(evaluative device)」を伴って表現されることがある(Labov, 1972)。評価装置とは、具体的には、声量や口調の変化、イントネーションや語彙の強調、繰り返しや直接引用、歴史的現在形の使用などを指す。評価装置を通して、ナラティブの内容に対する語り手の考えや態度や感情が示される。

　Polanyi(1985)は、このような評価装置を、語り手がストーリー内容のある箇所を特に強調するために意図的に用いるストラテジーとして扱っている。評価装置を用いることで、語り手は自身のナラティブに意味づけや価値づけを行う。また、ナラティブに評価装置が用いられると、聞き手はナラティブのポイントが理解しやすくなり、語り手の話に惹き込まれる。しかし、評価装置は必ずしも使用されるとは限らず、その使用は語り手の任意であり、しかも過剰使用されるとその機能を失うこともある(Polanyi, 1985)。したがって、語り手が表現する評価を観察する際には、評価装置そのものだけでなく、ナラティブ構造の他の構成要素や内容情報との連関も総合的に検討していく必要がある(木田・小玉, 2001)。この点については、日本語のナラティブを研究したNishikawa(1999)が指摘しているように、「評価」だけが語り手のナラティブのポイントを伝える唯一の手段ではないこと、例えば「方向付け」で提示される背景情報なども、聞き手がナラティブを理解するのに貢献していることと関連していると思われる。

　そうしたストーリーテリングで提示される背景情報に関して、Sacks(1992)は、ストーリーの登場人物や状況の描写に用いられる

言葉を「描写語句(descriptor)」と呼んでいる。この描写語句は、ストーリーの時間枠や登場人物の位置関係や行為の位置関係などを表す際に、利用可能な言葉群から選び出され使用されるという。例えば、ストーリーの時間枠に関する描写において、語り手が「高校1年生の時」という語句を用いたとする。その時間枠を「5年前」、「2005年」といった別の語句を用いて表現することもできたであろうが、「高校1年生の時」という表現が用いられたのは、ストーリー展開にとって、また、聞き手の理解にとって適切であると、語り手が判断したためと考えられる。そうして語り手に選び出され使用された語句は、聞き手が語り手のストーリーの切片を繋ぎ合わせる助けになる。しかしながら、このような語り手による描写語句の選択や、描写語句に基づく聞き手のストーリー理解においては、ストーリーの過去の時点とストーリーテリングが行われている現時点の時間差や、また、人生の一側面である「高校1年生」という語が与える意味に関する知識が、ある程度語り手と聞き手の間で共有されていることが前提となる。

　ストラテジーとしてこのような利用可能なリソースを用いながら、語り手が聞き手にストーリーを理解させるよう発話を調整していく一方、聞き手も、語り手のストーリーに対する自身の解釈の枠組みを提示しながら、ストーリーテリングに関与していく。そのようなストーリーテリングの過程における聞き手の行為を、Goodwin(1986)は以下のように説明している。

　　(1)聞いているストーリーを分析すること

(analyzing the talk that is being heard)

(2)ある特定のやり方でストーリーに関与していくこと

(aligning themselves to it in a particular way)

(3)ストーリーが創造する行動のフィールドに参加すること

(participating in the field of action it creates)

(Goodwin, 1986, p.297、筆者訳)

　聞き手は、語り手のストーリーに対して何らかの評価を表すア
セスメントを与えるなどして、このような行為を遂行していくと
いう(Goodwin & Goodwin, 1987, 1992)。

　したがって、語り手が用いる評価装置そのものだけでなく、評
価装置に対する聞き手の反応にも目を向ける必要があると言えよ
う。語り手がある内容を強調するために評価装置を用いる一方、
聞き手も評価装置を通して伝えられていることの意味に気づかな
ければならない。そして、語り手が伝えようとしている意味を聞
き手が理解してはじめて、それが聞き手にとっても意味を持つも
のとなるのである。そのため、聞き手も語り手のストーリーを理
解するために、また、理解していることを表明するために、ス
トーリーテリングに積極的に参加していくことになる。こうした
聞き手のストーリーテリングへの関与は、語り手の評価に対する
反応として、例えば、うなずきやあいづち、笑い、語り手の発話
の繰り返しなどに反映され、語り手のストーリー形成に影響を与
えることになる(Polanyi, 1985)。

　ストーリーテリングにおいて語り手と聞き手が用いるこのよう
なリソースは、語り手と聞き手がそこで何が語られているかを理

解するために、互いの発話を調整していくストラテジーとなる。また、そうした語り手や聞き手のリソースの使用は、上述の「語られる世界」を「語りの世界」に連結させていく手段になっているとも考えられる。そうすると、本項で取り上げてきたリソースは、語り手が「語られる世界」に対する自身の評価を伝えるために用いる手段であると同時に、「語りの世界」において聞き手の反応を引き出すことで、「語られる世界」と「語りの世界」の結接点を作り出す装置ともなっていると見ることができる。こうしたリソースを分析することによって、ストーリーテリングは、「語られる世界」と「語りの世界」を行き来する語り手と聞き手の行為の連鎖から成り立っているということをより具体的に示せるのではないかと思われる。

3.3 ストーリーテリング活動と第二言語リテラシー

　前節3.1及び3.2では、先行研究で扱われているストーリーテリングにおける諸現象を紹介し、さらに、ストーリーテリングの位相やストーリーテリングで用いられるストラテジック・リソースについて説明した。本節では、日本語学習者のストーリーテリング活動と第二言語リテラシーの関連について論じる。そうすることで、第二言語習得研究や日本語教育研究において、本研究がどのように位置づけられるかを明確にしていく。

　以下では、まず、第二言語習得研究や第二言語教育研究におい

てストーリーテリングを扱っている先行研究を紹介する(3.3.1)。
その後、それらの先行研究を基に本研究の位置づけを述べ、第二
言語リテラシーの具現化と実践について、その現象を整理し概括
する(3.3.2)。

3.3.1 第二言語習得・日本語教育におけるナラティブ研究

　本章の3.1.1.2で日本語のナラティブ研究を数件取り上げたが、
このような従来の研究では、ナラティブで用いられる言語表現や
統語的側面(Clancy, 1982)、あるいは、ナラティブ構造のパターン
(Maynard, 1989; Nishikawa, 1999)に焦点が絞られている。最近のナ
ラティブ研究では、「言語的社会化(language　socialization)」の観点
から日本語を母語とする幼児のナラティブ能力の発達を分析した
研究や(Minami, 2002)、会話の参加者によって協働的に達成されて
いくストーリーテリングを通して、友人関係を維持し更新してい
く過程を観察した研究など(西川, 2005)、より社会的側面に注目し
た日本語のナラティブが検討され始めている。しかしながら、日
本語のナラティブ研究の歴史は日が浅く、したがって、日本語の
第二言語習得研究や日本語教育研究においても、第二言語話者に
よって日本語で語られたナラティブを中心に扱った研究は未だ数
少ない。

　これまでの第二言語習得研究や日本語教育研究では、学習者の
ナラティブやストーリーテリングは、学習者の言語習得の一側面
を明らかにするための分析対象であり(Liskin-Gasparro, 1996; 木田・

小玉, 2001)、あるいは、教室活動としてストーリーテリングを導入した場合の学習効果を測るための調査対象であった(Jones, 2001; Yoshimi, 2001)。これらの研究の中で、特に日本語教育においては、ストーリーを語る際に必要とされる様々な言語形式や言語指標が、学習者に指導すべき項目として取り上げられており(Yoshimi, 2001; 木田・小玉, 2001; 中井, 2005等)、学習者がストーリーテリングを効果的に行うための言語表現を獲得することを目指している。

　1980年代から1990年代にかけて、第二言語習得におけるナラティブ研究では、学習者によって語られたナラティブから、学習者の第二言語習得や第二言語発達の過程を提示することが中心とされていた。例えば、Liskin-Gasparro(1996)は、スペイン語を学習しているアメリカ人女子大学生のナラティブ能力の発達を事例として取り上げ、この学習者がオーラル・プロフィシェンシー・インタビュー(Oral Proficiency Interviews: OPI)で語った2つのナラティブを比較し、ストーリーを効果的に語るためのストラテジーがどのように使用されているか、また、そのような学習者のストラテジー使用がどのように発達していくかを検証している。ナラティブの分析にあたって、Labov(1972)のナラティブ構造を援用し、また、ナラティブで用いられるストラテジーとしてPolanyi(1985)が考察した評価装置を参照しながら、OPIに参加したスペイン語学習者によって中上級レベルと上級レベル時に語られた同一内容のナラティブを比較、検討している。分析の結果、ナラティブの構造的側面においてはさほど違いは見られなかったが、上級レベル時

に語られたナラティブは、中上級レベル時に語られたナラティブ
に比べて、その長さや描写の詳細、評価装置の数とその種類にお
いてより優っていることが明らかにされている。これは、上級レ
ベルになると、聞き手の存在をより意識するようになり、ストー
リー描写に豊富な語彙を盛り込み、様々なストラテジーを取り入
れるなどして、聞き手をストーリーテリングに惹きつけ、ストー
リーのポイントを伝えようと努めるためであると結論づけてい
る。

　その後、2000年代に入り、自分の経験や考えに即したストー
リーを語る教室活動が第二言語教育実践に採用され始め、学習者
がストーリーテリングにおいて必要とされる言語形式や談話標識
を習得するように、授業がデザインされるようになる。例えば、
英語教育では、Jones(2001)がストーリーテリングを用いて、学習
者の日常の会話能力を向上させる指導法を紹介している。日常会
話では、しばしば過去に起こった逸話を取り入れて会話を行うこ
とがあるが、初級レベルの学習者には、そのようなスキルを有し
ていない者が多い。そこで、Jonesは、一連の絵を使ってストー
リーテリングを行いながら、ナラティブの構造(Labov, 1972)やナ
ラティブにおいて用いられるフレーズ(例えば、"you see""anyway"
"now""right?"など)を学習者に意識させる言語活動が会話能力の育
成に有効であると主張している。

　日本語教育においても、ストーリーテリングは教育実践のため
の活動として様々な形で採り入れられている。木田・小玉(2001)
は、日常的な経験を語る際の談話構造及び運用面に関する能力を

「口頭ナラティブ能力」とし、日本に在住する上級レベルの日本語学習者が、ナラティブに必要とされる言語指標などの指導前に、どのようなナラティブ能力をすでに獲得していたか、また、指導後に学習者のナラティブがどのように変化したかを明らかにしている。そして、Labov(1972)が提示した評価装置の中から、歴史的現在形(Historical Present: HP)を取り上げ、さらに、擬音語・擬態語と「～たら」や「そしたら」などの接続表現を加え9)、これら3つの評価装置の指導の可能性を考察している。まず、学習者へのインプットとして、それぞれの評価装置に関する以下のような説明が与えられる。

- a. 過去に起こった出来事があたかも目の前で起こっているかのような臨場感をかもし出したり、出来事に対する話者の驚きなどの感情的な要素を伝えるために用いられるHP
- b. 語られる内容を直接感覚に訴えることで、より臨場感を醸し出す擬音語・擬態語
- c. 話者の直接体験や意外性を表す接続詞「たら / そしたら」

（木田・小玉, 2001, p.35)

これらの評価装置の指導とともに、日本語母語話者による口頭ナラティブのモデル例が提示され、学習者はそこで用いられてい

---

9) 木田・小玉(2001)は、擬音語・擬態語や、「～たら」「そしたら」などの接続表現を、日本語独特の評価装置と捉えており、それらは日本語母語話者のナラティブにおいて使用される頻度も高いため、学習者に指導するべき評価装置として加えたと説明している。

る評価装置を検討する。そして後日、学習者は自身の経験談をクラス全体の前で披露する。

　評価装置の指導前後にそれぞれ録音された学習者のナラティブを分析した結果、学習者の評価装置の使用頻度にそれほど変化が見られない学習者がいたものの、概ね指導後の評価装置の使用、特に直接引用の使用の増加傾向が認められ、木田・小玉は、こうした指導が評価装置の使用を促す可能性を主張している。さらに、木田・小玉は、評価装置の使用の頻度から学習者の個人差を見て、学習者の滞日経験と評価装置の使用に関する口頭ナラティブ能力が相関関係にあるのではないかと推測しており、今後の検討課題としている。

　Yoshimi(2001)は、この木田・小玉(2001)の研究同様、学習者の日本語習得に効果的な教授法として、ストーリーテリングの明示的な指導(explicit instruction)に取り組み、アメリカの大学の日本語クラスに在籍する、日本語学習歴2年以上の中級レベルの学習者を対象に、日本語習得過程における学習者の語用論的能力の発達を考察している。ここで取り上げられている語用論的能力とは、具体的には、ある一定の長さのストーリーを語ることができ、聞き手にストーリーを効率よく理解させるために、日本語母語話者が使用する談話標識を適切かつ流暢に使用できる能力を指している。

　ストーリーテリングの指導の流れとして、まず、日本語母語話者のストーリーテリングのモデルを学習者に提示し、日本語のストーリーテリングにおいて使用されることの多い「〜んです」「〜で

すけど」「〜んですね」などの談話標識を指導する。そして、学習者は自分の経験から語りたいストーリーを、日本語母語話者である教師やアシスタントとともに形にしていく。そのようなプランニング・セッションの後、数名のグループになり、他の参加者に自分のストーリーを語る。そこで語られたストーリーは録音され、後日教師によって、日本語母語話者のストーリーテリングにより近づくことを目指したフィードバックが与えられる。このような指導を与えられずにストーリーテリングを行った学習者のストーリーとの比較結果から、効果的な談話標識の明示的な指導とともに、それらの談話標識の使用に対する気づきを学習者に促すフィードバックの利点を、Yoshimiは指摘している。

　中井(2005)は、上述の木田・小玉(2001)やYoshimi(2001)の研究とは異なり、日本語学習者が自身の経験を語るといったストーリーテリングではなく、視聴した映画について語るというストーリーテリングを取り入れた会話授業の実践を報告している。この中井の研究では、話し手と聞き手の役割を考慮したストーリーテリングにおいて、学習者に指導するべき項目を整理し、また、それらの項目を学習者に指導することが目的で、談話分析の手法を用いて中上級レベルの学習者間のやり取りを分析している。中井で取り上げられているストーリーテリングの指導項目の中から「話し手と聞き手の相互行為のための技能」を以下に紹介する。

A. 話し手と聞き手の相互行為のための技能

---

1. 聞き返し / 確認

   * ビデオの中で不明な点を質問する(話し手 / 聞き手)

   * 話し手の話で分からないところを質問する(聞き手)

2. 文と文のつなげ方1：発話を続ける意思を伝える / 聞き手に
   助けを求める

   * 言いよどみ表現(話し手)

     例)あのー / そうですねえ / なんか

   * 言葉を思い出すときのメタ言語表現(話し手)

     例)何と言うんでしたっけ。

3. あいづち / うなずき / 評価表現(聞き手)

   * 継続 / 同意 / 納得

     例)うーん。 / そうですね。 / なるほど。

   * 既知情報 / 未知情報に対して

     例)そうですね。 / そうですか。

4. 話し手の発話構成を助ける(聞き手)

   * 接続表現

     例)それで？ / で？ / それから？

   * 質問表現

     例)どうして？ / で、その後、どうなったんですか。

(中井, 2005, p. 97「表1ストーリーテリングにおける指導項目」より)

　まず、中井は、話し手と聞き手の相互行為のための技能とし
て、以下のような指導項目を挙げている。会話の話し手として
は、「場面展開、登場人物の行動、登場人物の心情を説明する、

情景を描写する、見たシーンについての自分の意見、感想を伝える、聞き手に意見、感想、同意を求める」(p.95)といった技能、また、聞き手としては、「あいづち、うなずき、評価表現等で共感を持って参加し、聞き返し、質問表現等によって不明点を確認し、言語的サポートを与える等して話し手に協力していく」(p.95)といった技能である。次に、ストーリーテリングを行う際に必要とされる談話レベルでの文法項目に焦点を当て、話し手の技能として、ストーリーにおける登場人物の指示名詞やストーリーの展開を表す接続表現の使用、「～ていく、～てくる」などの時間的・空間的移動の視点を伴う表現、「～ようだ、～そうだ」など感情表現とともに使用される文型などを指導項目として取り上げている。

これらの指導項目の説明が与えられ、学習者はストーリーテリングを行う。後日、録音されたストーリーテリングを文字化したものを資料として、実際にどのようにストーリーテリングを行っているか、より効果的なストーリーテリングを目指すにはどのような点が修正可能であるかなど、教師や他の学習者とともに自身のストーリーテリングを分析する。中井は、このような指導過程における学習者のストーリーテリングに対する自己分析から、学習者が自身のストーリーテリングを客観視し、ストーリーテリングにおける談話技能を意識化して、改善点を明確化しようとしていることが窺えると指摘している。このような観察から、中井は、学習者が初級レベルの段階からストーリーテリングを効果的に行う談話技能の指導が可能であることを主張しており、また、

その過程における指導項目に関する学習者の意識化を図るための
教室活動の導入を提案している。

　矢部(2003)は、以上の研究が対象としたストーリーテリングの
中でも「ライフストーリー」の語りを取り上げ、自分の生活や人生
の体験を「語ること」「聴くこと」を日本語教育の場に採り入れるこ
との意義を追究し、そのような活動をデザインしていく際の課題
を検討している。日本の大学の留学生と日本人ボランティアが互
いに「人生の3大事件」を語り聴き合うという活動の中で、語り手
の自己表現や自己の意味づけが、対話においてどのように展開し
ていくか、また、聴き手が語り手の語りに耳を傾けどのように相
手のことを理解していくか、その過程を詳細に記述している。矢
部の研究で注目されるのは、このライフストーリーを「語り合い、
聴き合う」という活動における聴き手の役割の重要性を指摘して
いることであり、「相手の生きてきた文脈を理解する力、他者の
歴史を創造する力を育む」(矢部, 2003, p.116)という観点から、「語
り」の活動を教室活動として採用する可能性を考察していること
である。この点において、矢部の研究は、ストーリーテリングを
通しての自己形成や他者との相互理解を目指したものであると言
えるであろう。

3.3.2 ストーリーテリング活動における
　　　第二言語リテラシーの具現化と実践

　本章の最後として、本項では、これまで概観してきた先行研究

からストーリーテリング活動に関連する現象を整理しつつ、第二言語習得研究や日本語教育研究における本研究の位置づけを明らかにしていく。

　前項で概観したように、日本語の第二言語習得研究では学習者のナラティブが言語習得の過程を明らかにするための研究対象となり、日本語教育においては、ストーリーテリングが教室活動の一環となる可能性を検討し始めている。しかし、従来の先行研究が行ってきたように、学習者の第二言語習得の過程で、特定の言語使用だけを取り上げて「学習者は何ができて、何ができないか」を評価するだけでは、第二言語学習者の言語活動を包括的に捉えることはできない。また、対象言語の母語話者の言語能力や言語使用を規範として、学習者のパフォーマンスを評価する限り、第二言語話者としての学習者の視点に立った言語能力の見直しを図ることもできない。序論で触れたように、第二言語で「学習者は何をしているか」といった学習者の行為に注目して学習者のストーリーテリングの過程を観察し、学習者自身が具現化していく言語能力を可視化していく作業が、今後の第二言語教育の示唆を得るためには必要とされていると思われる。これが、本研究の目指すところである。

　また、これまでの第二言語習得研究や日本語教育研究においては、学習者がストーリーを「語る」際に必要とされる言語形式や言語標識の習得や指導に焦点が当てられ、ストーリーを「聞く」際の聞き手の行為の多様性については注目されてこなかった。第2章で概観したバフチンの対話理論やClarkらの協働理論、本章で概観し

たナラティブの先行研究を参考にすれば、ストーリーテリングは語り手と聞き手によって協働的に展開されていくものであり、そこで語られるストーリーも協働的に形成されていくため、語り手と聞き手双方の行為を検討することが必要となる。そうすることによって、学習者の言語活動を包括的に捉えることができ、また、そこから学習者の言語能力の見直しも可能になるであろう。

　本研究では、本章で概観した社会的活動としてストーリーテリングを捉えているナラティブ研究と同じ視点に立ち、ストーリーテリングにおいて学習者の経験や知識が協働的に共有されていくと見る。日本語の教室で学ぶ学習者は、これまでの人生経験も含め、教室外の第二言語環境で得た経験が異なるため、これまでに獲得した第二言語に関する知識にも差異が見られることがある。ストーリーテリング活動では、ストーリー理解のためにそうした差異を埋めようとする学習者間のやり取りが観察されると思われる。ストーリーテリング活動を構成している対話を通して、語り手は、聞き手がストーリー内容を理解していないと判断すれば、視点を変えてあるいはリソースを替えて、ストーリーに対する自身のスタンスを呈示しながら、ストーリーを展開していく必要がある。また、聞き手は、語り手のストーリーを理解するために、語り手と積極的に交渉し、その解釈を共有しながらストーリー形成に貢献していくということになる。そして、語り手と聞き手は互いが理解しているという確信を得るまで、その場で必要な知識を共有する基盤作りを続けるであろう。本研究は、こうした語り手と聞き手の対話の過程に注目し、そこに立ち現われる学習者の

第二言語リテラシーを観察していく。

　また、日本語学習者は、そのような対話の過程で相互理解に達したことを示し合うために、学習者にとって利用可能なリソースを用いるであろうと考える。日本語学習者にとって利用可能なリソースとは、もちろん学習者間の共通言語である日本語という言語リソースでもあるが、序論で述べたように、Cook(2002)のマルチ能力に基づいたリソースでもある。つまり、学習者はこれまでに第一言語と第二言語を媒介にして得た経験や知識を、活動の達成のためのリソースとして用いることができるのである。本研究は、ストーリーテリング活動の過程で、学習者がどのようにリソースを選択し使用しているか、学習者の用いるリソースがストーリーの形成においてどのような機能を果たしているかを観察し、学習者の第二言語リテラシーの実践を考察していく。そうすることで、そうした学習者のリソースの使用が第二言語としての日本語学習者の行為を特徴づけているということを明らかにできるであろう。

　最後に、本研究で扱うストーリーテリング活動は、教室活動として行われるものであることを考慮しなければならない。教室は、学習者が活動を達成することが目的とされている場面である。本章で概観した先行研究のように、社会的活動としてストーリーテリングを見た場合、ストーリーテリングの「過程」が参加者にとって重要となるが、教室活動としてストーリーテリング活動を捉えた場合、学習者にとってストーリーテリング活動は、その「目的」が重要な意味を持つものであろうと推測できる。したがっ

て、上述したような学習者の第二言語リテラシーの具現化や実践
を、教室活動において見るという視点も必要となる。

　そこで、本研究では、教室活動であるストーリーテリング活動
において、学習者はどのような意識を持って他の学習者と対話
し、第二言語リテラシーの実践のためにどのようにそうした環境
を活用しているかといった考察も行う。さらに、ストーリーテリ
ングは我々の経験や知識に対する新たな「気づき」にも働きかける
という観点から(Edwards, 1997; Ochs & Capps, 2001)、教室活動と
してのストーリーテリング活動において第二言語で「語る」「聞く」
という行為に対する学習者の気づきや、また、第二言語話者とし
ての行為への気づきを明らかにすることも必要であろう。

第4章 本研究の方法論

第4章
本研究の方法論

本章では、具体的なデータ分析に入る前に、本研究で行った
データの収集方法と分析方法を中心とした方法論について説明す
る。まず、データ収集の場面や調査協力者の背景情報、ストー
リーテリング活動の構成法など、本研究のために行ったデータ収
集の方法について説明し(4.1)、その後、収集したデータを分析す
るための枠組みを始め、本研究のデータ分析の方法について述べ
る(4.2)。

4.1 データ収集の方法

本節では、本研究が採った具体的なデータ収集の方法を紹介す
る。本研究で扱ったデータは、2004年 9 月から2005年1月にかけて
1学期間にわたり、関西圏にある某私立大学の外国人留学生対象
の「日本語会話中級クラス[1)]」で収集したものである。1回90分の授
業時間6回(計540分)をデータ収集に充て、約20〜30分のストー

リーテリング計43話をテープ録音及びビデオ録画した。また、すべてのストーリーテリング活動の録音・録画が終了した学期末には、各学習者に20分程度のインタビューを行い、ストーリーテリング活動同様にテープ録音した。本研究の分析の対象となる資料は、それらのデータ資料を文字化したトランスクリプションであり、この文字化資料を包括的にまた質的に分析していく。

　以下、データ収集にあたって留意した点(4.1.1)、調査協力者の背景情報(4.1.2)、ストーリーテリング活動の構成(4.1.3)、ストーリーのトピック(4.1.4)、ストーリーテリング活動のグループの内訳(4.1.5)、そして、調査協力者に対するインタビューの方法やその内容(4.1.6)などの詳細を含め、具体的なデータ収集の方法について説明していく。

4.1.1 データ収集にあたって

　本研究のためのデータ収集を行った関西圏にある某大学では、外国人留学生が入学した当初、日本語担当講師3名によってクラス分けのためのインタビューが行われる。インタビューにおける

---

1) このクラスの名称は「日本語会話中級クラス」であったが、受講生のレベルは、通常日本語学習者向けの教科書などで扱われている「中級レベル」よりもかなり高いレベルであったと言える。例えば、受講生8名のうち6名が日本語能力検定試験の1級合格者であり、受講生はあらゆる活動を日本語で行うことができた。また、実際のストーリーテリング活動においても、受講生の共通言語である中国語や韓国語へのコード・スイッチング等の現象は観察されなかった。

学生のパフォーマンスの評価と日本留学試験の結果に基づいて、学生は初級、中級、上級の3つのレベルのクラスに分けられる。データ収集を行った日本語会話中級クラスは、履修上選択科目であるため、受講生の自主的で積極的なクラス参加が期待されている。また、授業のカリキュラム作成はすべて担当講師に任されており、講師は受講生のレベルやニーズに合わせて自由に授業を構成できる。

　本研究のデータ収集に際し、受講生の授業時間を用いてデータ収集を行うため、事前に大学当局に許可を求め、授業中における受講生の日本語学習を妨げない範囲でデータ収集を行うことを約束した上で許可を得た。また、調査協力者となった受講生への調査依頼時には、当該クラスで行われる授業の一部が日本語学習者のストーリーテリングの研究を目的として行われる調査となること、ストーリーテリング活動で交わされる各調査協力者の考えや意見が不当に評価されたり、プライバシーが侵害されたりはしないことなどを説明した。さらに、調査協力者には調査協力承諾書に署名を依頼し、テープ録音やビデオ録画などに関する調査の許容範囲を確認した。そして、データ収集に際して調査者としての筆者の立場や研究背景なども明らかにした。

　本研究では、学習者のストーリーテリング活動が行われる以前に、学習者に対して、先行研究で明らかにされているようなストーリーの構造や語り方の説明、ストーリーテリングで用いられる言語表現や言語標識の指導などは一切行っていない。また、ストーリーテリング活動が行われた計6回の授業期間中、筆者はス

トーリーテリング活動における各受講生のパフォーマンスに対してフィードバックや評価は与えていない。学習者の第二言語リテラシーの具現化や実践を観察し記述するといった本研究の性質上、調査者である筆者が与える何らかのフィードバックや評価が、受講生の言語使用や受講生間のやり取りに影響を与える可能性を危惧したためである。すべてのストーリーテリング活動における受講生のパフォーマンスに対しては、データ収集が終了する学期末にフィードバック及び評価を与えるということで、受講生から了承を得た。

4.1.2　調査協力者の背景情報

　本研究の調査協力者は、筆者が担当した上述の日本語会話中級クラスの受講生8名(男性4名、女性4名)で、韓国人女性留学生1人を除いて、他は中国からの留学生である。調査依頼時に、調査協力者には属性(年齢、性別、出身国、専攻、日本語学習歴、日本滞在年数、母語など)を知るためのアンケートに答えるよう依頼した。本研究の調査協力者についての詳細は、以下の表1の通りである。

【表1】調査協力者の背景情報[2]

名前[3]	性別	年齢	出身	専攻	日本語学習歴	日本滞在年数	母語[4]
BO	男	26	中国 ：黒龍江省	経済	日本の日本語 学校で1年半	2年	中国語
CG	女	22	中国 ：内蒙古	法律	日本の日本語 学校で2年	2年半	蒙古語
KH	女	23	韓国 ：仁川	法律	日本の日本語 学校で2年	2年半	韓国語
SO	女	21	中国 ：上海	法律	日本の日本語 学校で1年	1年半	中国語
SU	男	25	中国 ：黒龍江省	経済	日本の日本語 学校で2年	2年半	中国語
TH	女	25	中国 ：吉林省	法律	中国で家庭教師 の指導2年	1年半	韓国語
TK	男	28	中国 ：吉林省	経済	日本の日本語 学校で1年	1年半	韓国語
TO	男	21	中国 ：上海	人文	日本の日本語 学校で2年	2年半	中国語

4.1.3 ストーリーテリング活動の構成

　ストーリーテリング活動では4人1組のグループを2組作り、4人のうち2人が、語り手及び聞き手の役割を担当した。語り手はストーリーのトピックが書かれてあるカードを1枚引き、そのトピックについて話をする。聞き手役の学習者は、語り手役の学習者の

---

2) これらの調査協力者の背景情報は、データ収集開始時(2004年9月)のものである。
3) 調査協力者の名前はすべて仮名のイニシャルで表示する。
4) ここでいう「母語」とは、調査協力者が育った家庭で主に話されていた言語を指す。

ストーリーを聞くが、「一方が語り、他方が聞く」という形式にこだわる必要はなく、ごく普通に、互いに自由に発言したり意見を求めたりしても構わないとだけ伝えた。聞き手役以外の2人は傍聴者として、特に積極的に会話に参加しなくてもよいが、この2人のうち1人には、書き手として、語り手のストーリーを聞きながらメモを取り、後でストーリーを作文にして提出する課題を与えた[5]。グループごとに自由にストーリーテリングを終了して構わず、終了したらそれぞれの担当を変え、次の語り手役が別のカードを引き、新しいストーリーテリングに移るよう指示した。これらのストーリーテリング活動は全てテープ録音し、ビデオ録画も行った。このような4人1組のストーリーテリング活動の役割分担と手順を図式化すると、以下の図1のようになる。

【図1】ストーリーテリング活動の役割分担と手順

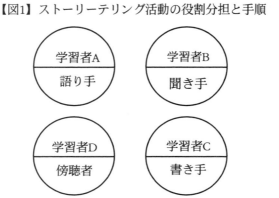

---

5) ストーリーテリング活動に参加しなかった学習者がいて3人1組のグループになった場合は、この「書き手」以外の「傍聴者」を除外した。

　語り手がストーリーを語り終えると、以下のように、学習者の席位置は変わらず、ストーリーテリング活動のそれぞれの役割を交代していく。

4.1.4 ストーリーのトピック

　ストーリーテリング活動の前準備として、過去の経験や現在の生活状況、将来の計画など、受講生とともにストーリーテリングのためのトピックを検討した。その後、受講生がそれらのトピックに従って、どのようなストーリーを語るかを事前に準備してくることを避けるため、提案されたトピックの中から最終的に筆者が選んだ。各回におけるストーリーのトピックは、以下の表2の通りである。

【表2】各回のストーリーのトピック

日時	トピック
第1回6) (2004年10月15日)	今までで一番怖かった経験について話してください (怖かった経験)
	最近腹が立ったことについて話してください (腹が立ったこと)
	事故にあったことや怪我をしたことがあれば、そのときのことを話してください(事故・怪我にあったこと)
	子供のとき楽しかったことについて話してください (子供の頃の楽しかった思い出)
	日本に来てから困ったことについて話してください (日本で困ったこと)
第2回 (2004年10月29日)	アルバイトでつらいことを話してください (アルバイトでつらいこと)
	日本語の勉強方法について話してください (日本語の勉強方法)
	理想の男性・女性について話してください (理想の男性・女性)
	将来の夢について話してください(将来の夢)
第3回 (2004年11月12日)	最近、恥ずかしかったことがあれば、話してください (恥ずかしかったこと)
	落ち込んだとき、どうやって元気になろうとしますか (元気になる方法)
	最近、家族と電話で話しましたか。どんな話をしましたか (家族との電話)
	自分の国でも日本でもいいですから、旅行の思い出について話してください(旅行の思い出)
第4回 (2004年12月10日)	第1回と同様
第5回 (2004年12月17日)	第2回と同様
第6回 (2005年1月21日)	第3回と同様

6) 第1回目のストーリーテリング活動当初、実際には9名の受講生がおり、2組のグループがそれぞれ5名と4名で構成されたため、表2に記してあるように、5つのトピックを用意した。

　第3章で述べたように、ストーリーのトピックによって、ストーリーテリングで参加者が担う役割や参加の構造が異なるということが、先行研究で明らかにされている(Georgakopoulou, 2002)。本研究では、そうした点を考慮し、学習者の過去の経験が必ず語られることになると思われるトピックだけでなく、学習者の現在の状況や将来の計画に関連するトピックも用意した。また、Norrick(2000)によれば、ストーリーテリングの形成や機能を考察するにあたって、語り手によって「初めて語られたストーリー」と「再度語られたストーリー」の相違も観察するべきであるという。そこで、本研究では、同じトピックで同じ内容のストーリーを、聞き手を替えて再度語るといった活動も行った。

　第1回目のストーリーテリング活動におけるストーリーのトピックは、トピック自体が学習者の過去の経験を引き出すであろうと仮定して選択した。第2回目は、学習者が置かれている現在の状況や、学習者の考えや意見、また、将来の計画が導き出されるようなトピックを選択した。第3回目は、学習者の過去の経験、現在の状況あるいは将来の計画が語られるであろうトピックを選んだ。そして、第4回目は第1回目に語ったストーリー、第5回目は第2回目に語ったストーリー、第6回目は第3回目に語ったストーリーと、同様の内容のストーリーが再度語られるように設定した。

　次に、各回のストーリーテリング活動で、各調査協力者が語り手として語ったストーリーのトピックをまとめておく(表3)。

【表3】各調査協力者による各回のストーリーのトピック

名前	各回	トピック
BO	第1回 / 第4回	腹が立ったこと
	第2回 / 第5回	アルバイトでつらいこと
	第3回 / 第6回	家族との電話
CG	第1回 / 第4回	事故・怪我にあったこと / 日本で困ったこと
	第2回 / 第5回	(不参加)
	第3回 / 第6回	(不参加)
KH	第1回 / 第4回	子どもの頃の楽しかった思い出
	第2回 / 第5回	日本語の勉強方法
	第3回 / 第6回	恥ずかしかったこと
SO	第1回 / 第4回	子どもの頃の楽しかった思い出
	第2回 / 第5回	将来の夢
	第3回 / 第6回	恥ずかしかったこと
SU	第1回 / 第4回	腹が立ったこと
	第2回 / 第5回	将来の夢
	第3回 / 第6回	旅行の思い出
TH	第1回 / 第4回	怖かった経験
	第2回 / 第5回	理想の男性・女性
	第3回 / 第6回	家族との電話
TK	第1回 / 第4回	日本で困ったこと
	第2回 / 第5回	アルバイトでつらいこと
	第3回 / 第6回	元気になる方法
TO	第1回 / 第4回	日本で困ったこと
	第2回 / 第5回	(不参加) / 将来の夢
	第3回 / 第6回	元気になる方法

4.1.5 ストーリーテリング活動のグループの内訳

　本項では、ストーリーテリング活動のグループの内訳と各セッションで話されたトピックを記しておく(表4)。アンケートの段階で明らかになった各調査協力者の属性を考慮しながらも、基本的には無作為に、各回異なるメンバーで構成されるようグループ分けを行った。学習者は、調査を開始した学期以前にクラスメートとして1学期間同じ授業を受講しており、すでに面識はあった。しかし、調査を開始した時点では、調査協力者間に個人的な関係は築かれておらず、顔を合わせると挨拶する程度であったということを筆者は了解していた。

【表4】ストーリーテリング活動のグループの内訳

		グループ1		グループ2	
第1回 2004.10.15	①	事故・怪我にあったこと		子供の頃の楽しかった思い出	
		語り手	CG	語り手	KH
		聞き手	SU	聞き手	BO
		書き手	TK	書き手	TH
		傍聴者	SO	傍聴者	TO
	②	腹が立ったこと		腹が立ったこと	
		語り手	SU	語り手	BO
		聞き手	TK	聞き手	TH
		書き手	SO	書き手	TO
		傍聴者	CG	傍聴者	KH
	③	日本で困ったこと		怖かった経験	
		語り手	TK	語り手	TH
		聞き手	SO	聞き手	TO
		書き手	CG	書き手	KH

			傍聴者	SU	傍聴者	BO
	④		子供の頃の楽しかった思い出		日本で困ったこと	
			語り手	SO	語り手	TO
			聞き手	CG	聞き手	KH
			書き手	SU	書き手	BO
			傍聴者	TK	傍聴者	TH
第2回 2004.10.29			グループ1		グループ2	
	①		日本語の勉強方法		理想の男性・女性	
			語り手	KH	語り手	TH
			聞き手	SO	聞き手	TK
			書き手	BO	書き手	SU
	②		将来の夢		アルバイトでつらいこと	
			語り手	SO	語り手	TK
			聞き手	BO	聞き手	SU
			書き手	KH	書き手	TH
	③		アルバイトでつらいこと		将来の夢	
			語り手	BO	語り手	SU
			聞き手	KH	聞き手	TH
			書き手	SO	書き手	TK
第3回 2004.11.12			グループ1		グループ2	
	①		元気になる方法		家族との電話	
			語り手	TO	語り手	BO
			聞き手	SU	聞き手	TK
			書き手	TH	書き手	KH
			傍聴者	SO		
	②		旅行の思い出		元気になる方法	
			語り手	SU	語り手	TK
			聞き手	TH	聞き手	KH
			書き手	SO	書き手	BO
			傍聴者	TO		
	③		家族との電話		恥ずかしかったこと	
			語り手	TH	語り手	KH
			聞き手	SO	聞き手	BO

		書き手	TO	書き手	TK
		傍聴者	SU		
	④	恥ずかしかったこと			
		語り手	SO		
		聞き手	TO		
		書き手	SU		
		傍聴者	TH		
第4回 2004.12.10		グループ1		グループ2	
	①	腹が立ったこと		怖かった経験	
		語り手	SU	語り手	TH
		聞き手	BO	聞き手	TO
		書き手	KH	書き手	TK
		傍聴者	SO	傍聴者	CG
	②	腹が立ったこと		日本で困ったこと	
		語り手	BO	語り手	TO
		聞き手	SO	聞き手	TK
		書き手	SU	書き手	CG
		傍聴者	KH	傍聴者	TH
	③	子供の頃の楽しかった思い出		日本で困ったこと	
		語り手	KH	語り手	TK
		聞き手	SU	聞き手	CG
		書き手	SO	書き手	TH
		傍聴者	BO	傍聴者	TO
	④	子供の頃の楽しかった思い出		日本で困ったこと	
		語り手	SO	語り手	CG
		聞き手	KH	聞き手	TH
		書き手	BO	書き手	TO
		傍聴者	SU	傍聴者	TK
第5回 2004.12.17		グループ1		グループ2	
	①	将来の夢		将来の夢	
		語り手	SO	語り手	TO
		聞き手	BO	聞き手	TK
		書き手	SU	書き手	KH

		傍聴者	TH		
	②	アルバイトでつらいこと		アルバイトでつらいこと	
		語り手	BO	語り手	TK
		聞き手	SU	聞き手	KH
		書き手	TH	書き手	TO
		傍聴者	SO		
	③	将来の夢		日本語の勉強方法	
		語り手	SU	語り手	KH
		聞き手	TH	聞き手	TO
		書き手	SO	書き手	TK
		傍聴者	BO		
	④	理想の男性・女性			
		語り手	TH		
		聞き手	SO		
		書き手	BO		
		傍聴者	SU		
第6回 2005.1.21		グループ1		グループ2	
	①	恥ずかしかったこと		元気になる方法	
		語り手	SO	語り手	TK
		聞き手	KH	聞き手	SU
		書き手	TH	書き手	CG
		傍聴者	BO		
	②	恥ずかしかったこと		旅行の思い出	
		語り手	KH	語り手	SU
		聞き手	TH	聞き手	CG
		書き手	BO	書き手	TK
		傍聴者	SO		
	③	家族との電話		恥ずかしかったこと	
		語り手	TH	語り手	CG
		聞き手	BO	聞き手	TK
		書き手	SO	書き手	SU
		傍聴者	KH		
	④	家族との電話			

		語り手	BO	
		聞き手	SO	
		書き手	KH	
		傍聴者	TH	

4.1.6 調査協力者とのインタビュー

　計6回の授業時間に行われたストーリーテリング活動を録音・録画した後、学期末に授業外時間を利用して、調査協力者となった各受講生に対し20分程度のインタビューを行った。インタビューの録音やインタビュー資料の使用に関する調査の許容範囲などを再度確認した上で、インタビューを始めた[7]。インタビューの終了時には、ストーリーテリング活動における他の受講生とのやり取りを文字化した資料を受講生に渡し、ストーリーテリング活動のパフォーマンスに対するフィードバック及び評価を与えた[8]。

　インタビューにおいて筆者が留意した点を、以下の表5に記しておく。

---

7) インタビューに参加した調査協力者の一人TOは、筆者とのインタビューの際、そこで録音される内容が資料として公開されることを拒否したため、インタビュー・データを扱う第7章では、TOのインタビュー・データは一切用いていない。
8) 筆者が各受講生に与えたフィードバックや評価の基準に関しては、第8章で触れたい。

【表5】調査協力者に対するインタビュー内容

(1)ストーリーテリング活動に対する感想と学習者自身のリフレクション	
(2)ストーリーテリング活動においてストーリーを「語る」「聞く」行為	
語り手として	ストーリーを語るとき、どのようなことに気を配ったか
	ストーリーを語るとき、難しかったことは何か
	ストーリーを語るとき、聞き手に期待することは何か
聞き手として	ストーリーを聞くとき、どのようなことに気を配ったか
	ストーリーを聞くとき、難しかったことは何か
	ストーリーを聞くとき、語り手に期待することは何か
(3)日本語を話すときに感じること	
日本語母語話者との接触場面において	例を挙げる
日本語が母語でない、第二言語話者との接触場面において	例を挙げる

　上述したようなインタビューの内容に留意し、インタビュー中に筆者が受講生に質問したり、受講生の発言の意味を確認したりしたものの、基本的には、受講生が自ら筆者に話したいことや聞きたいこと、伝えたいことや気づいたことなどを中心にインタビューを進めた。そのため、調査協力者自身の観点から、調査課題に対する解釈や意味づけを得られたこと、また、調査協力者が日常的に行っている解釈行為の豊穣さやダイナミックさに触れることができたという点において、本研究で行ったインタビューは、質的研究でしばしば用いられる「半構造化インタビュー」(フリック，2002等)であったと言える。なお、インタビュー当日に参加できなかった学習者が1名おり[9]、実際にインタビューに参加し

たのは全調査協力者8名中7名である。

4.2 データ分析の方法

　本節では、収集したデータの分析の方法について説明する。第3章で概観したように、ナラティブやストーリーテリングの先行研究では、どのような分析のアプローチを採るかによって、同じ現象を扱いながらも、分析結果の提示の仕方が異なってくる。本研究は、会話分析の手法を採用している、あるいは、会話分析の手法に影響を受けている先行研究を多数取り上げ、それらの先行研究の知見から多くの示唆を得ている。近年、会話分析は第二言語習得研究においても研究手法として用いられるようになった(Gardner & Wagner, 2004; Kasper, 2006;Markee & Kasper, 2004; Mori, 2004等)。例えば、Markee(2000)は、第二言語習得における学習者の相互行為の過程を分析する場合には、会話分析が有効なツールになることを主張し、従来の第二言語習得研究が描出してこなかった微視的な側面を明らかにすることを目指している。

　しかし、会話分析では目に見える観察可能なものの分析結果の提示がない限り、録音・録画されたデータ以外の理論的・状況的情報から、発話者の心理状況や意図を推測することは許されない(森, 2005)。一方、ダイアロジズムの観点から対話を分析し、対話

---

9) 第7章でインタビュー・データを扱う際に明らかになるが、インタビューに参加できなかったのはCGである。

のダイナミズムを提示していく場合、Marková(1990)が述べている
ように、話し手が実際に発した発話情報を超えて分析することは
避けられない。したがって、ダイアロジズムの観点から学習者の
言語活動を捉える本研究は、ストーリーテリング活動における学
習者の対話を記述し分析していく際に、会話分析の手法を用いた
先行研究に少なからず影響を受けつつも、録音・録画された発話
(及び非言語的)データ以外の情報も参照していくことを付け加え
ておきたい。

　そこで、本節では、本研究で分析の枠組みとして取り上げる、
Marková(1990)が提示した対話の分析の単位について説明する
(4.3.1)。そして最後に、データ資料の文字化の方法について述べ
る(4.3.2)。

4.2.1 対話の分析の単位

　第2章で概説したように、ダイアロジズムの観点では、言語コ
ミュニケーションを、ある「発話」に対する他の発話の能動的な「応
答」の連鎖であると捉える。つまり、ある発話の意味は、それに
対する応答との関係においてのみ生成される。さらに、その応答
としての発話も、次の発話による応答の連鎖に繋がっていく。そ
して、そのような相互的な応答の連鎖は、バフチンが「理解(了解)
」と呼ぶ過程を経る。ダイアロジズムの観点を採る本研究は、こ
のような連鎖を念頭に、ストーリーテリング活動における学習者
の対話を分析していく。

　Marková(1990)が提示した、対話における分析の単位としての3
段階の過程(A three-step process as a unit of analysis in dialogue)は、
そのような対話における連鎖の最小単位の枠組みとして、ダイア
ロジズムの観点から対話を分析するのに有効な方法である。本研
究では、Markováが提示した分析方法が採る観点に基づいて分析
を進める。この分析方法では、形態的には会話分析同様、参加者
のターンのやり取りを観察していくが、概念的には「発話(の開始)」
と「応答」の連鎖が生み出すダイアロジックな現象に注目してい
く。そのような対話における連鎖の3段階を、Markováは以下のよ
うな図式で説明している。

A1(Step 1)	B1(Step 2)
A2(Step 3)	

(Marková, 1990, p.138)

　この図式に見られるように、A1が対話を開始し(Step 1)、B1がA1
に応答する(Step 2)。そして、A2(A1と同一の話し手)は、A1の発話
に対するB1の応答に、さらに応答することによって、この最小の
やり取りを完了させる(Step 3)。しかし、通常、対話はこのような
3つのターンに収まり、完了することは少ない。

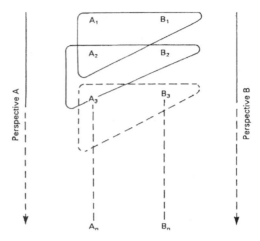

(Marková, 1990, p.139)

　対話は、上記の図式のように、対話者による一連の「発話」「応答」の連鎖から構成されていくものである。ここでMarkováが指摘しているのは、対話は、単にAとBの間のターンの移行で構成されていく過程ではなく、AとB双方が互いのパースペクティブを取り込みながら、各々のパースペクティブを協働的に発展させていく過程だということである。つまり、段階を経て構成されていく対話者間のターンの移行を、パースペクティブの協働的な発展と見る。本研究のデータ分析では、このような分析の観点に基づいて、学習者間のストーリーテリング活動における対話を観察していく。

4.2.2 データ資料の文字化

　教室内でのストーリーテリング活動及び学習者に対するインタビューを録音・録画したデータは、一定の表記にしたがって文字化し、その文字化したデータ資料を中心に分析を行った。しかし、分析の過程で、必要に応じて元の録音資料や録画資料も参照した。学習者のストーリーテリング活動のデータ分析のための文字化は、基本的に会話分析で用いられている文字化の方法を参照した(串田, 2006等)。データ資料の文字化の際に用いた記号など、その詳細については、以下の「文字化の表記(表6)」に記しておく。一方、インタビュー・データの文字化は、学習者によって語られた内容そのものに焦点を定めるため、それほど厳密な文字化は行っていない。また、過剰なフィラーや言いよどみなど、そこで語られている内容把握を難しくする怖れがあると判断したものは、敢えて省略した。

【表6】文字化の表記

[　]	重なり	複数の学習者の発する音声が重なり合っている時点は、角括弧([　])によって示す。
=	密着	二つの発話、あるいは、発話文が途切れず密着している場合、等号(=)で示す。
(　　)	聞き取り困難	聞き取りの不可能な箇所は( )で示す。また、聞き取りが確定できないときも、当該文字を( )で括る。
(.数字)	沈黙 / 間合い	音声が途絶えている状態があるときは、その秒数を( )内に1/10秒まで示す。0.2秒以下の間合いは(　. 　)によって示す。

:	音の引き延ばし	直前の音が延ばされている場合、コロン(:)で示す。コロンの数は引き延ばしの相対的な長さに対応させる。
-	言葉の途切れ	言葉が不完全なまま途切れている場合、ハイフン(-)で示す。
hh .hh	呼気音 / 吸気音	呼気音および吸気音は、それぞれhhおよび.hhで示す。hの数は各音の相対的な長さに対応している。これに従い、短い笑いの音はhhあるいは.hhで示す。
＿ / ° °	音の大きさ	音声が大きく発せられている箇所は、下線で示す。音声が小さい場合は、上付きの白点(°)で囲む。
? / . /,	音調 (イントネーション)	語尾の音が上がっている場合、疑問符(?)で示す。語尾の音が下がり区切りがついている箇所は、句点(.)、音が少し下がって弾みがついている箇所は、読点(,)で示す。
〉/〈	スピード	発話のスピードが目立って早くなる部分は、左開きの不等号と右開きの不等号(〉〈)で囲み、遅くなる部分は、右開きの不等号と左開きの不等号(〈〉)で囲む。
(( ))	注記	発言の要約やその他の注記は、二重括弧((( )))で囲む。
###	聞き取り不能	聞き取りできなかった部分は、(###)で示す。その部分の推測される拍数に応じて#をつける。

第5章
第二言語リテラシーの具現化と実践

5.1 学習者間の経験と知識の共有と(再)構築の様態

5.2 能動的な参加者としての学習者のパフォーマンス

5.3 結び：対話におけるパースペクティブの発展

第5章
第二言語リテラシーの具現化と実践

第5章と第6章では、ストーリーテリング活動の録音・録画デー
タを文字化した資料を用い、ストーリーテリング活動における日
本語学習者の言語行為に観察される、学習者の第二言語リテラ
シーを考察していく。第5章、第6章ともに、学習者間の対話を通
して第二言語リテラシーがどのように具現化されているか、ま
た、どのように実践されているかを考察しながら、それらが観察
できる具体的な現象を提示する。そして、全データ分析を通し
て、ある発話に対する理解、それに続く応答の連鎖で構成されて
いく対話のターンの移行を、パースペクティブの協働的な発展と
見て、ストーリーテリング活動における学習者間の対話を観察し
ていく。

　ここで、実際のデータ分析に入る前に、序論で定義した本研究
における第二言語リテラシーや、第2章や第3章で概観した先行研
究を参考にして捉えた本研究のストーリーテリング活動につい
て、再度説明しておきたい。

　本研究では、学習者の第二言語リテラシーは、他の学習者との

対話を通して具現化されていき、第二言語のことばを媒介にして常に修正され更新されていくと考える。また、第二言語リテラシーは、学習者の第一言語と第二言語に関する知識、そして、両言語による言語体験が学習者の思考において共存した状態にあるとする。第二言語リテラシーの具現化とは、第二言語学習者が第一言語あるいは第二言語を媒介とした経験からすでに獲得していて、様々な状況において振舞う指針となるある種の行為体系や言語機構を基に、他の学習者と協働して創造していく第二言語で示される現実の様態を指す。

　そして、本研究で扱うストーリーテリング活動は、語り手と聞き手の対話によって展開され、そうした対話そのものによって構成されていく社会的活動である。したがって、ストーリーテリングの語り手と聞き手は、ストーリー内容の理解を共有しながら協働的にストーリーを形成していくものと見られる。また、語り手と聞き手は、活動の達成に必要なリソースを使用し、その場のやり取りに応じてリソースを修正するなどして、ストーリーテリングに能動的に貢献していくと思われる。本研究では、このような学習者の行為自体が、第二言語リテラシーの実践であると考える。

　第4章で説明したように、筆者は、調査開始以前に、ナラティブ構造の説明やストーリーテリングで用いられる言語表現や言語標識などの指導は一切行わず、調査期間中も、学習者のパフォーマンスに対してフィードバックや評価を与えていない。したがって、本研究のストーリーテリング活動で観察される学習者の言語

行為は、学習者の自発的な選択に基づいて行われたものであると見なすことができる。

　本章では、(1)ストーリーテリング活動において、学習者の経験や知識が協働的に共有され(再)構築されていく過程に、学習者の第二言語リテラシーの具現化を見る、(2)ストーリーテリングへ関与し貢献する聞き手としての学習者の言語行為に注目して、ストーリーテリング活動における第二言語リテラシーの実践を観察する。そして、そうした第二言語リテラシーの具現化や実践が観察される具体的な現象を提示していく。

　以下、5.1では、語り手と聞き手によるストーリーの協働的な形成を考察することによって、また、ストーリーの内容やポイントを理解するための交渉行為を観察することによって、学習者間で経験と知識が共有され(再)構築されていく様相を明らかにしていく。5.2では、第2章で概説したClark ＆ Schaefer(1989)の「聞き手の理解の証拠」を援用して、ストーリーテリング活動に観察される特有の現象として捉えられる、能動的な参加者としての学習者のパフォーマンスの具体例を提示する。5.3では、本章の分析や考察に改めて検討を加える。

5.1 学習者間の経験と知識の共有と(再)構築の様態

　序論で触れたように、本研究のストーリーテリング活動においては、学習者はあらゆる利用可能なリソースを動員して自身の経

験を語るという言語活動を行いながら、第二言語を用いて行動したり表現したりする第二言語話者としての行為を経験していることになる。そして、学習者のそうした行為の基盤になっているのが、学習者がこれまでに第一言語や第二言語を媒介にして獲得しているリテラシーであり、それは、他の学習者との対話を通して具現化され、また、修正され更新されていく。

　学習者の過去の経験や現在の状況、将来の計画が語られるようなトピックが与えられている本研究のストーリーテリング活動では、学習者はこれまでに得た経験や知識を基に、ストーリーを語る。そして、学習者の経験や知識は、他の学習者との対話において焦点化され、ストーリーテリングを通して共有される、あるいは(再)構築される対象となる。そして、そのような学習者間の経験と知識の共有や(再)構築は、学習者がストーリーを協働的に形成していく過程に観察されると思われる。なぜなら、先行研究の知見を参考にすれば、ストーリーテリングの参加者間でストーリーが協働的に形成されていくことは、語り手の過去の経験が他の参加者と共有され、協働的に構築されていく過程と重なるためである(Ochs, Taylor, Rudolph, & Smith, 1992)。また、ストーリーを協働的に形成するためには、参加者がある程度の「共有された知識(shared knowledge)」(Edwards, 1997)を有していることが前提とされており、ストーリー理解に必要な知識が共有されていなければ、そうした知識を巡る交渉を通して、参加者間で共有知識が構築されていくとされているからである(Goodwin, 1986; Ochs & Capps, 2001; Sacks, 1992等)。つまり、ストーリー内容を理解するには、

参加者が共通の言語を話すという最低限の条件を含め、経験や知識に関する事柄を参加者間で共有していく必要があるということになる。

　本研究の対象である日本語学習者の場合、これまでに得た教室外の環境における経験や第二言語に関する知識に相違が見られることから、共有知識をストーリーテリングで構築していく過程で、そうした経験や知識の非共有あるいは相違が、学習者の言語行為にも影響を与えると思われる。日本に在住している学習者は、教室外で様々なコミュニティに所属しており、各々異なる経験を背負って日本語クラスにやってくる。学外でアルバイトをしていたり、大学のサークルに加入していたり、ホストファミリーと同居している場合など、学習者によって量的にも質的にも日本語に触れる機会が異なる。また、学習者がこれまでどのような日本語教育を受けてきたか、日本語の語彙や文法をどれだけ学習してきたか、これまでどの程度日本語母語話者や非母語話者との接触場面を経験してきたか、そして、一人の人間としてどのような人生経験をしてきたかによっても、他の学習者との対話への関わり方は大きく変わってくるであろう。さらに付け加えれば、本研究の場合、学習者はデータ収集時において互いに面識はあったが個人的な関係は築かれていないことを筆者は確認しており、ストーリーテリング活動で語られる学習者の個人的な経験やストーリー理解に必要とされる具体的な知識は、学習者間で事前に共有されていないと言える。

　以上で述べたことを踏まえ、本節では、ストーリーテリング活

動において、学習者間で経験と知識が共有され(再)構築されてい
く過程、すなわち、学習者間でストーリーが協働的に形成されて
いく過程を観察することによって、学習者の第二言語リテラシー
の具現化を見ていく。具体的には、語り手や聞き手がストーリー
テリングにおいて与える「アセスメント」(Goodwin & Goodwin, 1987,
1992)に着目し、ストーリーに対する学習者のスタンス[1]がどのよ
うに築かれ、また、学習者間の相互的な関与がどのようになされ
ているかを見る(5.1.1)。そして、ストーリー内容やポイントを理
解していく際に起こる学習者の交渉行為に、その場で焦点化され
ている対象に関する知識の共有を巡って、第二言語リテラシーが
具現化されていく現象を提示していく(5.1.2)。

5.1.1 経験の再構築とストーリーの協働的な形成

　第3章で概説したように、Labov & Waletzky(1997[1967])やLabov
(1972)は、「語り手がなぜこのストーリーを語るのか」や「語り手は
何を語ろうとしているのか」といったストーリーのポイントを示す
手段として、ナラティブ構造の構成要素の中で「評価」を最も重要
なものとして扱っている。ストーリーテリングにおいて、過去の
経験や出来事に対する自身の評価を与えることで、語り手はその
場で語っているストーリーの独自性や個別性を示すことができ
る。

---

1)　ストーリーに対する「スタンス」というのは、ストーリーの内容やポイント
　の解釈のあり方を指す。

　しかし、第3章でも取り上げたように、このLabovらの定義した「評価」が、ラボビアン・モデルを巡る批判や議論の対象の一つともなっている。ストーリーのポイントは、聞き手の理解があってこそ成り立つゆえ、ストーリーテリングの過程において語り手と聞き手双方の同意の下で創造されていくものだという主張がある(Polanyi, 1985)。また、日本語のナラティブでは、そこで語られている経験や出来事を理解するための十分な背景情報が聞き手に与えられれば、聞き手は先行的にストーリーのポイントを理解でき、語り手とストーリーのポイントの理解が共有できるとされている(Maynard, 1989; Nishikawa, 1999)。

　Goodwin & Goodwin(1987, 1992)は、会話分析の枠組みから、この「評価」に関連させて、「何らかの評価を伝える発話」を「アセスメント」と呼んでいる。アセスメントは参加者間の身体的な位置の変化や視線の移動、ジェスチャーなどの「評価装置」を伴う場合があることからも、Labovらが提示した評価に相等するものと言える(Goodwin & Goodwin, 1987)。しかし、Labovらの評価とは異なり、Goodwinらが考察しているアセスメントは、語り手の発話だけでなく、ストーリーテリングに関与していく聞き手の発話や反応にも観察されるものである。ストーリーテリングで与えられるアセスメントは、参加者によってストーリーが協働的に形成されるための手段となり、また、アセスメントが与えられることによって、そこで語られているストーリーに対する参加者のスタンスが構築されるという(Goodwin& Goodwin, 1987)。

　本研究は、Labovらが定義した、語り手のストーリーのポイント

を示す手段としての評価の観点には同意するものの、語り手と聞き手による協働的なストーリーの形成においては、評価も協働的に創造されていくといった点や、ストーリーのポイントは語り手の評価を通してのみ聞き手に理解されるわけではないといった点も考慮する。そして、学習者が経験や出来事に対する心情や感情の表現を通してストーリーのポイントに言及する発話を「アセスメント」とし、以後、全章を通してこの用語を使用する。

　本研究のストーリーテリング活動において、このようなアセスメントが、語り手や聞き手によってどのように与えられているかを観察することで、学習者がストーリーを協働的に形成していく過程に、学習者の第二言語リテラシーの具現化や実践を見ることができると考える。ここで、ストーリーテリングにおいて学習者が与えるアセスメントと、本研究で考察していく学習者の第二言語リテラシーに関連していると思われるBruner(1986)の考察に触れておきたい。

　Bruner(1986)は、ストーリーが単なる出来事の報告ではなく、経験が再構築されたものとなる決定的な要因として、ストーリーテリングで創造される「行為のランドスケープ(landscape of action)」から「意識のランドスケープ(landscape of consciousness)」が区別され、そこから生み出される「評価」的なパースペクティブがストーリーテリングに参入せざるを得ないことを挙げている。「行為のランドスケープ」では、語り手が経験した出来事の説明がなされるが、「意識のランドスケープ」では、語り手が自身の経験の「意味の理論づけ(sense-making)」を行うことができる。

「意識のランドスケープ」から生み出される「評価」的なパースペクティブは、学習者が自身の経験を解釈し、その解釈に適合する表現を選択し言語化した「アセスメント」を通して現れる。このことは、ストーリーのポイントを理解するのに必要なパースペクティブを学習者間で共有していくことに繋がる。そうして、アセスメントはストーリーテリングにおいて語り手の経験を再構築するためのリソースとなる。

　以下、語り手や聞き手がストーリーテリングにおいて与えるアセスメントに着目して、語り手と聞き手によるストーリーの協働的な形成を観察していくとともに、アセスメントによって、学習者がストーリーに対するスタンスをどのように築き、ストーリーテリングへどのように関与しているかを見ていく。

5.1.1.1 語り手のストーリーに対するスタンスの構築

　以下の例1は、KHが「恥ずかしかったこと」というトピックに基づいて語ったストーリーである。KHが中学生の時、中間試験があった日の朝、通学途中の道で転倒して怪我をしたという内容である。データに登場するBOは聞き手で、TKは書き手である。

【例1】 2)

01	BO:	あれば:: 話して. ないと話さなくてもいい.
02	KH:	あれば::, あれば::, 恥ずかしいこと.
03	TK:	なんか残ってる?
04		(0.5)
05	KH:	でも:: hh.hh.hh.中学のときに:: 試験, 試験の日, わたると思ってたけど,
06		なんか道がちょっと砂みたいな,
07	BO:	あ::
08	KH:	足がhh, 足がなんか, 倒れたみたいになって,
09	BO:	倒れた.
10	KH:	〉ただ〈ただ倒れたんじゃなくて, 倒れて::あの:: 靴が(h)飛んだ(h).
11	BO:	あ::, あ:: あ.
12	KH:	うん. 試験の日だから, みんな学生がいっぱいおるでしょ?
13		中学の中間試験.
14	BO:	あ:: 中間試験. うん.
15	KH:	そのとき, めっちゃ恥ずかしかったよ::
16	BO:	う::ん.

2) 本研究では、ストーリーテリングの先行研究に倣い、ストーリー全体の流れやストーリーテリングの展開を観察するため、データ例を提示する際には、最初に分析に必要だと思われる箇所の全体部を提示し、その後、学習者間のやり取りの詳細な分析に入る。本章以降のデータ例の提示もこのように行う。また、本文中にデータ例の一部を採録する場合には、ストーリーテリング活動において各学習者が担う役割を明らかにするために、語り手(narrator)を(n)、聞き手(listener)を(l)、書き手(writer)を(w)、もう一人の聞き手(bystander)を(b)とし、学習者の仮名とともに記しておく。

17	KH:	で, スカートだから ((笑))
18	BO:	あ:: そうか ((笑))
19	KH:	((笑)) こっち怪我もあるしhh, 血はあるしhh °逃げた°, 私 hh.
20	TK:	血も出た?
21	KH:	ん?
22	TK:	血は?
23	KH:	血も出たよ.
24	BO:	あ, そう.
25	KH:	<u>めっちゃ大</u>きな.
26	BO:	病院へ運ばれた?
27	KH:	ううん, そのぐらいじゃないけど, 恥ずかしいやから,
28		こっちまで, <u>こ</u>んなに<u>飛ん</u>だよ. うしろの人が, うしろの 人が:: 拾って,
29		私にあげるぐらいにhh.hh.
30	BO:	そう.
31	KH:	それで, うん, ごめんなさい, ありがとうございます.
32		で, 私逃げるようにhh, 学校の校門まで, わ[たし
33	BO:	[う, それ, 骨折とかしてない?
34	KH:	ん?
35	BO:	大丈夫?
36		(0.5)
37	KH:	してない.
38	BO:	骨折とか.
39	KH:	.hh 恥ずかしくて, 走って:: 痛みが感じられない, 恥ずか しいだからhh.hh

(後略：この後さらに、語り手KHによって、通学途中の道で転倒した
　　　ときの時間や場所などの詳しい状況説明が続く)

　データに観察されるこのやり取りが始まる前に、語り手KHが引いたカードに記入されていた「最近、恥ずかしかったことがあれば、話してください」というトピックを巡り、学習者間で短いやり取りがあった。恥ずかしかった経験が「昔」のものでなく「最近」経験したものであるべきかどうかといった内容である。したがって、冒頭01行目の「あれば一話して。ないと話さなくてもいい」という聞き手BOの発話は、「恥ずかしかった経験が最近のものでなくてもいい」という考えから発せられたものと捉えられる。そして、05行目の語り手KHの「でも」という発話は、「これから語るストーリーは、『最近』経験した恥ずかしかったことではないが」といったストーリーテリングの前置きの役割を果たしていると言える。

> 01　BO(l)：　あれば:: 話して. ないと話さなくてもいい.
→　02　KH(n)：　あれば::, あれば::, 恥ずかしいこと.
> 03　TK(w)：　なんか残ってる？
> 04　　　　　　(0.5)
→　05　KH(n)：　でも:: hh.hh.hh.中学のときに:: 試験, 試験の日, わ
　　　　　　　　たると思ってたけど,

　最初に注目したいのは、ストーリーのトピックを表している語り手KHの発話である。02行目でKHは、「恥ずかしい(恥ずかしかった)こと」とストーリーのトピックに触れているが、このKHの発話における「恥ずかしい」ということばは、ストーリーに対するKHのスタンスを構築するための事前的なアセスメントとなってお

り、この後、KHのストーリーのポイントを示すことばとなってい
く。

　次に、KHがストーリーテリングを開始する直前に見られる、05
行目のKHの「笑い」に注目したい。KHは、この「恥ずかしかったこ
と」というストーリーが「笑い」に価するものであることを、笑いに
よって他の学習者に知らせていると言える。つまり、KHの笑い
も、「恥ずかしかったこと」を表す一種のアセスメントと捉えられ
る。

　語り手による笑いは、他の参加者の笑いを誘発するなど、何ら
かの反応を参加者から引き出すものとして機能するが(Jefferson,
1979)、このKHの笑いは、これから語るストーリーがどのように
受け入れられるべきかを他の学習者に知らせる手段となってい
る。ここで、KHは笑いによって、ストーリーテリングの冒頭で
は、自身の語るストーリーが他の学習者を惹き付けるような意味
を持つものでなければならないというKHのストーリーテリングに
関する認識を呈示していると同時に、笑いを通して「この経験が
いかに恥ずかしかったか」といったストーリーのポイントを他の学
習者に知らせていると考えられる。したがって、このストーリー
テリングの冒頭で与えた笑いによって、語り手KHは「恥ずかし
かったこと」というストーリーに対するスタンスを構築していると
言える。

　また、ストーリーテリングの冒頭で、ストーリーに対するスタ
ンスを構築することは、ストーリーのポイントを理解するパース
ペクティブを他の学習者と共有しようという語り手の試みでもあ

り、聞き手にも同様のスタンスでストーリーテリングに参加して
ほしいという語り手の期待が現れている証拠と言えよう。その結
果、聞き手も、これから語られるストーリーに対して、どのよう
に応答すればよいかといった解釈の枠組みを決定することができ
るのである。

　ところが、KHのストーリーに対するスタンスは、聞き手である
BOと共有されていないことが、この後、明らかになる。

→	05	KH(n):	でも:: hh.hh.hh.中学のときに:: 試験, 試験の日, わ
			たると思ってたけど,
	06		なんか道がちょっと砂みたいな,
	07	BO(l):	あ::
	08	KH(n):	足がhh, 足がなんか, 倒れたみたいになって,
	09	BO(l):	倒れた.
→	10	KH(n):	〉ただ〈ただ倒れたんじゃなくて, 倒れて::あの:: 靴
			が(h)飛んだ(h).
	11	BO(l):	あ::, あ:: あ.
→	12	KH(n):	うん. 試験の日だから, みんな学生がいっぱいおる
			でしょ?
	13		中学の中間試験.
	14	BO(l):	あ:: 中間試験. うん.
→	15	KH(n):	そのとき, めっちゃ恥ずかしかったよ::

　ストーリーテリングを開始した後、05行目から13行目にかけ
て、語り手KHは、出来事が起こった時間や場所などのストーリー
の状況と、経験した出来事において何が起こったかを説明してい

る。出来事における行為説明の際、KHは10行目で、転倒したとき
に「靴が飛んだ」ことを強調し、さらに12行目では、「試験の日だ
から、みんな学生がいっぱいおるでしょ?」と聞き手に問いかける
ことで、靴が飛ぶほど激しく転倒した姿を多くの学生に見られて「
恥ずかしかった」ということに関して、聞き手の同意を求めている
と捉えられる。また、この12行目のKHによるBOへの問いかけ
も、ストーリーのポイントを理解するためのパースペクティブを
BOと共有しようというKHの試みであると言える。

　しかし、この時点ではまだ、ストーリーテリングの冒頭で「笑い」
によって構築した、KHのストーリーに対するスタンスが、聞き手
BOの積極的な反応を引き出せず、ストーリーの展開に活かされて
いない。そこで、15行目、KHは自身の経験に対して「恥ずかし
かった」というアセスメントを与え、ストーリーに対するスタンス
の再構築を試みる。

> →　15　KH(n):　そのとき, <u>めっちゃ恥ずかしかったよ</u>::
>
> 　　16　BO(l):　う::ん.
>
> →　17　KH(n):　で, スカートだから ((笑))
>
> →　18　BO(l):　あ:: そうか ((笑))
>
> →　19　KH(n):　((笑)) こっち怪我もあるしhh, 血はあるしhh °逃
> 　　　　　　　　げた°, 私hh.

　続いて17行目で、KHは笑いながら「で、スカートだから」と、転
倒したときの状況に関する新たな情報を与える。18行目、この出
来事の状況を伝える新情報とKHの笑いが功を奏し、BOは「あーそ

うか」と、KHの発話内容を承認し、笑いで応答する。そこで、KH
は19行目でも、笑いながら「こっち怪我もあるし、血はあるし、逃
げた、私」と、さらに状況説明に新たな情報を加える。この17行
目から19行目の語り手KHと聞き手BOのやり取りを皮切りに、こ
の後、KHのストーリーは展開されていき、学習者間でストーリー
が協働的に形成されていく。

→	19	KH(n):	((笑)) こっち怪我もあるしhh, 血はあるしhh °逃げ た°, 私hh.
→	20	TK(w):	血も出た?
	21	KH(n):	ん?
	22	TK(w):	血は?
→	23	KH(n):	血も出たよ.
	24	BO(l):	あ, そう.
→	25	KH(n):	<u>めっちゃ大きな.</u>
	26	BO(l):	病院へ運ばれた?
→	27	KH(n):	ううん, そのぐらいじゃないけど, 恥ずかしいやから,
	28		こっちまで, <u>こんなに飛んだ</u>よ. うしろの人が, う しろの人が:: 拾って,
	29		私にあげるぐらいにhh.
	30	BO(l):	そう.
	31	KH(n):	それで, うん, ごめんなさい, ありがとうございます.
	32		で, 私逃げるようにhh, 学校の校門までわ[たし
	33	BO(l):	[う, それ, 骨折とかしてない?
	34	KH(n):	ん?
	35	BO(l):	大丈夫?

36		(0.5)
37	KH(n):	してない.
38	BO(l):	骨折とか.
→ 39	KH(n):	.hh 恥ずかしくて, 走って:: 痛みが感じられない, 恥ずかしいだからhh.hh

　19行目のKHの発話を受けて、書き手であるTKが、20行目でストーリーテリングに参入してくる。TKの「血も出た？」という質問をきっかけに、23行目と25行目で「血も出た」「めっちゃ大きな」怪我の描写がKHによって与えられる。26行目の聞き手BOの「病院へ運ばれた？」という質問も、27行目以降のKHの出来事の具体的な説明を導く。さらに27行目と39行目に見られるように、KHは、状況描写や行為説明の途中で、折々に「恥ずかしい」というアセスメントを挿入することによって、再構築したストーリーに対するスタンスを維持しながら、ストーリーを展開していく。

　この例で見てきたように、語り手はアセスメントを用いて、自身のストーリーに対するスタンスを構築する。そして、そのように構築された語り手のスタンスが、聞き手によってどのように受け取られ、また、聞き手がどのように語り手のスタンスに反応し、ストーリーテリングに関与していくかが、ストーリーの協働的な形成の焦点となる。もし、ストーリーに対するスタンスが、聞き手に受け入れられていないことに気づいた場合、語り手は、さらにアセスメントを与えることによってスタンスを再構築する。そして、語り手と聞き手がパースペクティブを共有する様態

が創り出されれば、ストーリーは協働的に形成されていくのである。

5.1.1.2 聞き手のストーリーテリングへの関与

　前項の例1では、ストーリーに対するスタンスを構築するための語り手のアセスメントを取り上げたが、次に、ストーリーテリングにおいて聞き手が与えるアセスメントに注目したい。聞き手によるアセスメントも、語り手のストーリー展開に影響を与え、聞き手のストーリーテリングへの関与の手段となり、ストーリーの協働的な形成に貢献する。

　以下の例2では、語り手のストーリーに対して聞き手が与えたアセスメントを、語り手が受け入れ、さらに自身の発話に自身のアセスメントとして、その聞き手の表現を借用しているのが観察できる。このストーリーテリングは、SOが「将来の夢」について語ったときのもので、BOが聞き手、SUが書き手、THはもう一人の聞き手としてストーリーテリングに参加している。

【例2】

(ストーリーテリングの冒頭、略3))		
12	SO:	え::っと, 子供の頃は::, 最初.
13	(7.0)	
14	SO:	あの:: 警察になりたかったんですよ.
15	BO:	そう?
16	SO:	はい.

17	BO:	う, そんな:: の, 少ないですよね::
18	SO:	はい.
19	BO:	男の子, 警察やる:っていうか, 女の子少ない. な?
20	SO:	なるとしたら, 〉なんか〈女の人が, 制服を着ると=
21	BO:	=かっこいい.
22	SO:	うん, すごいかっこいいと思って::
23	SU:	[うん.
24	BO:	[うんうん.
25	SO:	それで::=
26	SU:	=おれは°大好き°.
27	TH:	だめ:: ((笑))
28	SO:	((笑)) そうですか:: ((笑))
29	BO:	(###)
30	SO:	すご: くかっこいいと思って::, なりたかったんですよ.

(後略：この後、子供の頃警察官になりたかった理由がSOによって幾つか挙げられていく)

　SOは「将来の夢」というトピックでストーリーを語ることになっていたが、上記のデータに見られるように、このストーリーテリングの冒頭から「子供の頃の夢」について語り始める。したがって、SOがこれから語るストーリーは「子供の頃にみた将来の夢」であるので、将来の夢を考えていた子供の頃の経験が、SOの過去の視点から語られると予測できる。

　3）このストーリーテリングの冒頭部は、第6章6.1.1で取り上げ分析する。

	12	SO(n):	え::っと, 子供の頃は::, 最初.
	13		(7.0)
	14	SO(n):	あの:: 警察になりたかったんですよ.
→	15	BO(l):	そう?
	16	SO(n):	はい.
→	17	BO(l):	う, そんな:: の, 少ないですよね::
	18	SO(n):	はい.
→	19	BO(l):	男の子, 警察やる: っていうか, 女の子少ない. な?

　12行目と14行目で「子供の頃は、最初、警察官になりたかった」という語り手SOに対し、15行目、聞き手であるBOは「そう？」という発話で一種の驚きを示している。これは、女性であるSOが警察官になりたかったということに対する驚きと捉えられる。そして、17行目の「そんなーの、少ないですよねー」の発話における終助詞「よ」「ね」や、19行目の発話の最後に加えられた終助詞「な」などから、BOは「男性と比べて、警察官になる女性は少ない」という自身の意見に対し、語り手であるSOに同意を求めていると考えられる。この同意を求めたBOの発話が、以下の20行目の語り手SOの発話を導くことになる。

→	20	SO(n):	なるとしたら, 〉なんか〈女の人が, 制服を着ると=
→	21	BO(l):	=かっこいい.
→	22	SO(n):	うん, す<u>ご</u>いかっこいいと思って::
	23	SU(w):	[うん.
	24	BO(l):	[うんうん.

```
    25   SO(n):    それで::=
    26   SU(w):    =おれは°大好き°.
    27   TH(b):    だめ:: ((笑))
    28   SO(n):    ((笑)) そうですか:: ((笑))
    29   BO(l):    (###)
→   30   SO(n):    すご: くかっこいいと思って::, なりたかったんで
                   すよ.
```

　20行目の「(警察官に)なるとしたら、なんか、女の人が、制服を着ると」というSOの発話は、先行のBOの発話を受けて「なぜ警察官になりたいか」という理由が語られようとしていると思われる。そして、21行目に見られるように、聞き手であるBOが、その語り手SOの発話を先取り、「女の人が制服を着ると、『かっこいい』」という発話にして完了させている。このような聞き手による語り手の発話の引き継ぎ[4]は、この時点で、ストーリーのポイントを理解するためのパースペクティブが、語り手と聞き手の間で共有されているということを意味する。その理由として、この20行目と21行目のSOとBOのやり取り以前に、双方の発話に「警察」「女の子(人)」といった描写語句[5](Sacks, 1992)が用いられていく過程を通して、パースペクティブを共有する様態が創造されていたことが考えられる。

　この「かっこいい」というBOの発話は、語り手のストーリーに対

---

4) 聞き手が語り手の発話を先取り、自身の発話で語り手の発話を完了させる「語り手の発話の引き継ぎ」は、次節5.2で改めて考察する。
5) 描写語句については、次項5.1.2で詳しく分析していく。

する聞き手のアセスメントであり、このアセスメントはさらに、語り手のアセスメントともなっていく。このデータからは、SOが20行目の発話をどのように完了させるつもりであったかは分からないが、21行目のBOの「かっこいい」というアセスメントを、SOは22行目の自身の発話にアセスメントとして用いている。このようにして、語り手であるSOが聞き手BOのストーリーに対するアセスメントを受容しているということは、BOのストーリーテリングへの関与も容認していることを示している。

　さらに、このSOの「すごいかっこいいと思って」という発話内容は、続く23行目と24行目で、書き手であるSUや聞き手であるBOに承認されている。他の学習者の承認を得て、ここでSOは、「女性が警察官の制服を着るとかっこいいと思った」ことを「警察官になりたかった」理由として正当化でき、後に続くストーリーの展開のための土台を創造できたと言える。そして、30行目でも、SOは再び「かっこいい」というアセスメントを繰り返し、警察官になりたかったという子供の頃の夢のストーリーのポイントを強調している。

　こうして、SOのストーリー展開のための、あるいはストーリーのポイントを理解するパースペクティブの共有のための様態が創造できているため、書き手であるSUやもう一人の聞き手であるTHも、ストーリーテリングに関与できる。「かっこいい」というアセスメントによって、他の学習者もストーリーに対するスタンスを共有する方法を与えられ、語り手の経験を再構築していくストーリーテリングに関与することができるのである。

　前項の例1同様、この例2においても、ストーリーの協働的な形成の過程で、アセスメントが、そこで語られているストーリーに対する解釈の枠組みを与える重要なリソースとなっている。これらのストーリーテリングで用いられている形容詞などの形態的に短いアセスメントであっても、学習者がその場で何が語られているかを理解し、そして応答するための、また、ストーリーテリングに関与するためのリソースとして機能している。語り手のストーリーに対する学習者相互のパースペクティブが、このようなダイアロジックなやり取りにおいて接触することで、アセスメントが生じる。そうしたアセスメントを用いて、語り手と聞き手は、協働的に語り手の経験を再構築していくことになる。例1で見たように、経験の解釈に適した表現が語り手によって選択され、ストーリーテリングで用いられることによって語り手の経験は意味づけされていく。あるいは、この例2の語り手のように、聞き手が選択して用いた表現を借用し、他の学習者と協働して自身の経験を再構築していくこともある。

　こうして、ストーリーテリングによって個人の経験が共有され、ストーリーテリングにおいてその経験が再構築される。そして、第二言語のことばを媒介にしたアセスメントが経験を再構築するためのリソースとなり、学習者はアセスメントを通してストーリーを協働的に形成していく。このように、ストーリーを協働的に形成していく過程で、経験を再構築するためのリソースの使用が可能であることや、そうしたリソースを用いてストーリーのポイントを理解するためのパースペクティブを共有していくこ

となどに、学習者の第二言語リテラシーの具現化が観察できたと
言えよう。

5.1.2 ストーリー理解に必要な共有知識の確立

　本章の冒頭で述べたように、ストーリーを協働的に形成するた
めには、参加者双方がストーリーの内容やポイントに対する理解
を共有しなければならない。ストーリーの内容やポイントを理解
するためには、経験や知識に関する事柄が参加者間で共有されて
いなければならない(Edwards, 1997)。そして、そのような経験や
知識に関する事柄が参加者間で共有されていない場合、ストー
リーテリングの過程で参加者間に交渉が生じ、共有知識の確立が
試みられる。

　第二言語習得の分野で研究されてきた「意味の交渉(negotiation
of meaning)」は、通常、対象言語の非母語話者が、母語話者から
のインプットを理解するのに何らかの問題を抱え、それを解決す
るために試みる行為とされている(Long, 1983; Pica, 1994等)。意味
の交渉は、非母語話者とその会話の相手が、そこで交わされる
メッセージの理解に困難を予測したり、認識したり、または経験
したりする際に起こり、その結果、インターアクションの軌道修
正がなされ、その再構築が生じる(Pica, 1994)。そうした状況下で
起こる意味の交渉の方略には、確認チェックや明確化要求、反復
などが挙げられている(Long, 1983)。

　このような対象言語の非母語話者が用いる方略には、「コミュニケーション・ストラテジー(communication strategy)」がある(Færch & Kasper, 1983等)。コミュニケーション・ストラテジーは、非母語話者が自身の不完全な第二言語能力のためにコミュニケーションに支障を来すと判断した場合に行う言語調整行動を指す。コミュニケーション・ストラテジーの種類として、言い換え、借用や母語使用、トピックの回避や伝達内容の放棄、話題転換などが挙げられている。こうしたコミュニケーション・ストラテジーの研究では、非母語話者による言語調整という側面が強調され、非母語話者が自身の不完全な第二言語能力を補って会話を展開するためにコミュニケーション・ストラテジーを用いるという観点から考察が行われている。

　本研究では、ストーリーテリング活動における学習者の「交渉」を、ストーリーを理解するために必要とされる知識を共有するための、あるいは、各々がこれまでの経験に基づいて獲得している知識の差異を調整するための、学習者双方による協働的な働きかけの行為とする。そのような交渉の過程を通して、学習者はストーリー理解に必要な知識を共有するためのリソースを使用すること、さらに、その場のやり取りに応じて、リソースを替えてストーリーを展開していくことなどに、学習者の第二言語リテラシーの具現化が観察されるであろうと考える。

　そこで、本項では、語り手がストーリーの状況説明で用いる「描写語句」(Sacks, 1992)に着目し、ストーリー内容の理解に必要とされる「共有された知識(shared knowledge)」(Edwards, 1997)を確立す

るための学習者間の交渉の過程を観察していく。ストーリーの登場人物や状況の描写は、ストーリーテリングの参加者が協働的に構築していくものであり(Ochs, Taylor, Rudolph, & Smith, 1992)、描写語句は、そのようなストーリーの協働的な形成のためのリソースとして用いられるという(Sacks, 1992)。

　前項の冒頭で触れたように、特に日本語のナラティブ研究では、そこで語られている経験や出来事を理解するための十分な背景情報が聞き手に与えられれば、聞き手は先行的にストーリーのポイントを理解でき、語り手とストーリーのポイントの理解が共有できるということが明らかにされている(Maynard, 1989; Nishikawa, 1999)。したがって、ストーリーの背景や状況説明で用いられる描写語句によって、学習者はまず、ストーリーの内容やポイントを理解するためのパースペクティブを共有する様態を創造するだろうと考えられる。

　しかし、そうした描写語句によって、ストーリーの内容やポイントを理解するためのパースペクティブが学習者間で共有されなければ、ストーリーテリングを展開させていくことは容易ではなくなる。そのため、ストーリー理解のためのパースペクティブが共有されていないことが明らかになった場合には、そこで必要とされる状況的な知識を共有するための交渉が生じるであろう。

　以下、学習者の交渉行為を観察することによって、ストーリー内容やそのポイントを理解するのに必要とされる知識が学習者間で共有されていく様相を明らかにしていく。交渉がストーリーテリングのどのような状況で起こっているか、また、そうした状況

で起こった交渉は、語り手のストーリーの展開にどのような影響を与えているかといった点にも注目して分析を行う。5.1.2.1では、ストーリーの状況説明で用いられている描写語句に着目して、学習者がストーリーのポイントの理解を共有していく過程を、5.1.2.2では、ストーリー内容の理解を巡る交渉を観察していく。

5.1.2.1 ストーリーのポイントの理解共有

まず、ストーリーのポイントの理解の共有を巡って、学習者間の交渉がどのような状況で起こっているか、また、そこで語られているストーリーの出来事に対して、学習者がどのように理解を共有し、そうした理解の共有をどのように互いに呈示し合っているかを観察していく。以下の例3は、語り手がストーリーの状況説明を行っている最中に生じた交渉である。SOが語り手、KHが聞き手、THが書き手である。このデータ部分には登場しないが、もう一人の聞き手はBOである。

【例3】

01	SO:	〉なんか〈 .h 御堂筋線に, 乗り換えるとき,
02	KH:	はい.
03	SO:	私が, .hh JRの駅に行っちゃったんですよ.
04	KH:	hh.hh
05	SO:	で, 切符は, (.) 必ず回収されたんです.
06	KH:	ああ [::

07	SO:	[.hh <u>で</u>, (.) 〉なんか〈通したとき後ろの人が,
08		定期券持ったんですよ.
09	KH:	はい.
10	SO:	だから, .hh 〉なんか〈私の (.) 切符が:,
11		回収され::るときは, 〉なんか〈
12		(0.6)
13	SO:	なんと説明かな?
14		(0.7)
15	SO:	う::ん.
16		(1.0)
17	SO:	人<u>が</u>, 接<u>し</u>て通る, じゃ: [ないですか.
18	KH:	[はい.
19	SO:	で, 私は, .hh 〉なんか〈切符を入れて, 〉私〈は普通の切符で,
20		だから回収されて, .h で後ろの人が定期券 [だから,.hh
21	KH:	[°定期券°
22	SO:	で, も1回もど:
23		(0.5)
24	TH:	(°ったの°)戻ったの?
25		(0.5)
26	SO:	出る:という状態で.
27	KH:	[°はい°
28	SO:	[回収されない.
29	TH:	うん.
30	KH:	<u>あ</u>::
31	SO:	.hh たか, 私は知らなくて,.h なんか小さい切符は,
32	KH:	[はい

33　SO:　　[こんな大きい切符がなって .hh

34　　　　　ちょっと待って hh〈わ(h)た(h)し(h)[のき(h)っぷ(h)〉

35　all:　　((笑))

36　KH:　　[(自分の) 私の: 切符じゃなくて, 後ろ ( ) 切符が出ちゃったの.

37　SO:　　だから hh hh .hh だから .hh すごく奇妙なことになっちゃって=

38　KH:　　=あ::, あ, それ, あ::わかった::

39　SO:　　((笑))

40　　　　　(0.5)

41　KH:　　わかりました [あの::

42　SO:　　　　　　　　　 [うん, うん.

43　KH:　　あの, 人がずっと並んでて,

44　SO:　　そうそうそうhhh

45　KH:　　自分がしたら:: =

46　SO:　　=はい.

47　KH:　　うしろの人も::=

48　SO:　　=はい.

49　KH:　　次に::, [いれちゃって:

50　SO:　　　　　 [次に, いれちゃって

51　KH:　　自分の:: [hhhh

52　SO:　　　　　　 [切符が回収されて, で, 自分がわからなくて,

53　　　　 〉うしろ〈の人の切符を持っちゃって:,

54　KH:　　あ:

(後略：この後、SOによって、さらにストーリーの出来事の状況が簡
　　　　単に説明され、ストーリーのポイントが述べられてストー
　　　　リーテリングが完了する)

　このストーリーは、語り手であるSOが「恥ずかしかったこと」について語ったものである。ある駅で乗り換える際に、自動改札機に切符を入れたところ、すぐ後ろにいた人の定期券が取り出し口に出てきたので、それを間違えて取ってしまったというストーリー内容である。ところが、ストーリーの場面である駅の「自動改札」の仕組みと、そこで経験した出来事との関係を適切に描写できなかったため、SOはストーリーの状況説明に大変手間取ってしまっている。

	01	SO(n):	〉なんか〈 .h 御堂筋線に, 乗り換えるとき,
	02	KH(l):	はい.
	03	SO(n):	私が, .hh JRの駅に行っちゃったんですよ.
	04	KH(l):	hh.hh
	05	SO(n):	で, 切符は, (.) 必ず回収されたんです.
	06	KH(l):	ああ[::
	07	SO(n):	[.hh で, (.) 〉なんか〈通したとき後ろの人が,
	08		定期券持ったんですよ.
	09	KH(l):	はい.
	10	SO(n):	だから, .hh 〉なんか〈私の (.) 切符が:,
	11		回収され::るときは, 〉なんか〈
→	12		(0.6)
→	13	SO(n):	なんと説明かな?
→	14		(0.7)
→	15	SO(n):	う::ん.
→	16		(1.0)

　語り手SOは、01行目と03行目でストーリーの方向付けを与え、05行目から11行目にかけて、ストーリーの具体的な出来事を説明し始めている。この01行目から11行目までに見られる「御堂筋線」「乗り換え」「JR」「駅」「切符」「回収」「通した」「後ろの人」「定期券」などの描写語句から、ストーリーの場面は、駅の「自動改札」であることが推測できる。後ほど明らかになるが、このSOのストーリーは、自動改札の仕組みがストーリーのポイントを理解する鍵となっており、そのため、SOは「切符は自動改札機の中に回収されるが、定期券は取り出し口から出てくる」ということを、ここで説明しようとしている。

　しかし、12行目から、SOはストーリーの展開につまずく。12、14、16行目の比較的長いポーズ、15行目の言いよどみ、また、13行目の「なんと説明かな？」といった明示的な問いかけから、SOは自動改札で起こった一連の出来事を説明するのに手間取っていることが分かる。SOがストーリーの状況説明を行っている間、聞き手であるKHも短いあいづちを返しているだけであり、特に、SOがストーリー展開につまずき始めた辺りでは、沈黙を守り、SOの次の発話を待っている様子が窺える。したがって、KHもこの時点では、SOのストーリーの内容が理解できていないと思われる。

　そこで、こうした語り手SOのつまずきや言いよどみを皮切りに、聞き手とストーリー内容の理解を共有するための交渉が進められていく。

　　→　17　SO(n):　人<u>が</u>, 接し<u>て</u>通る, じゃ: [ないですか.

```
     18  KH(l):                                    [はい.
→    19  SO(n):   で, 私は, .hh 〉なんか〈切符を入れて, 〉私〈は普通
                  の切符で,
→    20           だから回収されて, .h で後ろの人が定期券
                  [だから, .hh
     21  KH(l):   [º定期券º
     22  SO(n):   で, も1回もど:
     23           (0.5)
     24  TH(w):   (ºったのº)戻ったの?
     25           (0.5)
     26  SO(n):   出る:という状態で.
     27  KH(l):   [ºはいº
     28  SO(n):   [回収されない.
     29  TH(w):   うん.
```

　17行目において、SOは、聞き手にストーリー内容を理解させる
ための交渉のリソースとして、KHがすでに有していると考えられ
る知識を利用しようと試みる。SOはストーリーの具体的な出来事
の描写から一旦離れ、自動改札では一般に「人が接して通るじゃ
ないですか」と、KHが有しているであろう一般的知識を利用する
形をとって、自動改札の仕組みをKHに確認している。このような
SOの確認は、語り手であるSO自ら、ストーリーの進行を一時的に
停止し、ストーリー内容の理解を聞き手と共有するための交渉に
入ったことを示していると言える。

　18行目のKHの承認後、SOは、ストーリーの具体的な出来事の
説明に戻る。19行目と20行目でも、「私は切符を入れて」「私は普

通の切符で」「回収されて」「後ろの人」「定期券」といった描写語句を用いて、SOはそこで何が起こったか、ストーリーの出来事を再び説明し始める。もう一人の聞き手であるTHもストーリーテリングに参入し、しばらく学習者間のやり取りが続く。

	30	KH(l):	あ::
→	31	SO(n):	.hh たか, 私は知らなくて, .h なんか小さい切符は,
	32	KH(l):	[はい
→	33	SO(n):	[こんな大きい切符がなって .hh
	34		ちょっと待って　　hh〈わ(h)た(h)し(h)[のき(h)っぷ(h)〉
	35	all:	((笑))
	36	KH(l):	[(自分の) 私の: 切符じゃなくて, 後ろ (　) 切符が出ちゃったの.
	37	SO(n):	だから hh hh .hh だから .hh すごく奇妙なことになっちゃって=
→	38	KH(l):	=あ::, あ, それ, あ::わかった::
	39	SO(n):	((笑))
	40		(0.5)
→	41	KH(l):	わかりました [あの::
	42	SO(n):	[うん, うん.

　そして、30行目のKHの「あー」という承認を得たのをきっかけに、31行目と33行目でSOは、「私は知らなくて、小さい切符は、こんな大きい切符が(に)なって」と、ストーリーの登場人物でもあるSO自身を主体にした視点から、「語られる世界」で起こっている

ことを描写する。つまり、自動改札の仕組みにおける一連の動
き、すなわち「自分の切符は出てこず、後ろにいた人の定期券が
自動改札機の取り出し口から出てきた」という事実を、語り手と
して客観的に伝えるのではなく、「私の切符が大きくなって取り出
し口から出てきた」という、その時点におけるその場のSOの視点
や思考からストーリーを描写するという方法を採ったのである。
続く34行目の「ちょっと待って、私の切符」という、「語られる世
界」におけるSOの思考が言語化された直接引用6)も、ストーリーを
描写するリソースとして用いられている。

　こうした視点の交替によるSOのストーリー展開によって、他の
学習者全員がストーリーを理解するためのパースペクティブを共
有し、「後ろの人の定期券を自分の切符と間違えて取ってしまっ
た」というストーリーのポイントであるSOの「勘違い」すなわち「恥
ずかしかったこと」を理解でき、笑いが起こっている。また、38行
目と41行目に見られるように、聞き手であるKHは「あー、あ、そ
れ、あーわかったー、わかりました」と、SOのストーリーの内容
(あるいはポイント)を理解した旨を明示的に伝えている7)。

　　→　　43　　KH(l):　　あの, 人がずっと並んでて,

---

6) ストーリーテリングで用いられる直接引用については、次節5.2.2で考察
　する。
7) これは、「聞き手の理解の証拠」の一つ、語り手が意味しているところを
　理解したことを表明する「デモンストレーション」である。聞き手が語り
　手のストーリー内容やポイントを理解したことを「わかりました」などの
　明示的な発話で示す。

```
      44   SO(n):   そうそうそうhhh
      45   KH(l):   自分がしたら:: =
      46   SO(n):   =はい
      47   KH(l):   うしろの人も::=
      48   SO(n):   =はい
      49   KH(l):   次に::, [いれちゃって:
→    50   SO(n):              [次に, いれちゃって
→    51   KH(l):   自分の:: [hhhh
→    52   SO(n):                 [切符が回収されて, で, 自分がわからなくて,
→    53            〉うしろ〈の人の切符を持っちゃって:,
      54   KH(l):   あ:
```

その後43行目から51行目まで、聞き手であるKHがSOのストー
リー(のポイント)の語り直しを行っている[8]。その間、SOのあいづ
ちや、50行目のSOによるKHの発話の繰り返しによって、KHが語
り直しているストーリーの内容が正確であることが確認されてい
る。こうした聞き手KHによるストーリーの語り直しは、語り手SO
のストーリーの理解に続く応答のためのリソースとして機能して
いる。このことも、語り手と聞き手の間でストーリーを理解する
ためのパースペクティブが共有されていることを示していると言
えるであろう。なぜなら、このような語り手のストーリー内容や

---

8) 「聞き手の理解の証拠」の一つ、語り手の発話の言い換えにあたる「呈示」
　である。「呈示」とは、ストーリーテリングにおける語り手の発話の全体
　あるいはその一部を、聞き手が内容を変えずに表現することである。例
　えば、語り手の発話をそのまま繰り返すこと、あるいは、語り手の発話
　を自身のことばで言い換えることが挙げられる。

ポイントを、聞き手が自身のことばで語り直すことができるということは、ストーリー理解の鍵となっている語り手が用いた描写語句を手掛りにしてストーリーを再構成しているということであり、これは、語り手と聞き手の間でパースペクティブが共有されていないと容易には起こりえない現象であると考えられるからである。

　このストーリーテリングの冒頭で、SOがストーリーの場面である駅の自動改札の仕組みを説明する際に、もし「自動改札」「取り出し口」といった描写語句を用いて、そこで経験した出来事との関係を効率よく描写することができていれば、聞き手とストーリー内容の理解を共有するための交渉に入る必要はなかったとも言えよう。また、第二言語学習者であるSOが、これらの語彙を習得していないため、ストーリーの描写に用いることができなかったとも考えられるであろう。しかし、SOが「自動改札」「取り出し口」といった描写語句を使わなくても、「通常、地下鉄構内から出るときは、切符は自動改札機に回収され、取り出し口には出てこない」という自動改札の仕組みが説明できれば、他の学習者はストーリーのポイントを理解するためのパースペクティブを共有できるということが、この例では示されている。そして、そのようなパースペクティブが共有できれば、語り手はその後、ストーリーのポイントである「勘違いして後ろの人の定期券を取ってしまって恥ずかしかった」ことを説明していけばよいことになる。

　この例に見られたように、描写語句を用いて説明されるストーリーの内容に関して、その理解を共有するために起こった交渉を

きっかけに、語り手はストーリー内容の理解にとって必要な事柄を焦点化していく。交渉の焦点となる対象は、聞き手がストーリーのポイントを理解するためにも必要で、「共有された知識」として確立されなければならない。そして、そうした交渉の焦点であった対象を描写する際に、語り手は「視点の交替」といったストラテジーをリソースとして用いて、聞き手とストーリー理解のためのパースペクティブを共有し、ストーリーテリングを達成していく。このように、ストーリーテリングにおける語り手のリソースの使用あるいは修正に、学習者のリテラシーの具現化を見ることができる。

5.1.2.2 ストーリー内容の理解を巡る交渉

　共有知識次の例でも、語り手のストーリーの状況説明において、ストーリー内容の理解を共有するための学習者間の交渉を観察する。前項の例3では、ストーリー内容の理解を共有するための交渉の焦点となった対象が、ストーリーのポイントの理解のためにも必要であり、そうした対象を巡る「共有された知識」が学習者間で確立されなければならなかった。以下の例4は、ストーリー内容の理解を共有するための交渉が開始されても、そうした理解に必要な共有知識が学習者間で完全には確立できなかった例である。しかし、学習者間の交渉の焦点となった対象が、語り手のストーリー展開やストーリーのポイントにそれほど重要な要因ではなかったため、そうした共有知識の確立が達成されなくとも、語り手は交渉を終わらせ、ストーリーテリングを完了させているの

が観察できる。

【例4】

01	SO:	え:と: 私は: 日本へ来たばかりのとき:, 初めて::.h日本で:
02		地下鉄に乗るときは .hh地下鉄のドア: が, 開く方向が, 間違えて,
03		で向こう- なんか私は上海出身なんですけど (.) 向こうでは:.hh
04		もし: (.) 駅に, 着いたら, 1つのドアしか開けない:=
05	?:	=ºひとつっつº
06	SO:	あの両方ドアがあるけど,
07		でも, あの, 駅に着いたら [(###)-
08	KH:	[右か左: [か
09	SO:	[そうそう.
10		右かまた左 (.) っかわ, だけで,
11	KH:	あ, はい=
12	SO:	=あの: なんか (.) 開けることになって .hh
13		で .hh でも日本では: そうじゃなくて.
14		(2.0)
15	BS:	日本でもそお:ですよ.
16	SO:	いや,あh.
17		(1.0)
18	SO:	.hい [や (ど- ど- どうし-)
19	KH:	[なにがまちがったん.
20	BO:	だからドアを開ける場合がそう(なんや)
21		(2.0)

22	SO:	°どうかな:°.h 〉たぶん〈間違えた向(h)こ(h)う .hh 向こうは
		たぶん .h
23		(1.0)
24	SO:	あh.たぶん向こうは1つのドアしかない:: [かな?
25	KH:	[え, 1つ (.)(って?)=
26	BO:	=(ありません. いやいや)
27	KH:	地下鉄が [1つの]ドアしか:
28	BO:	[地下鉄]
29		(0.7)
30	SO:	(あ:) (.) [.h
31	KH:	[〉なかったんですかドアが.〈
32	SO:	°いや°(.) いや, たぶん, ちかて: つのド(h)アが1個しかない:
33	KH:	え?
34	SO:	かも〉しれない〈 .h [.h.h
35	KH:	[1個しかない?
36	SO:	な- なんか覚えてないです.
37		でもなんか日本へ来て: 初めて乗ったときなんか間違えてま
		した.

(後略：この後すぐ、ストーリーテリングが終了する)

　これは、例3同様、語り手SOが「恥ずかしかったこと」というト
ピックで語ったストーリーである[9]。SOが日本の地下鉄に初めて

---

9) SOは「恥ずかしかったこと」というトピックで、過去の経験の例としてス
　トーリーを2つ語っている。本項の例3と例4で取り上げたストーリーがそ
　れにあたる。

乗ったとき、どちら側の扉が開くのかが分からず、降りる駅で開く扉と反対側の扉の前でずっと立って待っており、駅に着いて扉が開くまで気づかなかったという内容である。

01	SO(n):	え:と: 私は: 日本へ来たばかりのとき:, 初めて::.h日本で:
02		地下鉄に乗るときは .hh地下鉄のドア: が, 開く方向が, 間違えて,
03		で向こう- なんか私は上海出身なんですけど (.) 向こうでは,.hh
04		もし: (.) 駅に, 着いたら, 1つのドアしか開けない:=
05	? :	=°ひとつっ°
06	SO(n):	あの両方ドアがあるけど,
07		でも, あの, 駅についたら [(###)-
08	KH(l):	[右か左: [か
09	SO(n):	[そうそう.
10		右かまた左 (.) っかわ, だけで,
11	KH(l):	あ, はい=
12	SO(n):	=あの: なんか (.) 開けることになって .hh
13		で .hh でも日本では: そうじゃなくて
14		(2.0)

　語り手であるSOは、まずストーリーテリングの冒頭、01行目と02行目で、「日本で初めて地下鉄に乗った時に、開くドアの方向を間違えた(勘違いした)」という、「恥ずかしかったこと」についてのストーリーのポイントを提示している。そして、03行目からSOの出身地である上海の地下鉄の話を挿入し、12行目にかけて、上

海の地下鉄のドアが通常どのように開くかという説明を与えている。さらに13行目では、日本の地下鉄のドアの開き方が上海の地下鉄のドアの開き方とは異なるということを述べている。

　ここで説明されている「上海の地下鉄」は、学習者間で共有されている知識ではないようである。まず、SOは03行目の「向こう(上海の地下鉄)では」という描写語句に続いて、04行目から12行目まで、上海の地下鉄の駅ではどのようにドアが開くかを説明している。これは、聞き手であるKHが「上海の地下鉄」に関する知識を有していないと、SOが判断したためであると考えられる。実際、KHは韓国出身であり、上海の地下鉄についての知識は共有していないだろうという前提で、このような説明が与えられていると言える。ところが、このSOの説明は、「上海の地下鉄と日本の地下鉄は、ドアの開き方が異なる」ということを、KHに理解させるには十分でないことが、次のBOの反応から分かる。

```
        12   SO(n):  =あの: なんか (.) 開けることになって .hh
  →     13           で .hh でも日本では: そうじゃなくて.
        14           (2.0)
  →     15   BO(b):  日本でもそお: ですよ.
        16   SO(n):  いや, あh.
        17           (1.0)
        18   SO(n):  .hい [や (ど- ど- どうし-)
```

　13行目の語り手SOの「でも日本ではそうじゃなくて」という発言に対し、2秒近くの沈黙の後、もう一人の聞き手であるBOが、15

行目でストーリーテリングに参入し、多少遠慮がちにではあるが「日本でもそうですよ」と指摘し、語り手SOの発言に対峙している。16行目と18行目で、SOはそれに対し否定し反論しようとするが、17行目のポーズや18行目の言いよどみに見られるように、はっきりと反論できていない。

	18	SO(n):	.hい [や- (ど- ど- どうし-)
→	19	KH(l):	[なにがまちがったん.
→	20	BO(b):	だからドアを開ける場合がそう(なんや)
	21		(2.0)
→	22	SO(n):	°どうかな: ° .h 〉たぶん〈間違えた向(h)こ(h)う .hh
			向こうはたぶん .h
	23		(1.0)
→	24	SO(n):	あh .たぶん向こうは1つのドアしかない::
			[かな?
→	25	KH(l):	[え, 1つ (.)(って?)=

　そこで、SOとBOのやり取りに対し、聞き手であるKHが19行目で「なにがまちがったん」と尋ね、BOは、上海と日本の地下鉄のドアの開き方は同じであることを述べる。それに対し、22行目、SOは「どうかな」と言いつつも、上海の地下鉄と日本の地下鉄のドアの開き方の説明を「たぶん間違えた」と述べ、さらに24行目では、先に提示した情報を改め、上海の地下鉄は「1つのドアしかない」と訂正している。このSOの発話に、25行目以降、KHが新たな疑問を持つ。

→　24　SO(n):　あh.たぶん向こうは1つのドアしかない::
　　　　　　　　　　[かな?

→　25　KH(l):　[え, 1つ (.)(って?)=

　　26　BO(b):　=(ありません. いやいや)

　　27　KH(l):　地下鉄が [1つの]ドアしか:

　　28　BO(b):　　　　　　[地下鉄]

　　29　　　　　　(0.7)

　　30　SO(n):　(あ:) (.) [.h

　　31　KH(l):　　　　　　[)なかったんですかドアが.〈

→　32　SO(n):　°いや° (.) いや, たぶん, ちかて: つのド(h)アが1個
　　　　　　　　　しかない:

→　33　KH(l):　え?

→　34　SO(n):　かも〉しれない〈 .h [.h.h

→　35　KH(l):　　　　　　　　　[1個しかない?

→　36　SO(n):　な- なんか覚えてないです.

→　37　　　　　でもなんか日本へ来て: 初めて乗ったときなんか
　　　　　　　　　間違えてました.

　ここでは、32行目の「地下鉄のドアが1個しかない」というSOの
表現がさらに誤解を生んだようである。「1個(1つ)」という数助詞
は「ドアが車両に1個だけしかない」という意味か、あるいは「ドア
が右側か左側のどちらか一方にしかない」という意味に解釈でき
る。どちらの意味にせよ、KHは「地下鉄のドア」という描写語句だ
けでは、上海の地下鉄内の構造が想像できなかったと考えられ
る。それは、KHが33行目で、「地下鉄のドアが1個しかない」とい
うSOの発話に驚きを示し、35行目でそのことについて確認をして

いるところに表れている。しかし、SOはこのKHの反応に応える説明は加えず、34行目で「かもしれない」という表現を用いて、先行の「地下鉄のドアが1個しかない」という発話内容の確信度を低め、さらに36行目では「覚えてない」と前言を撤回するような発話を与えている。

　この交渉は、語り手が提供した情報に対する疑問から起こったにもかかわらず、語り手自身が、交渉の焦点となった対象に関する記憶のあいまいさを認め、最後には「覚えていない」と自ら交渉を終わらせている。しかし、上海の地下鉄に関する共有知識を確立しなくても、SOのストーリーの展開に支障はなく、「『日本の地下鉄で開くドアの方向を間違えた（勘違いした）』から恥ずかしかった」というストーリーのポイントにも何ら影響を与えていない。それは、37行目の「でも日本へ来て初めて乗ったとき、間違えてしまいました」と、ストーリーのポイントを再度述べて、ストーリーテリングを完了させているSOの発話に見てとれる。

　この例で、ストーリー内容の理解に必要な共有知識が学習者間で確立されなくてもストーリーテリングが完了したのは、その交渉の焦点であった「上海の地下鉄のドア」が、ストーリーのポイントに重要な点でなかったからと言えよう。この「上海の地下鉄」に関する話は、語り手にとって、なぜ日本の地下鉄で開くドアの方向を間違えたかという理由を強化するための補助的な事柄である。語り手は上海と日本の地下鉄の相違を上手く説明できなかったが、語り手が指摘したかった違いはおそらく、上海の地下鉄は一度片方の扉が開いたら全ての駅で、必ず同方向の扉が開くと

いったようなことではないかと思われる。一方、日本の地下鉄は、駅の構造によって同じ路線でも右側の扉が開いたり左側の扉が開いたりするのが一般に見られる傾向である。そのような違いがなくても、例えば、単に地下鉄自体に乗り馴れていないということが原因で、降りるドアの方向を間違えることは十分に起こりうる。このような点から、語り手は自ら提示した「上海の地下鉄のドア」に関する情報を詳細に説明することなく、ストーリーテリングを完了させることができたと考えられる。

　第二言語習得分野における従来の「意味の交渉」の研究では、対象言語の非母語話者の第二言語能力の不完全さを前提とした上で、母語話者とのコミュニケーションで発生する何らかの困難や問題を解決するための修復や繰り返し、明確化要求など、非母語話者の方略の使用を明らかにすることに焦点が当てられてきた。また、そうした方略の考察を行うコミュニケーション・ストラテジーの研究も、母語話者とのコミュニケーションを達成するための非母語話者の言語調整という側面が前面に押し出され、非母語話者が自身の第二言語能力の不完全さを認識し、それを補うためにストラテジーが用いられるという観点に立ってきた。

　しかし、ストーリーのポイントを理解することが重要になる「ストーリーテリング」という活動の達成の側面から、ストーリーテリングの過程で起こる学習者間の交渉に着目すると、そこでストラテジーとして用いられているリソースの使用は、必ずしも第二言語学習者が自身の第二言語能力の不完全さを補うためではなく、学習者がストーリー内容を理解するための知識を共有し、活動の

達成に向けて対話を進めていくために必要な基盤作りを築く手段
となっていることが分かる。また、学習者の交渉がストーリーテ
リングのどのような状況で起こり、どのように互いの背景知識な
どを判断しながら活動を進めているかを観察することで、学習者
間でストーリーの理解に必要な共有知識が確立されていく過程が
より明らかにできたと言えるであろう。

　以上、本節では、学習者間でストーリーが協働的に形成されて
いく過程に、また、ストーリーの内容やポイントの理解を巡る学
習者間の交渉の過程に、ストーリーテリング活動において学習者
間で経験と知識が共有され(再)構築されていく様態を観察し、学
習者の第二言語リテラシーの具現化を見てきた。

　ストーリーテリングの先行研究で明らかにされている現象と同
様に、本研究のストーリーテリング活動においても、学習者はア
セスメントを用いてストーリーに対するスタンスを構築しながら
ストーリーを協働的に形成し、また、アセスメントを通して語り
手の経験を再構築していくのが観察された。一方、従来の第二言
語習得研究が前提としてきた、第二言語能力の不完全さから生じ
る学習者の言語調整行動、すなわちストラテジーとしてのリソー
スの使用や修正は、ストーリーテリングを達成するという活動の
目的から見ると、ストーリーの内容やポイントの理解に必要とさ
れる知識を学習者間で共有するために起こっていることが分かっ
た。本節では、このようなストーリーテリング活動に観察される
現象を微視的に分析することによって、学習者の第二言語リテラ

シーが学習者間の対話を通して具現化されていく様相がより具体的に観察できたであろう。

5.2 能動的な参加者としての学習者のパフォーマンス

前節では、語り手や聞き手が与えるアセスメントによってストーリーが協働的に形成されていく過程や、ストーリーの内容やポイントの理解を共有するために語り手と聞き手が交渉していく過程を中心に、日本語学習者間の対話において第二言語リテラシーが立ち現れる現象を観察した。本節では、ストーリーテリング活動において語り手の用いるリソースだけでなく、聞き手がストーリー内容やポイントの理解を示し応答する際に用いる特定のリソースに着目し、学習者が能動的な参加者としてストーリーテリング活動に参与し、第二言語リテラシーを実践していく様相を観察していく。

これまでの第二言語習得研究や日本語教育研究において、会話におけるあいづちなどの聞き手の反応は、日本語の指導や学習における重要な側面として広く認知されているものの(Ohta, 2001等多数)、様々なリソースを用いて会話に能動的に参加していく聞き手の行為についてはそれほど注目されてこなかった。しかし、実際には、前節におけるデータ分析において明らかになったように、ストーリーテリングの語り手であれ聞き手であれ、学習者にとって利用可能なリソースを使用し、対話を通してストーリーの

内容やポイントに対する理解を共有し、交渉し、ストーリーテリングの達成を目指す。また、前節のデータに観察したように、聞き手が語り手のストーリーテリングを支援しリソースの使用や修正を誘導する場合など、聞き手のストーリーテリングへの関与の度合が、語り手のストーリーの展開に影響を与える。

　本節では、そうしたストーリーテリングにおける聞き手の行為を観察するにあたって、第2章で概説したClark & Schaefer(1989)の「聞き手の理解の証拠(Evidence of understanding)」を援用したい。聞き手が語り手のストーリーの内容やポイントを理解した証拠となる現象、すなわち、理解に続く応答のためのリソース使用が観察できる具体的な現象を挙げていく。

　そこで、本研究のストーリーテリング活動における学習者間の対話のデータを観察したところ、Clark & Schaeferが提示した、対話における「聞き手の理解の証拠」に挙げられていない聞き手の行為が見られた。そのため、本研究のデータ観察に基づき、また、ストーリーテリングの先行研究を参考に、Clark & Schaeferの「聞き手の理解の証拠」を、ストーリーテリングの分析のために、あらかじめ以下のように修正した。Clark & Schaeferの「聞き手の理解の証拠」に挙げられていない聞き手の行為は、以下の表に太字で強調してある。

「聞き手の理解の証拠」修正版		
	聞き手の理解を示す具体的な行為	ストーリーテリングで観察される応答のためのリソース
(1)注目の継続	語り手のストーリーテリングに注目していることを示す	語り手に向ける視線や身体的な位置
(2)適切な貢献	語り手のストーリーテリングに適切に貢献していくという意思を示す	語り手の問いかけに応じる準備ができている姿勢、あるいは実際に応じる行為
(3)承認	語り手にストーリーテリングを続けさせる	うなずき、あいづち
(4)デモンストレーション	語り手が何を意味しているか理解したことを表明する	「わかりました」などの理解を伝える明示的な発話
(5)呈示	語り手の発話の全体あるいはその一部を内容を変えずに表現する	語り手の発話の繰り返し語り手の発話の言い換え**語り手の発話の引き継ぎ**
(6)ストーリーテリングにおけるパースペクティブの共有の呈示	語り手のストーリーに対する自身の観点やスタンスを呈示できる	**語り手のストーリーに対するアセスメント**
	語り手のストーリーに関連した事柄を対話に導入できる	セカンド・ストーリー
	語り手のストーリーを基に仮想的なストーリーを形成することができる	**直接引用**

　第2章で説明したように、Clark & Schaeferが提示した「聞き手の理解の証拠」は、上記の(1)の「注目の継続」から(5)の「呈示」へと、聞き手が話し手との対話へより貢献していくことを表している。ストーリーテリング活動においては、こうした聞き手の行為が、副次的な参与者からより能動的な参与者へと、聞き手のストーリーテリングへの貢献度を示すことになる。

　しかし、聞き手が語り手の発話内容を誤解していたり、あるいは実際に理解していないときでさえ、うなずいたり、あいづちを打ったり、語り手の発話をただ鸚鵡返しに繰り返したりすることはできる。したがって、本研究では、聞き手がストーリー理解のためのパースペクティブを語り手と共有していなければ成り立たないと思われる行為が、相対的に聞き手の理解の深さを示していると考える。例えば、上記の「聞き手の理解の証拠」の中では、(5)の「呈示」のうち、Clark & Schaeferが挙げている「語り手の発話の言い換え（あるいは語り手のストーリーの語り直し）」や、本研究のデータにしばしば観察される「語り手の発話の引き継ぎ」が、そうした聞き手の行為にあたる。また、(6)の「ストーリーテリングにおけるパースペクティブの共有の呈示」も、聞き手と語り手がストーリー理解のためのパースペクティブを共有していることを示す行為と言えるが、さらに、ストーリーテリングという活動の側面から対話を見た場合に観察できる聞き手の行為である。

　第2章や第4章で説明したように、ダイアロジズムの観点においては、対話者による一連の「発話」と「応答」の連鎖から構成されていく対話の過程は、単なる対話者間のターンの移行ではなく、対話者双方が互いのパースペクティブを取り込みながら、各々のパースペクティブを協働的に発展させていく過程である(Marková, 1990)。聞き手は、語り手とパースペクティブを共有した結果、語り手の発話に対する理解を、利用可能なリソースを用い応答として呈示する。そうした聞き手の応答は、さらに、語り手が聞き手のパースペクティブに入り、それを受け入れてこそ、応答として

成立する。このようなダイアロジズムの観点から見た、語り手と聞き手の対話の過程も、聞き手の行為を観察するにあたって留意するべき点であろう。

　以下、5.2.1では、上記の「聞き手の理解の証拠」が観察される具体的な例を挙げ、聞き手による理解とそれに続く応答のためのリソースの使用を見ていく。5.2.2では、ストーリーテリングに観察される特有の現象として、語り手と聞き手がストーリー内容やポイントの理解のためにパースペクティブを共有し、そうしたパースペクティブの共有を呈示していく聞き手の行為を考察する。

5.2.1 聞き手の理解と応答のためのリソース

　本項では、Clark & Schaefer(1989)の「聞き手の理解の証拠」に挙げられている聞き手の行為を中心に、それらをストーリーテリング活動における学習者の対話に観察していく。そこで、ある学習者が語り手として参加した2つのストーリーテリングを提示し比較する。語り手が同じトピックに基づいた同じストーリーを、異なる聞き手に語った2つのストーリーテリングを比較することで、聞き手の行為によって語り手のストーリー展開の様相が異なってくることが観察でき、ストーリーテリングの展開に与える聞き手の役割の重要性が明らかになる。

　以下で提示する例5と例6は、語り手であるBOが「アルバイトで困っていること」というトピックに基づいて語ったストーリーである。車やバイクの部品を作っている工場でのBOの仕事は、高度な

技術が要求されるもので、もし何かミスをしてしまえば、その分の部品の代金を弁償しなければならないため、緊張と心配の毎日を過ごしているという内容である。

例5のデータ例には、「聞き手の理解の証拠」に挙げられている聞き手の行為のうち、以下の行為が観察できる。

	聞き手の理解を示す具体的な行為	ストーリーテリングで観察される応答のためのリソース
(3)承認	語り手にストーリーテリングを続けさせる	あいづち
(5)呈示	語り手の発話の全体あるいはその一部を内容を変えずに表現する	語り手の発話の繰り返し
(6)ストーリーテリングにおけるパースペクティブの共有の呈示	語り手のストーリーに対する自身の観点やスタンスを呈示できる	語り手のストーリーに対するアセスメント

このストーリーテリング活動の聞き手はSU、書き手はTHで、データ例には登場しないが、もう一人の聞き手はSOである。

【例5】

(前略：アルバイト先の環境や上司のことなど、BOがストーリーの背景説明を行っている)

01　BO:　ま::で，最初はちょっとやさしい仕事ばかりもらったんですよ.

02　　　で，結構うれしいなと思って (.)ま:: 仕事，しっかりとまだあ

るかな::

03		と思って. あとで, 今度あの:: 厳しい仕事ばかりもらって,
04		あの:: ちょっと, きつい仕事.
05	SU:	きつい仕事ってなん?
06	BO:	きつい仕事って, あの:: ちょっとあの:: 技術的なもんもあるから,
07		あれ:: もし間違って, もし, 1万個は部品作って, あれで::
08	SU:	うん.
09	BO:	あれが, な, も- もし, 相手の会社に入って, また戻ってくるやん.
10	SU:	あ:: あ::
11	BO:	で, 弁償されるん.
12	SU:	うん.
13	BO:	あれだけ, もしあの:: あれ,部品があの::
14		10万個だったら, 100万ぐらい.
15	SU:	うんうん.
16	BO:	そ- そんぐらい弁償しないとだめ.
17	SU:	うんうん.
18	BO:	あっちの会社に払わないとだめなん.
19	SU:	うんうん.
20	BO:	だから, しょっちゅう頭いたい, しん, 神経つかう, この仕事.
21	SU:	hh.hh.hh
22	BO:	だから:: 今も::結構,ん::神経つかってやりますけど.
23	TH:	1個だけ, まちがってる [のに, 全部点検?
24	BO:	[まちがった,
25		はい, 全部戻ってくる.

26	SU:	全部, 全部戻ってくる? 戻ってくる.
27	BO:	うんうん. それ厳しい. 前, あの:: 事故があったやんか.
28		それで:: [1個
29	SU:	[いやいや, だから, それケースバイケース.
30	BO:	ちょっときび, そんな::仕事厳しいな::と思う.
31	SU:	う::ん.
32	BO:	それでもし::1個まちがって,いや,
33		前もあの::叱られたんや.

(後略：この後、BOによって、上司に叱られた経験が語られる)

ストーリーテリングが開始し、BOは、アルバイト先の環境や上司のことなど、ストーリーに関する背景説明を行う。アルバイトを始めた頃は簡単な仕事ばかり与えられていたが、最近、難しい仕事を与えられるようになったというBOの説明から、このデータ箇所は始まっている。

	01	BO(n):	ま::で, 最初はちょっとやさしい仕事ばかりもらったんですよ.
	02		で, 結構うれしいなと思って (.)ま:: 仕事, しっかりとまだあるかな::
	03		と思って. あとで,今度あの:: 厳しい仕事ばかりもらって,
	04		あの:: ちょっと,きつい仕事.
→	05	SU(l):	**きつい仕事ってなん?**

```
      06   BO(n):   きつい仕事って，あの:: ちょっとあの:: 技術的なも
                    んもあるから，
      07            あれ:: もし間違って，もし，1万個は部品作って，あ
                    れで::
→     08   SU(l):   うん.
      09   BO(n):   あれが，な，も- もし，相手の会社に入って，また
                    戻ってくるやん.
→     10   SU(l):   あ:: あ::
      11   BO(n):   で，弁償されるん.
→     12   SU(l):   うん.
```

　まず、05行目、聞き手であるSUは「きつい仕事ってなん？」と、04行目でBOが触れた「きつい仕事」の内容を尋ねている。SUの質問に対し、BOはその仕事が技術を要求される仕事であり、もし製造した部品に欠陥があれば、納入した会社から送り返され、弁償させられることを述べる。この間、データに見られるように、SUはBOの発話に対し、10行目の「あーあー」というアセスメントとして捉えられる発話を除けば、あいづちを返しているだけである。

```
      13   BO(n):   あれだけ，もしあの:: あれ,部品があの::
      14            10万個だったら，100万ぐらい.
→     15   SU(l):   うんうん.
      16   BO(n):   そ- そんぐらい弁償しないとだめ.
→     17   SU(l):   うんうん.
      18   BO(n):   あっちの会社に払わないとだめなん.
→     19   SU(l):   うんうん.
```

> 20　BO(n):　だから，しょっちゅう頭いたい，しん，神経つかう，
> 　　　　　　この仕事.
> → 21　SU(l):　hh.hh.hh
> → 22　BO(n):　だから::　今も::結構,ん::神経つかってやりますけど.

　続いて13行目と14行目で、BOはミスをした部品を弁償する際の具体的な金額を提示する。その後、15、17、19行目に見られるように、BOの各発話に対するSUの応答は、「承認」を示す「あいづち」が続く。SUのあいづちに後続するBOの各発話に注目すると、まず16行目と18行目で、BOは「そんぐらい弁償しないとだめ」「あっちの会社に払わないとだめなん」とミスをした場合の厳しさを強調し、20行目では、さらに「だから、しょっちゅう頭いたい、神経つかう、この仕事」と、ストーリー内容に対する(ここでは、仕事に対する)BO自身のアセスメントを与える。こうした語り手BOの発話は、「アルバイトでつらいこと」のストーリーのポイントである「この仕事がいかに厳しく、難しいか」といった点を、聞き手であるSUに理解させ、SUからストーリー展開により貢献しうる応答を引き出そうとするBOの試みであると捉えられる。

　ところが、そうしたBOの試みに対して、21行目のSUの反応は「笑い」である。このSUの「笑い」がこの場にそぐわないことが、この後の22行目のBOの発話から分かる。22行目、BOは「だから」と繰り返し述べ、20行目の「神経をつかう」という表現を再度繰り返すことになる。

```
     23   TH(b):  1個だけ, まちがってる [のに, 全部点検?
     24   BO(n):                         [まちがった,
     25          はい, 全部戻ってくる.
→    26   SU(l):  全部, 全部戻ってくる? 戻ってくる.
     27   BO(n):  うんうん. それ厳しい. 前, あの:: 事故があったやんか.
     28          それで:: [1個
→    29   SU(l):          [いやいや, だから, それケースバイケース.
     30   BO(n):  ちょっときび, そんな::仕事厳しいな::と思う.
→    31   SU(l):  う::ん.
     32   BO(n):  それでもし::1個まちがって,いや,
     33          前もあの::叱られたんや.
```

　23行目で、もう一人の聞き手であるTHがストーリーテリングに参入し、「1個だけ、まちがってるのに、全部点検？」と、部品の返品に関して、これまでのBOの説明を確認する。THの質問に「はい、全部戻ってくる」と応えたBOに対し、SUは、26行目でこの「全部戻ってくる」という25行目のBOの発話を繰り返し、「全部、全部戻ってくる？」と尋ねる。このSUの確認質問に対し、27行目、BOは「それ厳しい」と述べることによって、改めてストーリーのポイントを与え、さらに「前、あのー事故があったやんか」とSUにストーリーのポイントを理解させるための新たな情報を与えようとする。

　続く29行目で、SUは「いやいや、だから、それケースバイケース」と、27行目のBOの発話内容に対してアセスメントを与える。しかし、このSUのアセスメントは、BOの発話内容に対する「意見

の相違(disagreement)」(Pomerantz, 1984)を示しているため、その直後の30行目のBOの発話に見られるように、BOからアセスメントに対する反応を得られない。30行目では、「アルバイトでつらいこと」のストーリーのポイントである「仕事が厳しい」ことを、BOはさらに繰り返し強調している。その後の31行目の「うーん」というSUのあいづちは、続く32行目でBOがストーリーテリングを続けていることから、「語り手にストーリーテリングを続けさせる」機能を果たしてはいるが、このSUのあいづちからは、SUがストーリーのポイントを理解したという確信をBOは得られない。したがって、BOは、33行目で「前もあのー叱られたんや」と、仕事で叱られた経験を述べ、ストーリーのポイントである「仕事の厳しさ、難しさ」に繋がる新たな情報を再び与えることになる。

　このように、語り手BOは、聞き手SUがストーリーのポイントを理解したと確信するまで、ストーリーテリングの過程でストーリーのポイントを繰り返し与え、また、新たな情報や説明を加えることで、ストーリーのポイントを理解するためのパースペクティブをSUと共有しようと試みている。このことはつまり、BOの発話に対する応答のリソースとして用いられているSUの「あいづち」や「語り手の発話の繰り返し」、「語り手のストーリーに対するアセスメントの呈示」も、ストーリーのポイントを理解するという点に限って言えば、その理解の証拠として語り手に確信を与えるほど十分機能していないということになる。

　次に、別の授業日のストーリーテリング活動で、語り手であるBOが「アルバイトで困っていること」について、同じ内容のストー

リーを異なる聞き手に語ったときのストーリーテリングを引用する。聞き手はKHで、以下のデータ部分には登場しないが、書き手はSOである。この例6には、「聞き手の理解の証拠」に挙げられている聞き手の行為のうち、以下のような行為が観察できる。

	聞き手の理解を示す具体的な行為	ストーリーテリングで観察される応答のためのリソース
(3)承認	語り手にストーリーテリングを続けさせる	あいづち
(5)呈示	語り手の発話の全体あるいはその一部を内容を変えずに表現する	語り手の発話の繰り返し 語り手の発話の言い換え 語り手の発話の引き継ぎ
(6)ストーリーテリングにおけるパースペクティブの共有の呈示	語り手のストーリーに対する自身の観点やスタンスを呈示できる	語り手のストーリーに対するアセスメント

【例6】

01	BO:	今やっているアルバイトは, あの: 工場.
02		(1.0)
03	KH:	あ, 工場.
04	BO:	あの: 名前はXXっていう工場なんで, 車の部品とかバイク,
05		航空機とかの部品を作って, あの:: 加工している.
06	KH:	すご::
07	BO:	で, あの:: やっぱり技術的なもんでもけっこうあるから,
08		それを勉強しなきゃだめなんで, それを:: 最初に教えてもらって,
09		なんかミスが=

10	KH:	°あ::°
11	BO:	=いっぱい出てるらしいんや.
12		だから, それ, それでなんか, 言われることもあるから.
13	KH:	それ, 専門的な: 仕事だから::
14	BO:	そう, 難しい.
15	KH:	うん.
16	BO:	でも, 2ヶ月ぐらいやってたから, 大体分かってるけど,
17		なんか, あんまり複雑なことは言えないけど,
18	KH:	うん.
19	BO:	だから, なんかやって, ミスが出たら絶対=
20	KH:	=でも:: 向こうが: 教えてくれるでしょ?
21		(2.0)
22	BO:	それで:: なんかミスがあったりしたら, なんか, 言われるんですよ.
23	KH:	うん.
24	BO:	ちょっと:: こわい ((笑))
25		ま, やっぱり, 結構つらい. 言われるのが.
26		(1.0)
27		それで, あの::=
28	KH:	=わからないのは当然じゃないかな::
29	BO:	そうですね. 社員でも, あの:: 何年かやっても,
30		やっぱりミスが出るときも=
31	KH:	う::ん.
32	BO:	=結構あるんですよ.
33	KH:	うん.
34	BO:	それ:: アルバイトなのに, なんか責任とってほしいって言わ

		れて.
35		ちょっと難しいもんがある.
36	KH:	う::ん. ちょっと難しい.
37	BO:	私があれをやったら, 絶対, あれ,
38		おまえの責任だって言われて, なんか, あの:: ものを,
39		あの:: 相手の会社に渡したら, なんかミスが出るから,
40		そ- そのままあっちも持ってくるわけ. だから,
41	KH:	そのところだけ?
42	BO:	弁償.
43	KH:	弁償?
44	BO:	弁償. お金払う. それ弁償したら, 私,もうその仕事できない.
45		やめるしか. くびになるしか.
46		(0.5)
47	KH:	ないから.
48	BO:	だから今は
49	KH:	心配.
50	BO:	心配. 夜も寝られないし.
51		だから, それが hh ちょっと難しい.

(後略:この後、間もなくしてストーリーテリングが終了する)

　BOは、ストーリーテリングの冒頭01行目から05行目で、まず、アルバイト先の工場で製造している部品を説明している。聞き手であるKHは、BOの説明を聞き、06行目で「すごい」というアセスメントを与えてはいるものの、この時点では、それほど積極的に

はストーリーテリングに関与せず、BOのストーリーの展開を窺っているように思われる。その後、BOはその仕事がいかに難しいものであるかを主張しながら、仕事でミスをする可能性に対する怖れを説明している。それが、以下07行目からのBOとKHのやり取りである。

07　BO(n):　で, あの:: やっぱり技術的なもんでもけっこうあるから,

08　　　　　それを勉強しなきゃだめなんで, それを:: 最初に教えてもらって,

09　　　　　なんかミスが=

→　10　KH(l):　°あ::°

11　BO(n):　=いっぱい出てるらしいんや.

12　　　　　だから, それ, それでなんか, 言われることもあるから.

→　13　KH(l):　**それ, 専門的な: 仕事だから::**

14　BO(n):　そう, 難しい.

→　15　KH(l):　うん.

16　BO(n):　でも, 2ヶ月ぐらいやってたから, 大体分かってるけど,

17　　　　　なんか, あんまり複雑なことは言えないけど,

→　18　KH(l):　うん.

アルバイト先の仕事が「技術的なもの」で「勉強しなきゃだめ」という12行目までのBOの説明に対し、聞き手であるKHは10行目で

あいづちを与え、13行目では「それ、専門的な仕事だから」と同意を示す。この13行目のKHの発話は、「勉強しなければならない技術的な仕事」という「語り手の発話の言い換え」となっている。BOは、続く14行目で、「そう」とKHの発話内容を受け入れ、さらに、「難しい」ということばを用いて「専門的な仕事だから、難しい」とKHの発話を完了させると同時に、「仕事が難しい」というストーリーのポイントを与えている。

	19	BO(n):	だから，なんかやって，ミスが出たら絶対=
→	20	KH(l):	=でも:: 向こうが: 教えてくれるでしょ?
	21		(2.0)
→	22	BO(n):	それで:: なんかミスがあったりしたら，なんか，言われるんですよ.
	23	KH(l):	うん.

　続いて、「だから、なんかやって、ミスが出たら絶対」という19行目のBOの発話に重なるように、20行目、KHは「でも、向こうが教えてくれるでしょ?」とBOに尋ね、ストーリーテリングに関与していく。この時点では、仕事でミスをしてしまったらどうなるか、BOはまだ説明していない。したがって、このKHの疑問は、「欠陥のある部品が見つかれば、向こう(会社の上司あるいは取引先の会社)がそのことを教えてくれるのではないか」、あるいは「ミスをしても、次回からはミスをしないようなやり方を教えてくれるのではないか」という意味にとれる。

24	BO(n):	ちょっと:: こわい ((笑))
25		ま, やっぱり, 結構つらい. 言われるのが.
26		(1.0)
27		それで, あの::=
→ 28	KH(l):	=わからないのは当然じゃないかな::
29	BO(n):	そうですね. 社員でも, あの:: 何年かやっても,
30		やっぱりミスが出るときも=
→ 31	KH(l):	う::ん.
32	BO(n):	=結構あるんですよ.
→ 33	KH(l):	うん.

　28行目、KHは「わからないのは当然じゃないかなー」と、BOのストーリー内容に対するアセスメントを与えている。このKHのアセスメントは、BOのミスを怖れる気持ちに対して、同情の意を表していると思われる。そのため、29行目で、BOもKHの発話に対して「そうですね」と同意し、アルバイトである自分だけでなく、より仕事に精通し責任があると考えられる社員でさえもミスをすることがあると応える。この後、BOはさらに、アルバイトである自分の場合、そうしたミスに対して責任をとるのは理不尽であることを述べている。

34	BO(n):	それ:: アルバイトなのに, なんか責任とってほしいって言われて.
35		ちょっと難しいもんがある.
→ 36	KH(l):	う::ん. ちょっと難しい.

	37	BO(n):	私があれをやったら, 絶対, あれ,
	38		おまえの責任だって言われて, なんか, あの:: ものを,
	39		あの:: 相手の会社に渡したら, なんかミスが出るから,
	40		そ- そのままあっちも持ってくるわけ. だから,
→	41	KH(l):	**そのところだけ?**
	42	BO(n):	弁償.
→	43	KH(l):	**弁償?**
	44	BO(n):	弁償. お金払う. それ弁償したら, 私,もうその仕事できない.
→	45		やめるしか. くびになるしか.
	46		(0.5)
→	47	KH(l):	**ないから.**
	48	BO(n):	だから今は
→	49	KH(l):	**心配.**
	50	BO(n):	心配. 夜も寝られないし,
	51		だから, それが hh ちょっと難しい.

　34行目から35行目にかけて、BOは「アルバイトなのに、責任とってほしいって言われて。ちょっと難しいもんがある」と、ストーリーのポイントを与える。このBOの発話を受けて、36行目、KHは自身の発話にBOが用いたことばを借用し、「ちょっと難しい」と繰り返す。このようなKHによる「語り手の発話の繰り返し」は、ここでは、KHのストーリーのポイントの理解を呈示する機能を果

たしている。そのため、BOは続けて、37行目から40行目まで、欠陥のある部品が取引先の会社へ納入された後、もしミスが見つかれば部品が返品されてくることを説明し、さらにストーリーを展開させている。41行目で、KHは「そのところ(ミスがあった部品)だけ?」と確認しているが、BOはそれには応えず、ミスをした責任として「弁償」するという、ストーリーのポイントに関連する新たな情報を与える。

　そして、44行目で「弁償したら、私、もうその仕事できない」と述べた後、45行目、BOは「やめるしか。くびになるしか」と発話する。短いポーズの後、47行目で、KHは「ないから」と、45行目のBOの発話を先取り、引き継いで完了させている。さらにKHは、48行目の「だから今は」といったBOの発話も引き継ぎ、49行目で「心配」ということばで完了させている。BOもこのKHの発話に応えて、50行目、「心配」というKHの用いたことばを自身の発話に借用している。このような47行目や49行目のKHの行為は、前節5.1.1.2の例2のデータにも観察された「聞き手による語り手の発話の引き継ぎ」である。聞き手が語り手の発話を先取り、語り手の発話の完了を待たずにストーリーテリングに参入し、語り手に替わって、自分の発話で語り手の発話を完了させる現象である。このような聞き手による語り手の発話の引き継ぎは、語り手と聞き手の間でパースペクティブが共有されているからであり、聞き手は語り手のストーリーテリングに貢献していることを示すことができる。

　例5で見たように、ストーリーテリングの過程で、聞き手があい

づちを与えるなどの副次的な役割を担っている場合、語り手は聞き手がストーリーのポイントを理解しているかどうか再三確認しなければならず、ストーリーテリングの展開に、より貢献しうる反応を聞き手から引き出そうとする。一方、この例6のように、聞き手が語り手にストーリー内容に対するアセスメントを与えたり、語り手の発話を言い換えたり、完了させたりするなど、自らストーリーテリングに能動的に関与していく場合、語り手との間でストーリーテリングが容易に達成されていくことが窺える。与えられた役割を遂行しながらストーリーテリングを達成するといった目的が明確なストーリーテリング活動では、聞き手のストーリーテリングへの貢献がその目的達成の過程に影響を与えるということでもある。また、こうした聞き手の行為に注目した現象を取り上げることによって、ストーリーテリング活動が、聞き手に対しても能動的な参加の機会を与え、学習者に第二言語リテラシーの実践の場を与えていることが明らかになったと言えるであろう。

5.2.2 ストーリーテリングにおけるパースペクティブの共有の呈示

　本項では、ストーリーテリングの分析のために修正した「聞き手の理解の証拠」から、ストーリーテリングへより能動的に参加していく聞き手の行為を観察していく。以下の表の聞き手の応答のためのリソースから、特に、聞き手がストーリー理解のためのパー

スペクティブを語り手と共有していることを示す「直接引用」が使用されている具体例を提示し考察する。

	聞き手の理解を示す具体的な行為	ストーリーテリングで観察される応答のためのリソース
(5)呈示	語り手の発話の全体あるいはその一部を内容を変えずに表現する	(語り手の発話の言い換え)語り手の発話の引き継ぎ
(6)ストーリーテリングにおけるパースペクティブの共有の呈示	語り手のストーリーに対する自身の観点やスタンスを呈示できる	語り手のストーリーに対するアセスメント
	語り手のストーリーに関連した事柄を対話に導入できる	セカンド・ストーリー
	語り手のストーリーを基に仮想的なストーリーを形成することができる	直接引用

　先述したように、Clark & Schaefer(1989)の「聞き手の理解の証拠」の中で、(5)の「呈示」に挙げられていた、聞き手による「語り手の発話の言い換え(あるいは語り手のストーリーの語り直し)」と、本研究のストーリーテリング活動の学習者間の対話に観察された「語り手の発話の引き継ぎ」、そして(6)の「語り手のストーリーに対するアセスメント」の呈示や「セカンド・ストーリー」の挿入10)、「直

---

10)「セカンド・ストーリー(第二の物語、second story)」とは、ある話し手がストーリーテリングを行っている途中で、他の会話参加者が自身の経験談を語るなど、別のストーリーを会話に差し込んだものである(Sacks, 1992)。ストーリーテリングの先行研究では、この聞き手によるセカンド・ストーリーが考察されているため(Karatsu,　2004等)、聞き手の応答のためのリソースの例として上記の表に挙げたが、本研究のストーリー

接引用」の使用など、聞き手がストーリーテリングにおいてこのようなリソースを使用できるのは、ストーリー理解のためのパースペクティブを語り手と共有しているということを示している。

　こうした聞き手の応答のためのリソースの中でも、ストーリーテリングにおける直接引用の使用は、聞き手によるストーリーテリングへの関与や貢献度が最も示される行為であり、かつ、語り手と聞き手のパースペクティブの共有度が最も強い行為であると考えられる。このような理由から、本項では、ストーリーテリング活動の過程で、聞き手が直接引用を用いている具体例を挙げ、ストーリーテリングに貢献する聞き手の行為を観察していく。

　ここで、ストーリーテリングにおいて直接引用の使用が観察されるデータ例を提示する前に、直接引用に関する先行研究を簡単に紹介しておく。ナラティブの先行研究は、語り手が過去の経験や出来事の状況を説明する際に直接引用を用いると、出来事の時間軸に沿って、ストーリーの登場人物の行為の連続性を示すことができると指摘している(Labov, 1972等)。また、直接引用は、ス

テリング活動においては、聞き手によるセカンド・ストーリーの挿入の具体的な現象は観察されなかった。その理由として、本研究のストーリーテリング活動では、「ストーリーのトピックに基づいてストーリーを語り、聞く」といった課題や、そのための語り手や聞き手などの役割が、あらかじめ学習者に与えられていたことが考えられる。つまり、ストーリーテリングの過程で、聞き手がセカンド・ストーリーを語るにはある一定の時間と長さが必要とされるため、本研究のストーリーテリング活動の場合、課題を達成するための時間的な制約や役割の遂行といった点から、聞き手によるセカンド・ストーリーの挿入は容易ではないと言える。このような学習者による課題の達成や活動の役割遂行に関しては、次章で考察していく。

トーリーの評価を伝える語り手のストラテジーとして、語り手が使用する評価装置の一つに挙げられている(Polanyi, 1985)。さらに、会話やディスコースの先行研究は、引用元の発話者の「声」(Bakhtin, 1981)と引用の伝達者の声が、直接引用によって融合されることに注目し(Vincent & Perrin, 1999)、直接引用を、現実の場において新たに創造される「創作話法(constructed dialogue)」(Tannen, 1989)と捉えている。

　このように現実の対話において創造的に再構築される直接引用を、第3章で概説したBauman & Briggs(1990)の「テクストの循環性」から捉えると、直接引用が使用される「語られる世界」と「語りの世界」という位相間の関係が明らかになる。ストーリーの出来事が対象となっている「語られる世界」から、ある人物の声が記号として脱コンテクスト化され、直接引用という形式にテクスト化される。そして、現実の対話の場である「語りの世界」において直接引用が用いられると、直接引用の元の発話者の声と、直接引用の伝達者の声とが結びつけられ、再コンテクスト化されることになる。こうして、直接引用は、語り手が「語られる世界」を創造するための、また、ストーリーに対する評価を聞き手に与えるための手段であると同時に、「語りの世界」において聞き手の応答を引き出すすことで、「語られる世界」と「語りの世界」の結接点を作り出す手段ともなりうる(嶋津, 2005)。

　日本語の引用の性質や機能については様々な解釈が可能であるが(鎌田, 2000)、本項では、直接引用を「過去の出来事において、何者かによって(ストーリーテリング活動の語り手本人も含む)発

せられたと考えられる発話や、音声化された思考の再生産」と定義し、基本的に「と」や「って」などの引用指標によって導かれた発話を指すことにする。また、ある発話が引用指標に導かれていなくても、ストーリーテリング活動の語り手の声とは明らかに異なる発話だと考えられる場合も、以下のデータ分析においては、直接引用と見なすことにする。

　以下、本項で取り上げるデータでは、上述の「語られる世界」と「語りの世界」の観点から、ストーリーテリングにおける直接引用の使用を見ていく。本項の目的は、聞き手の応答のためのリソース使用を観察することにあるので、先行研究が考察してきた語り手によって用いられる直接引用だけでなく、聞き手の発話に見られる直接引用にも注目していきたい。

　この例7は、THが「怖かった経験」というトピックで語ったストーリーである。THが中国の大学に通っていた頃のある日、道幅が狭く人通りの激しい橋の上を自転車に乗っていたときのことである。タクシーがTHの前で急にスピードを落としたため、ブレーキをかけようとしたが間に合わず、THはタクシーの横を通り過ぎようとしたときに、自転車でタクシーのドアをこすって傷をつけてしまう。そこで、タクシーの運転手が車から出てきて、THを怒鳴りつけたという話である。

【例7】[11]

(前略:		このストーリーテリングの前半部分は第6章で分析する)

01　TH:　うん,「賠償して」って言われたんですけど::

02　　　　で,「私なにがまちがってですか」って聞いて,

03　　　　で, う::ん,「あ:: うしろ::」

04　TO:　「ブ, ブレーキが::」

05　TH:　う:: hh 〉いやいや〈それ言えないでしょhh.hh 私まちがっても.

06　TO:　「ブレーキがきかなかっ<u>た</u>::」

07　TH:　hh.hh で, あ:: ドライブさんが::

08　　　　(2.0)

09　TH:　なんか汚いことも結構ゆったんですけど::

10　　　　もし, あ:: 一言, あの:: ゆったのが,

11　　　　「もし, あんた男やったら私,わ-」

12　TO:　「なぐるで::」

13　TH:　うん, もっと, ドライブさんが,

14　　　　「もしあんたが:: 男やったらなぐってしまう」ってゆったんで
　　　　すけど,

15　　　　hh.hh.hhその場で.

16　　　　「私も男やったら」あのとき,「なぐってしまう」って,

17　　　　「なぐってしまうんや」ってゆったんですね.

　
(後略:　この後、交通局の局長が偶然橋の上を通りかかり、タク
　　　　シーの運転手とTHの仲介役となり、問題を解決してくれた
　　　　というストーリーが続く)

---

11) このデータ例には、直接引用と捉えられる発話に「 」を付けてある。

　このデータ部分以前に行われているストーリーテリングでは、語り手であるTHが、橋の上で起こった出来事の状況を説明している。THがストーリーの状況説明を行っているデータ箇所を観察すると、以下の01行目から03行目にも見られるように、「語られる世界」を構成するストーリーの筋に沿って、ストーリーの登場人物であるTH自身の声、あるいはタクシーの運転手の声を表現するのに、直接引用が多用されている。

> →　01　TH(n):　うん、「賠償して」って言われたんですけど::
> →　02　　　　で,「私なにがまちがってですか」って聞いて,
> →　03　　　　で, う::ん,「あ:: うしろ::」
> →　04　TO(l):　「ブ, ブレーキが::」

　01行目と02行目、THは、タクシーの運転手の声を借りた「賠償（弁償）して」という発話、そして、「私なにがまちがってですか」というTH自身の声を示していると思われる発話を、直接引用を用いて表現している。上述のナラティブの先行研究が指摘しているように、このようなTHの直接引用は、出来事において実際に起こったとされる行為を時間軸に沿って再現するために用いられており、このストーリーテリングにおける「語られる世界」を創造する手段の一つとして機能している。

　すると、03行目の「あーうしろー」というTHの発話に重なるように、04行目、聞き手であるTOが声を張り上げ、「ブ、ブレーキがー」と発話する。この04行目のTOの発話は、直前のTHの発話を先取って引き継いだもので、「あーうしろー、ブ、ブレーキがー」

というように、ストーリーの登場人物であるTHの声を借りた直接
引用を用いてTHの発話を完了させている。この04行目のTOの発話
が、ストーリーに登場するTHの声を借りた直接引用として捉えら
れるのは、次の05行目のTHの発話から分かる。

> → 04 TO(l): 「ブ, <u>ブレーキが::</u>」
> → 05 TH(n): う:: hh 〉いやいや〈それ言えないでしょhh.hh 私まち
>   がっても.
> → 06 TO(l): 「ブレーキがきかなかった<u>::</u>」

　05行目、THは笑いながら、「いやいやそれ言えないでしょ、私
まちがっても」と、04行目のTOの発話に応じる。このデータ部分
以前のストーリーテリングで、THは自分の自転車の後輪に繋がる
ブレーキがよく利かなかったことに触れている。したがって、こ
のTHの発話は、04行目のTOの発話を受けて「私の間違いであって
も、自転車の『ブレーキが(きかなかった)』とは言えない」というこ
とを意味していると言える。ここで、先行のTOの発話がストー
リーに登場するTHの声を仮想的に代弁したものであると、THに捉
えられていることが明らかになる。こうして、語り手THがTOの直
接引用の内容に反応したこと、そして、TOの直接引用の使用とい
う行為を受け入れたことによって、さらに06行目、TOは「ブレー
キがきかなかったー」と、再びTHの声を借り、直接引用を用いて
発話している。
　このような聞き手TOによる直接引用の使用は、現実の対話の場
である「語りの世界」から、THが語っているストーリーの世界であ

る「語られる世界」への関わりを示しており、語り手のストーリーテリングに対する聞き手の能動的な働きかけと捉えられる。こうしたストーリーテリングにおけるTOの積極的な参加は、ここまでTHが語ったストーリー内容を理解するパースペクティブを、聞き手であるTOがTHと共有していることを示している行為であり、また、そうしたパースペクティブの共有を語り手に向けて呈示する聞き手の応答の行為であると言える。

→	06	TO(l):	「ブレーキがきかなかった::」
	07	TH(n):	hh.hh で, あ:: ドライブさんが::
	08		(2.0)
	09	TH(n):	なんか汚いことも結構ゆったんですけど::
	10		もし, あ:: 一言, あの:: ゆったのが,
→	11		「もし, あんた男やったら私,わ」
→	12	TO(l):	「なぐるで::」
→	13	TH(n):	うん, もっと, ドライブさんが,

　その後、06行目のTOの発話に「笑い」で応じ、THはストーリーの描写に戻る。11行目、THは「もし、あんた男やったら私」と、再び、タクシーの運転手の声を借りた直接引用を用いて発話する。そして、04行目同様、次の12行目でも、聞き手TOがこのTHの発話を先取り、「もし、あんた男やったら私、なぐるでー」とTHの直接引用を引き継いで、仮想的にTHの発話を完了させている。13行目に見られるように、THは「うん」とTOに承認を与え、その後、ストーリー描写を続ける。このTHの「うん」という発話は、12行目

でTHが用いた直接引用の発話内容に対する承認であるとともに、TOのストーリーテリングへの貢献に対する承認を示していると言える。このことは、次の14行目のTHの発話に明らかになる。

→	13	TH(n):	うん，もっと，ドライブさんが，
→	14		「もしあんたが:: 男やったらなぐってしまう」ってゆったんですけど，
	15		hh.hh.hhその場で.
→	16		「私も男やったら」あのとき，「なぐってしまう」って，
→	17		「なぐってしまうんや」ってゆったんですね.

14行目で、THは、TOが12行目の発話に用いた「なぐる」ということばを自身の発話に借用し、「もしあんたがー男やったらなぐってしまう」と、タクシーの運転手の声を示す発話を繰り返し、直接引用を用いて表現している。先にTOが発話に用いたことばが再びTHの発話に用いられることによって、12行目のTOの直接引用の使用という行為が、ここでも、語り手THに受け入れられていることが窺える。さらに、16行目と17行目でも、THは「私も男やったらなぐってしまうんや」と、今度はストーリーに登場するTH自身の声を直接引用にして発話している。

この出来事において、タクシーの運転手やTH自身が「なぐる」ということばを、実際に発話に用いていたかどうかは分からないが、こうしたTHの直接引用は、THが対話者であるTOの用いた発話を自身の発話に取り込み、この場の対話において新たに創造し

た「創作話法」(Tannen, 1989)であると言える。そして、このような語り手THの行為からも、聞き手TOの直接引用の使用は、ストーリーの理解を示す応答のためのリソースとして、進行中のストーリーテリングに巧みに埋め込まれながら、「語られる世界」への関与を示しつつ、「語りの世界」におけるストーリーテリングの展開に貢献していると捉えることができる。

　このデータ例にも観察されたように、ストーリーテリングにおいて語り手が用いる直接引用は、実際に起こったとされる行為を時間軸に沿って再現し、「語られる世界」を創造する手段として機能している。語り手は、ストーリーの登場人物のことばと思考を、語り手自身のことばと思考に組み入れ、直接引用というリソースを用いて、それを言語化する(Chafe, 1994)。そして、このデータ例の聞き手は、そうして語り手が創造する「語られる世界」へ、現実の対話の場である「語りの世界」から、直接引用を用いて能動的に関与している。ストーリーテリングで聞き手が用いる直接引用は、語り手のストーリー理解を示す応答のためのリソースとして、ストーリーテリングの展開に貢献する機能を持つ。直接引用を使用することで、聞き手は、語り手が創造する「語られる世界」のパースペクティブを共有していることを呈示でき、さらに、ストーリーテリングの副次的な役割から、より積極的に能動的な役割を担い、「語られる世界」の創造に関わるストーリーの「共著者(co-authors)」(Ochs & Capps, 2001等)ともなりえるわけである。

　以上、本節では、ダイアロジズムの観点から語り手と聞き手の対話を捉え、ストーリーテリング活動において「聞き手の理解の証拠」が観察される具体例を挙げ、聞き手による理解とそれに続く応答のためのリソースの使用を見てきた。本節の冒頭で述べたように、母語話者間のストーリーテリングの先行研究では、このような聞き手のリソースの使用が観察されることは明らかにされている(Goodwin, 1986; M. H. Goodwin, 1997; Sacks, 1992等)。しかし、従来の先行研究では、こうした聞き手のリソース使用が観察される現象自体がなぜ生じるかについては説明されていない。また、これまでの第二言語習得研究や日本語教育研究では、本節で見てきたようなリソースに注目して、対話に能動的に参加していく聞き手の行為は考察されてこなかった。

　そこで、語り手と聞き手がストーリー理解のためのパースペクティブを共有し、そうしたパースペクティブの共有を呈示するといったダイアロジズムに基づく観点を、ストーリーテリングの分析に導入することによって、本節では、聞き手の応答のためのリソース使用が観察される現象がより深く理解できたであろう。そして、聞き手の行為に注目した分析によって、本研究のストーリーテリング活動が、聞き手に対しても能動的な参加の機会を与え、学習者に第二言語リテラシーの実践の場を与えていることが明らかになったと言えよう。

5.3 結び：対話におけるパースペクティブの発展

　本章では、ストーリーテリング活動において、第二言語リテラシーの具現化や実践が観察できる具体的な現象を取り上げてきた。5.1では、語り手と聞き手によるストーリーの協働的な形成を考察することによって、語り手の経験が学習者間の対話において再構築される様相を明らかにし、また、ストーリーの内容やポイントの理解を共有するための語り手と聞き手の交渉行為を観察することによって、学習者間でストーリー理解に必要な知識がその場で焦点化され共有されていく過程を提示した。5.2では、聞き手としての学習者の行為に焦点を定め、聞き手が語り手のストーリー内容やポイントを理解した証拠となる行為や、それに続く応答のためのリソース使用などが観察できる具体的な現象を挙げた。さらに、ストーリーテリング活動に観察される特有の現象であるパースペクティブの共有の呈示に、能動的な参加者としての聞き手の行為を考察した。

　ストーリーテリング活動における語り手と聞き手の行為を観察することによって、本章で提示してきた現象から明らかになったことを整理しておく。語り手は、ストーリー理解に必要なスタンスや知識を聞き手と共有するために、利用可能なリソースを使用する、あるいは修正する。また、ストーリー理解のためのパースペクティブの共有を導く様態を創り出す。聞き手は、語り手のパースペクティブに入り、語り手のことばを聞き取り、それを聞き手自身の思考に組み込んでストーリーを理解し、さらにそうし

た理解を応答として呈示していく。このような学習者の行為に、第二言語リテラシーの具現化や実践が観察できたであろう。

　最後に、本章のデータ分析を通して念頭に置いてきた「対話におけるパースペクティブの発展」について検討を加えておきたい。本章では、言語コミュニケーションを、ある発話に対する理解と、それに続く能動的な応答の連鎖と捉えるダイアロジズムの観点から、ストーリーテリング活動における学習者間の対話を分析してきた。そして、対話は、対話者双方が互いのパースペクティブを取り込みながら、各々のパースペクティブを協働的に発展させていく過程であるというMarková(1990)の視点に立って、学習者間の対話を観察してきた。

　先述したように、本章で取り上げてきたストーリーテリング活動の具体的な現象には、語り手が、聞き手とストーリーの理解を共有するために、聞き手のパースペクティブを取り込んで、聞き手が理解可能な方法で、ストーリーを展開していくといった行為が見られた。また、聞き手の場合は、そうした語り手のパースペクティブを取得して自分のパースペクティブに取り込み、ストーリーを理解したことを呈示するために様々なリソースを用いて応答し、ストーリーテリングに関与していくといった行為が観察された。

　対話におけるパースペクティブの発展の観点から、こうした学習者の行為を見ると、聞き手は、語り手のことばを解読してストーリーを理解するのではなく、語り手のことばを手掛りとしてストーリーを再構成していると捉えることができる。そして、ス

トーリーテリングの過程では、語り手の中で構成され発展されつつあるパースペクティブと、聞き手において再構成され発展されつつあるパースペクティブの照合が学習者間の新たな対話となり、ストーリーテリングとして展開される。このように見ることで、ストーリーテリング活動に観察される学習者の行為が、より能動的な参加者として適切な位置づけを得ることができると言えよう。

第二言語リテラシーとストーリーテリング活動

第6章
教室活動としての
ストーリーテリング活動に
見る第二言語リテラシー

第6章

教室活動としての
ストーリーテリング活動に
見る第二言語リテラシー

本章では、本研究のために行われたストーリーテリング活動
が、教室という制度的な性質を内包する場面で行われた「教室活
動」であるという点に留意して、学習者がストーリーテリング活動
を達成していく過程に観察される第二言語リテラシーを考察して
いく。

Drew & Heritage(1992)によれば、ある活動が「制度的制約(institutional
constraints)」が付与された状況下で行われるということ、そうした活
動が特定の役割を担う参加者によって共有されている達成すべき
目的を持つこと、また、そのような参加者の役割や活動の目的な
ど、制度的状況に関連した「推論的な枠組み(inferential framework)」
が参加者の相互行為において示されるということなどが、その活
動が制度性を有していると判断できる要因であるという。大学と
いう教育機関の制度的状況下にある教室で活動を学習者が行うと
いう意味では、本研究のストーリーテリング活動には、ある一定
の時間的・空間的な制約が課されている。また、与えられた役割
を担い、教師が計画した教室活動を首尾よく達成しなければなら

ないという目的が学習者間で共有されている。したがって、一定
の時間内に与えられた課題や役割に従って活動を進め、最終的に
活動を達成しなければならないという目的が学習者間で共有され
ているといった点に鑑み、さらに、学習者間の対話に教室活動に
関する「推論的な枠組み」が観察されれば、本研究のストーリーテ
リング活動は、社会的活動としての側面だけでなく、制度的な活
動としての側面も有していることが明らかになるであろうと思わ
れる。

　そうした教室活動に関する「推論的な枠組み」は、学習者間の対
話において、与えられた課題や役割に従って達成していくべき教
室活動についての学習者の認識が呈示された場合に観察されると
考えられる。本研究のストーリーテリング活動の場合、与えられ
た課題は「ストーリーのトピックに基づいてストーリーを語る」と
いうものであり、また、与えられた役割というのは、そのような
ストーリーテリングにおける「語り手」や「聞き手」などの役割であ
る。こうした課題や役割を遂行していく過程で、「知識として
知っている」と自ら認識している事象を対象化したり、顕在化し
たり、概念化したりしていくことも、学習者の第二言語リテラ
シーの具現化と捉えられる。そして、このような第二言語リテラ
シーの具現化は、学習者が他の学習者と対話を積み重ねていく過
程で、教室活動に関する学習者の認識や、ストーリーテリングと
いう活動そのものに関する学習者の知識が立ち現れる際に観察さ
れるであろうと考える。

　このような観点を踏まえ、本章では、ストーリーテリング活動

を教室活動として見た場合に観察される現象を抽出し、学習者が
どのようにストーリーテリングを展開し、どのように活動の達成
を試みているかを考察していきたい。そして、ストーリーテリン
グ活動を達成していく過程で、「語り手」や「聞き手」などのストー
リーテリング活動における役割をどのように捉えているかも検討
する。こうしたストーリーテリング活動における学習者の参加の
様相や活動の達成の過程、与えられた役割を遂行する際の学習者
の行為を探ることは、教室活動としてのストーリーテリング活動
の様々な性質を明らかにすることにも繋がると思われる。

　以下、学習者がストーリーテリング活動を展開し達成していく
過程に、教室活動に関する学習者の認識が立ち現れる現象を観察
し、ストーリーテリング活動が学習者の対話に与える制度的な側
面を見ていく(6.1)。そして、ストーリーテリング活動を展開して
いく過程で、活動の展開を巡って生じた学習者間の交渉に、ス
トーリーテリングという活動についての学習者の知識が呈示さ
れ、そうした知識が学習者間で共有されたり調整されたりする様
相を考察していく。(6.2)。

6.1　教室活動に関する学習者の認識と制度性

　本章の冒頭で述べたように、本研究のストーリーテリング活動
では、教室という空間内である一定の時間内に、学習者が活動の
実践のために与えられた役割を担い、課題として与えられた「ス

トーリーテリング」を達成しようと試みる。制度的な状況下で行われている活動に生じるナラティブを研究したLinde(2001)は、制度的組織のメンバーのナラティブには、制度性を示唆する特定の言語使用が観察されること、また、そのような言語使用によって活動の制度性が創造され、また、それが維持されることを指摘している。しかし、制度的な状況下で行われる活動がすべて制度的な性質を持つわけではなく、活動に従事している参加者が何をしているか、また、参加者の行為と、そこで交わされているやり取りに表される制度性がどのように関連しているかを示すことができなければならない(Schegloff, 1992)。本研究の場合、制度的な状況での学習者の行為に制度的な性質が表されるかどうかは、学習者が教室活動の参加者としてどのように振舞っているか、教室活動をどのように達成していくか、そして、学習者がどの程度教室活動の制度性を認識し、そうした認識が学習者間のやり取りにおいてどのように立ち現れているかが示されることによってのみ明らかになると言えよう。

　本節では、ストーリーテリング活動において、教室活動の課題として与えられたストーリーテリングを達成していく学習者の行為を観察していく。具体的には、教室活動に関する学習者の認識が立ち現れている学習者間の対話とその過程を中心に分析する。本章の冒頭で述べたように、そのような教室活動に関する学習者の認識が、学習者間の対話に立ち現れる現象は、「知識として知っている」と学習者が認識している事象が対象化され顕在化されるといった点において、第二言語リテラシーの具現化の一つの

様態として捉えられるとともに、上述のDrew & Heritage(1992)の
「推論的な枠組み」として教室活動の制度性を示していると考えら
れる。

　以下6.1.1では、学習者が、ストーリーテリングを教室活動とし
てどのように認識し、そうした認識をどのように呈示しているか
を、ストーリーテリングの開始時と完了時に注目して見ていく。
6.1.2では、そのような学習者の認識が立ち現れる様相を、与えら
れたストーリーのトピックを維持しながら、学習者がストーリー
テリングを展開し達成していく過程に観察する。

6.1.1 ストーリーテリングの開始と完了の決定

　本研究で分析するストーリーテリング活動を教室活動として見
た場合、そこで観察される学習者間のやり取りと、日常会話で生
じるストーリーテリングの先行研究で分析されている会話参加者
間のやり取りとは、その様相が明らかに異なると考えられる。日
常会話で生じるストーリーテリングの場合、例えば、ストーリー
テリングの開始や完了においては参加者間の交渉が必要となり、
会話の展開やトピック、ストーリーテリングで担う役割などは流
動的である。

　Schegloff(1992)が指摘しているように、進行中の会話の途中で、
ある参加者がストーリーを語る場合、その参加者はストーリーを
語り始める前に、他の参加者からストーリーテリングの開始を容
認されることが必要である。つまり、他の会話の参加者によって

ストーリーテリングの許可が与えられた後にのみ、これから語ろうとする者のストーリーが開始されるわけで、会話中にストーリーテリングが突然に開始されることはない。したがって、ストーリーを語ろうとする参加者は、他の参加者からストーリーテリング開始の許可を得るために、これから何を語ろうとしているのかを他の参加者に知らせ、そのストーリーが聞く者にとっても聞く価値があるということを主張する。これは、会話の参加者の間で、ストーリーテリングの開始に関して何らかの交渉があるということを意味する。

　さらに、そのようにして開始されたストーリーテリングが終了する際においても、日常会話で生じるストーリーテリングの場合は、参加者間でストーリーテリングが終わりに近づいていることが確認されたり、ストーリーテリングを完了させるための交渉が行われたり、語り手以外の参加者によってストーリーの要約が述べられたりすることが明らかにされている(Goodwin, 1986等)。こうして、ストーリーテリングが完了すると、元の会話が続行されるか、あるいは、ストーリーテリングの完了そのものが、新たなトピックが会話に導入されるきっかけとなったりする。

　本研究のストーリーテリング活動では、各ストーリーテリングの開始や完了は、学習者に一任されている。しかし、授業で行われる教室活動として、ストーリーテリングはある一定の時間内に開始され、展開され、そして完了されなければならない。ストーリーテリングの開始と完了は、こうした教室活動の手順に関わる学習者の判断に基づいて決定されていくものであり、どのように

ストーリーテリングを開始させ完了させるかといった行為に、教室活動に関する学習者の認識が示されていると考えられる。

　そこで、本項では、教室活動が与える制度性を念頭に置き、ストーリーテリングの開始時や完了時における学習者間のやり取りに、「教室活動はどうあるべきか」といった学習者の教室活動に対する認識が示されている例を見ていく。まず、ストーリーテリングの開始の一例を以下に挙げる。これは、SOが「将来の夢」について語ったストーリーで、第5章の例2で分析したストーリーテリングの冒頭の部分にあたる。第5章の例2同様、聞き手はBOで、以下のデータ箇所には登場しないが、書き手はSUで、もう一人の聞き手はTHである。

【例1】

01	BO:	なんの話?
02	SO:	将来の夢.
03	BO:	あ::
04		(10.0)
05	SO:	ん::っと.
06		(4.0)
07	BO:	.hじゃあhh話そう.
08		え::っと, 将来, 将来の夢なんですか?
09	all:	((笑))
10	SO:	hh なんで? いきなり((笑))
11		(1.0)
12	SO:	え::っと, 子供のころは::, 最初.

```
13          (7.0)
14   SO:   あの:: 警察になりたかったんですよ.

(後略：   この後、SOによって警察官になりたかった理由が語られる)
```

　ストーリーテリングの冒頭で、聞き手であるBOが「なんの話？」と語り手SOに尋ねている。ストーリーのトピックに関するBOの質問に対し、SOは「将来の夢」と答え、与えられたストーリーのトピックを他の学習者に伝える。このようなストーリーテリングの冒頭における語り手と聞き手のやり取りは、本研究のストーリーテリング活動に観察される特徴的なものである。基本的に、ストーリーテリングが終了する毎に、時計回りで役割分担を交替していたので、次の語り手役は学習者の席順から明らかである。そのため、グループのメンバー全員が次の語り手を認識していると判断できる場合には、語り手自身が自主的に「〇〇の話です」「〇〇について話します」といった、ストーリーの前置きを与えてからストーリーを開始するか、上記のデータ例のように、聞き手あるいは書き手が「何の話ですか」「トピックは何ですか」と、語り手にストーリーのトピックを尋ね、語り手がそれに答えた直後、ストーリーテリングが開始されている。

```
    01   BO(l):   なんの話?
```

02　SO(n):　将来の夢.

03　BO(l):　あ::

04　　　　　(10.0)

05　SO(n):　ん::っと.

06　　　　　(4.0)

→　07　BO(l):　.hじゃあhh話そう.

→　08　　　　　え::っと, 将来, 将来の夢なんですか?

09　all:　((笑))

→　10　SO(n):　hh なんで? いきなり((笑))

11　　　　　(1.0)

→　12　SO(n):　え::っと, 子供のころは::, 最初.

13　　　　　(7.0)

14　SO(n):　あの:: 警察になりたかったんですよ.

　この例で注目すべき発話は、07行目と08行目の聞き手BOの発話である。語り手SOは、02行目で「将来の夢」とストーリーのトピックを他の学習者に伝えた後、04行目と06行目の比較的長いポーズや05の言いよどみに見られるように、ストーリーテリングの開始に戸惑っていることが窺える。そこで、聞き手であるBOが「じゃあ、話そう」と述べ、「えーっと、将来、将来の夢なんですか?」とSOに質問する。

　この08行目の「将来の夢なんですか?」というBOの発話は、先行の「じゃあ、話そう」という07行目の発話とは性質が異なる。「じゃあ、話そう」という発話は、これから行うストーリーテリングが、単に語り手がストーリーを「語る」という活動ではなく、他の学習

者もストーリーを「聞く」という行為に従事する活動であるという
BOの認識を示していると言える。一方、「将来の夢なんですか？」
という発話は、インタビュー形式の対話に見られる「一方から他方
に質問して情報を得る」といったインタビュワーの行為に類似して
いる。Drew & Heritage(1992)は、インタビューのやり取りを制度
的なディスコースとして扱っており、情報を得ようとする者、す
なわちインタビュワーの発話の「質問形式」に、制度性の「推論
的な枠組み」が示されているという。したがって、この「将来の夢
なんですか？」というBOの質問も、教室活動としてのストーリー
テリング活動の制度的な側面を現していると言ってもよい。

　また、ストーリーテリングの冒頭におけるこのようなBOの発話
行為は、ストーリーテリングの聞き手としての行為を現している
と同時に、本研究のストーリーテリング活動の性質や手順に関す
るBOの認識が現された行為であると捉えられる。他の学習者も、
このBOの発話に対して「笑い」という反応で応答していることや、
語り手であるSOも、10行目で笑いながら「なんで？いきなり」と述
べていることから、BOの質問形式の発話行為が通常のストーリー
テリングの冒頭で行われるようなやり取りとは異なっているとい
うことを、他の学習者も認識していると考えられる。

　そして、SOは、その後12行目で、他の学習者からの反応を待つ
ことなく、直ちにストーリーを開始している。これは、教室活動
としてのストーリーテリングの進行に留意したためであろうと考
えられる。13行目に、7秒の比較的長い沈黙が生じているが、こ
れは、他の学習者もSOがストーリーを続けるのを待っていること

を示していると言えるであろう。このようなストーリーテリングの開始には、教室活動としてのストーリーテリング活動の制度的な側面が前景化されており、活動を進め達成させるという学習者の教室活動に関する認識が現れていると言える。

　次に、ストーリーテリングの完了の一例を挙げる。以下の例2は、「理想の男性・女性」というトピックでTHが語ったストーリーで、ここで取り上げるデータ部分は、このストーリーテリングが完了する直前のやり取りである。SOが聞き手、SUがもう一人の聞き手で、このデータ部分には登場しないが、書き手はBOである。

【例2】

(前略：THが理想の男性について語った後、自分の両親との関係について語り始め、両親からよく叱られた話をしている)		
01	TH:	でも, わたしも勉強はしなかったんですねhh.hhう::ん.
02	SO:	すごくわかる.
03	SU:	すごくわかる.
04	SO:	((笑))
05		(10.0)
06	SO:	あ, だから, なんか, 自分の理想という, なんか, やりたいことを大事に=
07	TH:	うん.
08	SO:	=それは
09	TH:	幸せな家庭を::
10	SO:	作りたい.

11	TH:	作る，作れる人と，出会いたいな．
12	SO:	あ::
13	SU:	hh.hh.お幸せに．
14		(1.0)
15	SO:	なるほど．
16	TH:	幸せになろう．
17		(8.0)
18	TH:	°きっと幸せになれる°
19		(6.0)
20	TH:	も:: 時間じゃない？
21		(11.0)
22	TH:	終わりで::す．

　最初に、このデータ例の最後の数行から見ていきたい。20行目の「もう時間じゃない？」というTHの発話は、語り手であるTHが、自らストーリーの完了を他の学習者に告げていることを意味する。このストーリーテリングは、当該授業日のストーリーテリング活動で最後に行われたストーリーテリングであったので、このTHの発話は、ストーリーテリングの完了と同時に、活動自体の終了も告げていることになる。ストーリーテリング活動では、1話のストーリーテリングの時間を特に指定していたわけではないが、学習者は90分の授業時間内で3話ないし4話のストーリーテリングを終わらせなければならない。THがそうした教室活動としての時間的制約を認識していることが、この発話に表れていると言える。

　そして、語り手であるTHだけでなく、ストーリーテリング活動に参加している他の学習者もストーリーの終わりが近いことを認識しているようである。05行目の10秒という長い沈黙、17行目と19行目の沈黙で、そのような認識を学習者間で共有したと言える。そのため、20行目、THは他の学習者に対して自身のストーリーテリングの完了を暗示させることができたのであろう。そして、さらに21行目、11秒の比較的長い沈黙が生じ、他の学習者の誰も発話しないことから、続く22行目で、THは「終わりでーす」と他の学習者にストーリーの完了を明示的に伝えている。

→	06	SO(l):	あ, だから, なんか, 自分の理想という, なんか, やりたいことを大事に=
	07	TH(n):	うん.
	08	SO(l):	=それは
	09	TH(n):	幸せな家庭を::
	10	SO(l):	作りたい.
	11	TH(n):	作る, 作れる人と, 出会いたいな.
	12	SO(l):	あ::
→	13	SU(b):	hh. hh.お幸せに.
	14		(1.0)
	15	SO(l):	なるほど.
→	16	TH(n):	幸せになろう.
	17		(8.0)
	18	TH(n):	°きっと幸せになれる°
	19		(6.0)

→ 　20　TH(n):　も:: 時間じゃない？

　　21　　　　　　(11.0)

→ 　22　TH(n):　終わりで::す.

　また、これらの沈黙だけがストーリーテリングの終了を学習者に共有させているわけではない。05行目の最初の沈黙の直後、06行目に見られるように、聞き手であるSOが沈黙を破る。「だから」という接続詞で発話を始めていることから、SOはTHの「理想の男性」についてのストーリーの確認、あるいは、ストーリーの要約を行おうとしていると考えられる。また、13行目のSUによる「お幸せに」という、このやり取りを締めくくるような発話も、ストーリーテリングの完了に関与した発話であると言える。例えば、06行目から08行目にかけての聞き手SOの発話は、ストーリーテリングの完了直前に、聞き手によってストーリーの要約が述べられたりするといった、先行研究で明らかにされている現象と重なる(Goodwin, 1986等)。しかし、日常会話に生じるストーリーテリングと異なっている点は、本活動のストーリーテリングの場合、完了すると、学習者間で会話が続行されることはないという点である。ストーリーテリングの先行研究で明らかにされているような参加者間の交渉も、教室活動としてのストーリーテリング活動のやり取りにおいては観察されない。

　このように、本項では、時間的な制約が与えられているストーリーテリングの開始時や完了時における学習者間の対話に、教室活動に関する学習者の認識が立ち現れている具体的な現象を観察

し、教室活動としてのストーリーテリング活動が与える制度性を
考察したが、次項では、与えられたストーリーのトピックをス
トーリーテリングにおいて維持しようとする学習者間の対話に、
教室活動に関する学習者の認識が立ち現れている例を見ていく。

6.1.2 ストーリーのトピックの維持

　日常会話で生じるストーリーテリングの場合、語り手のストー
リーが、他の参加者の興味や関心を惹き、参加者からの注目を維
持するのに十分面白みのある内容でなかった場合などは、ストー
リーテリングが一時的に中断されたり、あるいは、突然に終了さ
れたりすることもある(Schegloff, 1992)。つまり、会話の展開やス
トーリーのトピックは、参加者によっていつでも変更されうると
いうことである。しかし、本研究のストーリーテリング活動の場
合、ストーリーのトピックがあらかじめ語り手に与えられている
ため、学習者はストーリーのトピックに則してストーリーテリン
グを展開し達成していかなければならない。

　本項では、与えられたストーリーのトピックをストーリーテリ
ングにおいて維持しようとする学習者の試み、あるいは、そのよ
うなストーリーのトピックの定義を巡る学習者間の交渉に、教室
活動に関する学習者の認識が立ち現れるのを観察し、日常会話で
生じるストーリーテリングとは異なる、本研究のストーリーテリ
ング活動が学習者の対話に与える制度性を見ていく。

　以下の例3は、上記の例2で取り上げたストーリーテリングの冒

頭の最初の数分にあたる箇所である。このデータ例に見られる学習者の発話をすべて分析していくわけではないが、ストーリーテリングの展開が観察できるよう、ストーリーテリングの冒頭部全体を引用しておく。先述のように、これはTHが「理想の男性・女性」について語ったストーリーである。

【例3】

01	BO:	え:: なんですか?
02	TH:	男性と女性について.
03		(2.0)
04	SO:	hh. そういう問題は, 私はちょっと難しい.
05	TH:	((笑))うん, そうやな, hh. 私も言いにくいな.
06		(4.0)
07	TH:	.hh男性は::, 男性と女性について, あ, 理想的な男性と女性について::,
08		話します. 男性も, 女性も::, ん:: 外観より中身だと思います.
09	SO:	中身?
10	TH:	外観より:: 中身がある人が::, 理想的な人だと思う.
11	SO:	性格?性格.
12		(7.0)
13	TH:	うん.
14		(4.0)
15	TH:	で, 外観, がどんなにきれいとかかっこいいとかゆっても::,
16		その人の::, う::ん, 人格がなかったら::, う::ん, その人が,
17		かっこよくないし, いい人間と思わないから::

18		だから, 性格だけやさしい, やさしいくじゃなくて,
19		厳しいときもあるし::, やさしいときもあるし,
20		その人の::, う::ん.
21		(2.0)
22	TH:	その人の教育が::
23	SO:	うん.
24		(1.0)
25	TH:	どうだろ?
26		(3.0)
27	SO:	で, あれ, .hh なんだっけ?
28	TH:	°経験聞かないの?° ((小声でくすくす笑う))
29		(5.0)
30	SO:	え? THさん, 今, 彼氏おる?
31	TH:	ないです.
32	SO:	え, 昔つきあったことが?
33	TH:	ないです.
34		(3.0)
35	TH:	((笑))
36		(4.0)
37	SO:	え? だから::
38		(5.0)
39	SO:	え, で::, なんか, あ:: hh.hh. 私も経験ないですから ((笑))
40	TH:	((笑))
41	SO:	適当, いっぱい経験を.
42		(5.0)
43	SO:	う::ん, どうしよ.

44   (6.0)

45   SO: で, なんか=

46   TH: うん.

47   SO: =あの人と, 一緒に, なんか, 例えば.

48   (2.0)

49   SO: THさんにとっては=

50   TH: うん.

51   SO: =なんか, 一緒に職場で, 仕事するのがいやですか?

52   TH: ううん, 別にいやじゃないです.

53   (5.0)

54   SU: どんな, どんなタイプ好き?

55   TH: どんなタイプ?

56   SU: かっこいい男?

57   (4.0)

58   SU: かっこいい, ま:: 理知的な::=

59   TH: うん.

60   SU: =みたいな.

61   TH: だから, 外観は見ない.

62   SU: あ, 外観見ない.

63   TH: うん.

64   SU: 財布だけ見る ((笑))

65   TH: ((笑))財布, の中身. 財布でカードいっぱい ((笑))

66   SU: つまり, お金持ち好き?

67   TH: う::ん, 金持ち.

68   SU: じゃないな::

69   TH: 好きだよ.

70	SU:	ま, だから, ま:: 80, 90ぐらいのおじいさんとか (.) も好き?
71	TH:	うん.
72	SU:	あ, まじ?
73	TH:	好き.
74	SU:	わかりやすいな.
75	TH:	うん.
76		(2.0)
77	TH:	((笑))
78	SU:	あ:: じゃ::な, だから, だから, だから人じゃなくて, 持つこと好き.
79		ということ.
80		(2.0)
81	TH:	<u>待って</u>:: ((笑))
82	SU:	[でも:
83	TH:	<u>[SUさん</u>
84	SU:	うん. でも, そのこと考えたことないですか.
85		だから, 自分, もし自分は,
86	TH:	理想的ってゆったら, 80の人はいらないですね.
87	SU:	あ, そう.
88	TH:	こっちでいうのは理想的な男性やから.
89	SU:	あ, それはあたりまえやん. 今, 20何歳?
90	TH:	25.
91	SU:	あ, 25歳. だから, 25で80で, 絶対合わないじゃん.
92	TH:	うん hh.hh. 絶対合わないじゃん.
93	SO:	((笑))
94	SU:	はい.

```
95   SO:    じゃ: 年齢的に?
96   TH:    3、40代. 30代40代の人.


(後略：この後、語り手THと聞き手SOの「理想の男性」についてのやり
       取りが続く)
```

　まず、ストーリーテリング冒頭で、書き手であるBOが「えーな
んですか?」と、語り手THにストーリーのトピックを尋ねる。TH
が「(理想の)男性と女性について」とストーリーのトピックを述べ
た後、語り手THと聞き手SOの以下のようなやり取りが生じる。

```
      01   BO(w):  え:: なんですか?
      02   TH(n):  男性と女性について.
      03           (2.0)
→     04   SO(l):  hh. そういう問題は, 私はちょっと難しい.
→     05   TH(n):  ((笑))うん, そうやな, hh. 私も言いにくいな.
      06           (4.0)
→     07   TH(n):  .hh 男性は::, 男性と女性について, あ, 理想的な男
                   性と女性について::,
      08           話します. 男性も, 女性も::, ん:: 外観より中身だと
                   思います.
```

　04行目、聞き手であるSOが、語り手THのストーリーのトピック
に関して「そういう問題は、私はちょっと難しい」と述べる。この
SOの発話は、「(理想の)男性と女性」についてストーリーテリング

を行うことに対する難しさや躊躇を伝えていると捉えられる。したがって、聞き手であるSOは、これからこのトピックに従って行われるストーリーテリングでの聞き手としての自身の振舞い方を、他の学習者に事前に知らせていることにもなる。このSOの発話に対し、05行目、THもこのトピックについて語ることの難しさや躊躇に同意している。しかし、THは、06行目の4秒の沈黙の後、07行目と08行目にかけて「理想的な男性と女性について話します」と、ストーリーのトピックを再び宣言し、ストーリーテリングを開始している。このTHの行為には、語り手としてストーリーを語るという課題が与えられているTHの教室活動に対する認識が現れていると言えよう。その後THの「理想の男性・女性」の説明が続く。

	22	TH(n):	その人の教育が::
	23	SO(l):	うん.
	24		(1.0)
→	25	TH(n):	どうだろ?
	26		(3.0)
→	27	SO(l):	で, あれ, .hh なんだっけ?
→	28	TH(n):	°経験聞かないの?° ((小声でくすくす笑う))
	29		(5.0)
→	30	SO(l):	え? THさん, 今, 彼氏おる?

　しばらくTHは自身の「理想の男性・女性」のイメージを描写し続けるが、25行目で突然、「どうだろ?」とSOに問いかける。それま

でTHの長い発話が続いていたためであろう、26行目の3秒の沈黙
の後、27行目、突然問いかけられたSOは「で、あれ、なんだっ
け？」とTHに聞き返す。続く28行目で、THはSOの聞き返しには応
えず、「経験聞かないの？」と小声でくすくす笑いながらSOに質問
していることから、THは、聞き手であるSOがストーリーテリング
の展開に困惑していることを感じ取っていたと捉えられる。

　この28行目のTHの発話を、ストーリーテリングを展開させるた
めの「提案」としてSOが受け入れたことが、その後の30行目のSOの
発話から分かる。つまり、ストーリーテリングに関与する聞き手
としての行為、ここでは「新たな情報を得るために質問する」とい
う行為の提案である。5秒ほどの沈黙の後、「え？」と気づきを示
し、30行目「THさん、今、彼氏おる？」と質問している。しかし、
このSOの質問は、ストーリーテリングを上手く発展させることが
できない。

→	30	SO(l):	え? THさん, 今,彼氏おる?
	31	TH(n):	ないです.
	32	SO(l):	え, 昔つきあったことが?
	33	TH(n):	ないです.
	34		(3.0)
	35	TH(n):	((笑))
	36		(4.0)
	37	SO(l):	え? だから::
	38		(5.0)
→	39	SO(l):	え, で::, なんか, あ:: hh.hh. 私も経験ないですから ((笑))

```
      40   TH(n):   ((笑))
      41   SO(l):   適当, いっぱい経験を.
      42            (5.0)
  →   43   SO(l):   う::ん, どうしよ.
      44            (6.0)
```

　新たに質問を開始したものの、ストーリーテリングの展開に対してSOが躊躇していることが、数度に渡る沈黙に見られる。また、語り手THもSOの質問に対して短い返答を与えるだけで、聞き手であるSOは、THからストーリーテリングを発展させるための情報を得ることができない。そして39行目、SOは笑いながら「私も経験ないですから」と、ストーリーテリングの展開へ上手く貢献できない、自身の言い訳ともとれる理由を述べている。さらに43行目でも、SOは「うーん、どうしよ」と明示的に自身の困惑を伝えており、その前後の比較的長い沈黙にもそうした困惑が見てとれる。

```
      52   TH(n):   ううん, 別にいやじゃないです.
      53            (5.0)
  →   54   SU(b):   どんな, どんなタイプ好き?
      55   TH(n):   どんなタイプ?
      56   SU(b):   かっこいい男?
```

　そこで、もう一人の聞き手であるSUが、53行目の5秒の沈黙の後、54行目からTHとSOのストーリーテリングに参与してくる。「ど

んなタイプ好き？」というSUの質問は、THのストーリーのトピックである「理想の男性(女性)」に関連したものであり、ストーリーテリングの展開に上手く貢献できなかった聞き手SOを補助する役割を果たしていると同時に、ストーリーテリングの展開を修正しようという試みと捉えられる。そして、その後しばらくTHとSUのやり取りが続く。ところが、このTHとSUのやり取りは、ストーリーテリングの方向を「理想の男性(女性)」といったトピックから脱線させてしまう。

66　SU(b):　つまり, お金持ち好き？

67　TH(n):　う::ん, 金持ち.

68　SU(b):　じゃないな::

69　TH(n):　好きだよ.

70　SU(b):　ま, だから, ま:: 80, 90ぐらいのおじいさんとか (.) も
　　　　　　好き？

71　TH(n):　うん.

72　SU(b):　あ, まじ？

73　TH(n):　好き.

74　SU(b):　わかりやすいな.

75　TH(n):　うん.

76　　　　　　(2.0)

77　TH(n):　((笑))

78　SU(b):　あ:: じゃ:: な, だから, だから, だから人じゃなくて,
　　　　　　持つこと好き.

79　　　　　　ということ.

80　　　　　　(2.0)

→	81	TH(n):	<u>待って::</u> ((笑))
	82	SU(b):	[でも:
→	83	TH(n):	[SUさん
	84	SU(b):	うん. でも, そのこと 考えたことないですか.
	85		だから, 自分, もし自分は,
→	86	TH(n):	理想的ってゆったら, 80の人はいらないですね.
	87	SU(b):	あ, そう.
→	88	TH(n):	こっちでいうのは理想的な男性やから.
→	89	SU(b):	あ, それはあたりまえやん. 今, 20何歳?
	90	TH(n):	25.
→	91	SU(b):	あ, 25歳. だから, 25で80で, 絶対合わないじゃん.
→	92	TH(n):	うん hh.hh. 絶対合わないじゃん.
	93	SO(l):	((笑))
→	94	SU(b):	はい.
	95	SO(l):	じゃ: 年齢的に?
	96	TH(n):	3、40代. 30代40代の人.

　81行目から83行目にかけて、語り手であるTHは「待ってー　SUさん」と笑いながら述べ、ストーリーテリングの展開を修正しようとしている。後の86行目で明らかになるが、このTHの発話には「理想の男性」というストーリーのトピックに再び戻ろうとしているTHの試みが見受けられる。66行目から79行目にかけてのTHとSUのやり取り、また、84行目と85行目のSUの発話から、ストーリーテリングの方向が脱線しようとしていることにTHは気づき、86行目で「理想的ってゆったら、80の人はいらないですね」と主張することになる。

　さらに、88行目でも「こっちでいうのは理想的な男性やから」
と、「こっちで(このストーリーテリングで)」THが語るストーリー
のトピックは、あくまでも「理想的な男性」であるということを強
調し、そのトピックに則したストーリー展開を維持しようとして
いると言える。これは、「ストーリーのトピックに基づいてストー
リーを語る」といった与えられた課題の遂行、つまり、ストーリー
テリング活動の教室活動としての制度的側面をTHが認識している
ことを示している。そして、ストーリーのトピックに則したス
トーリーテリングへ展開を修正しようとするTHの試みは、「それ
はあたりまえやん」という89行目のSUの発話や、「だから、25で80
で、絶対合わないじゃん」という91行目のSUの発話、94行目のSU
の承認によって受け入れられる。そこで、95行目、聞き手SOがス
トーリーテリングに戻り、この後、THとSOとの間で「理想の男性」
に関するやり取りが続けられていく。

　このように、ストーリーテリングの過程で、与えられたストー
リーのトピックを維持しようとする学習者間の対話に、学習者の
教室活動に関する認識が立ち現れるのを観察したが、このような
現象は、ストーリーのトピックが常に変更可能な日常会話で生じ
るストーリーテリングでは観察されない現象であり、ストーリー
テリング活動の制度的な側面を示す一例であると言える。

　次の例4も、ストーリーテリングの過程で、学習者がストーリー
のトピックを維持しようと試みている例であるが、さらに、学習
者間の交渉を通して、与えられたストーリーのトピックの定義が
協働的に構築されていくのが観察できる。例3は、ストーリーテリ

ングの方向がストーリーのトピックから脱線しつつあったのを、
語り手が他の学習者に本来のストーリーのトピックを思い出させ
ることによって、ストーリーテリングの展開が修正されていく例
であった。また、語り手によって始められたストーリーのトピッ
クの維持を巡る交渉には、教室活動に関する学習者の認識ととも
に、「理想の男性(女性)」というストーリーのトピックの定義に関
する学習者の認識も示されていた。例4では、そうしたストーリー
のトピックの定義を巡って、語り手と聞き手が交渉する過程に、
教室活動に関する学習者の認識を見る。

　以下のデータ部分は、前項6.1.1の例1で取り上げたSOの「将来の
夢」のストーリーの続きにあたる箇所である。例1同様、聞き手は
BO、もう一人の聞き手はTHで、以下のデータ部分には登場しな
いが、書き手はSUである。

【例4】

| (前略：このストーリーテリングの前半では、語り手SOの「子供の頃に |
| みた夢」が語られている) |

01	BO:	で, 夢 (.) ない?
02	SO:	hh.hh 今の夢, ないです. 子供のころ夢いっぱい抱えました
		けど.
03		今は夢なくなりました.
04		(2.0)
05	BO:	だからま:: 今から, なんか, 夢が, ま:: なくてもけっこう,

06		みんな, 夢を持ってる, 全部持ってるわけでもないし,
07		だから:: あの:: できるだけ頑張って, ま, 将来見えると思います.
08		(0.7)
09	BO:	はい. 先が見えると.
10	SO:	え, 世界旅行とか, そういう夢と [=
11	BO:	[それは
12	SO:	=°言えますか?°
13	BO:	それは, しゅ, 興味というか.
14	SO:	あ::
15	BO:	だって遊ぶもんやろ.
16		(0.5)
17	SO:	そうかな::? でもなんか=
18	BO:	=夢, 夢 (.) 夢話す.
19	SO:	そういう職業を:: 勤める人もおるらしい.
20	TH:	旅行?
21	SO:	はい. なんか, 旅行通じて, 自分のなんか,
22		環境とかを整理して, 小説を書くとか::
23	BO:	お::
24	TH:	旅行 [って
25	SO:	[で, そこは, なに, なんか, 名物があるか,
26		で, なんか, 雑誌にはいって, いろんな人を: そこを紹介して.

(後略：この後、SOの夢を実現する方法についてのやり取りが学習者
　　　間で続く)

　このデータ部分以前のストーリーテリングの前半で、語り手であるSOは、ストーリーのトピックとして与えられていた「将来の夢」についてではなく、「子供の頃にみた夢」についてのストーリーを語っている。したがって、01行目の「で、夢、ない？」という聞き手BOの質問は、語り手SOの「将来の夢」という本来のストーリーのトピックに戻るため、ストーリーテリングの方向を修正しようとする試みであると言える。

> →　01　BO(l)：　で, 夢 (.) ない?
> →　02　SO(n)：　hh.hh 今の夢, ないです. 子供のころ夢いっぱい抱
> 　　　　　　　　えましたけど.
> 　　　03　　　　　今は夢なくなりました.
> 　　　04　　　　　(2.0)
> →　05　BO(l)：　だからま:: 今から, なんか, 夢が, ま:: なくてもけっ
> 　　　　　　　　こう,
> 　　　06　　　　　みんな, 夢を持ってる, 全部持ってるわけでもない
> 　　　　　　　　し,
> 　　　07　　　　　だから:: あの:: できるだけ頑張って, ま, 将来見え
> 　　　　　　　　ると思います.
> 　　　08　　　　　(0.7)
> 　　　09　BO(l)：　はい. 先が見えると.

　ところが、SOは、BOの質問に「笑い」で応え、その後02行目から03行目にかけて「今の夢、ないです」「今は夢なくなりました」とはっきり述べ、本来のストーリーのトピックである「将来の夢」に

ついてのストーリーを語ろうとはしない。そのため、BOは05行目
以降、「夢がなくてもけっこう」、「みんな、夢を持ってる、全部
持ってるわけでもないし」、「だから、できるだけ頑張って」いれば
「将来が見えると思います」と、SOを支持し、このストーリーテリ
ングの要約に入ろうとしているのが窺える。

```
  →   10   SO(n):  え, 世界旅行とか, そういう夢と [=
      11   BO(l):                                    [それは
  →   12   SO(n):  =°言えますか?°
  →   13   BO(l):  それは, しゅ, 興味というか.
      14   SO(n):  あ::
  →   15   BO(l):  だって遊ぶもんやろ.
      16          (0.5)
  →   17   SO(n):  そうかな::? でもなんか=
  →   18   BO(l):  =夢, 夢 (.) 夢話す.
```

　　すると、10行目から12行目にかけて、SOは「世界旅行とか、そ
ういう夢と言えますか？」と、BOに問いかける。ここから、ス
トーリーのトピックの定義に関して、学習者間の交渉が始まる。
ストーリーのトピックである「将来の夢」について語らなかったSO
は、ここで、改めて「将来の夢」についてのストーリーを語る前
に、ストーリーのトピックの定義に関するSO自身の認識を、BOに
尋ねることによって確認しようとしている。つまり、「『将来の夢』
というトピックに基づいたストーリーとして、このストーリーテ
リング活動で世界旅行を『夢』として語るのは適切かどうか」と

いった問いである。また、BOに対するこのSOの問いかけは、「『将来の夢』として世界旅行の夢を語るのはどうか」という提案にもなっている。

　しかし、BOはSOの問いかけに対して、13行目で「それ(世界旅行)は、興味というか」と、トピックの定義に関するSOの認識を否定しようとすることによって、SOの提案を退ける。さらに15行目でも、「だって遊ぶもんやろ」と、「世界旅行は、単なる『興味』や『遊び』であって、『将来の夢』に値するものではない」というBOの意見を述べる。このBOの発話も、ストーリーテリング活動で語るべき「将来の夢」というトピックの定義に関するBO自身の認識を示している。

　SOは、そうしたBOの反論に対し、17行目で「そうかな？」と、さらに反論しようとする。しかし、18行目で再び、「夢、夢、夢話す」というBOの反論に遭う。このBOの「夢、夢、夢話す」という発話は、「将来の夢」というストーリーのトピックの定義に関するBOの認識が改めて主張されていると同時に、そうした認識に基づき、ストーリーテリング活動において、ストーリーのトピックを維持しようとするBOの試みでもある。

　　→　17　SO(n):　そうかな::? でもなんか=
　　→　18　BO(l):　=夢, 夢 (.) 夢話す.
　　→　19　SO(n):　そういう職業を:: 勤める人もおるらしい.
　　　　20　TH(b):　旅行?
　　　　21　SO(n):　はい. なんか, 旅行通じて, 自分のなんか,

```
    22              環境とかを整理して, 小説を書くとか::
 →  23  BO(l):   お::
    24  TH(b):   旅行 [って
    25  SO(n):        [で, そこは, なに, なんか, 名物があるか,
    26              で, なんか, 雑誌にはいって, いろんな人を: そこを紹
                    介して.
```

　そこで、17行目から19行目にかけて、SOは「でもなんか、そういう職業を勤める人もおるらしい」と、世界旅行を生業の一部として捉えた「将来の夢」に関する新たな情報を提供する。さらに、21行目と22行目でも、「旅行（を）通じて、小説を書く」など、ただ旅行するのではなく、そこで見聞きしたことを執筆するといった仕事についての考えを説明する。このSOの説明は、「将来の夢」というストーリーのトピックに関するBOの認識を満足させ、23行目、BOは「おー」と、SOのストーリーに興味を示す。それを受け、SOは、さらに具体的な仕事内容についての考えを説明し続ける。

　このように、前項で取り上げたストーリーテリングの開始時と完了時に観察される学習者の教室活動に関する認識と同様、本項で取り上げた例3やこの例4でも、ストーリーのトピックの維持といった学習者の試みや、ストーリーのトピックの定義を巡る学習者間の交渉に、教室活動に関する学習者の認識が立ち現れる。また、こうした学習者の認識に、本研究のストーリーテリング活動の教室活動としての制度的な側面が示されている。さらに付け加

えれば、そのようなストーリーテリング活動の制度性も、ストーリーテリング活動における学習者間の対話あるいは交渉の過程で、教室活動に関する学習者の認識が立ち現れることによって、創造され維持されていると捉えることができる。特に例4で観察したように、与えられたストーリーのトピックの定義が学習者間で確認され協働的に構築されていく過程などに、ストーリーテリング活動の制度性が創造されていく過程を見ることができたであろう。

　また、本節で観察してきた教室活動に関する学習者の認識が呈示される現象は、「知識として知っている」と学習者が認識している事象を、他の学習者との対話を通じて対象化し顕在化し概念化するといった第二言語リテラシーの具現化である。そして、そのような教室活動に関する学習者の認識は、ストーリーテリング活動の制度性を示す「推論的な枠組み」(Drew & Heritage, 1992)として、他の学習者と共有されることになる。教室活動に関する自身の認識を公にして他の学習者と共有するということは、他の学習者にもそうした教室活動に関する認識を利用可能にさせることを意味する。そして、そのような教室活動に関する認識が呈示される現象に限らず、教室活動としてのストーリーテリング活動を実践していくにあたって必要な知識が呈示され、学習者間で共有されていく過程にも、第二言語リテラシーが具現化されるのが観察できるであろうと思われる。このような活動の実践といった側面により焦点を絞って、学習者間の対話に観察されるストーリーテリングに関する知識の呈示や共有については、次節で追究してい

きたい。

6.2 学習者の第二言語リテラシーの共有と調整

　前節で考察してきたように、本研究のストーリーテリング活動を教室活動としての側面から見た場合、学習者の対話を通して具現化される第二言語リテラシーは、活動の時間的制約、ストーリーテリングの役割遂行の責任、与えられた課題の協働的な達成、教室活動に関する学習者の認識といった制度的な状況に基づく事象と多面的に絡み合っているのが分かる。前節では、教室活動に関する学習者の認識が立ち現れる現象に、ストーリーテリング活動の教室活動としての側面が与える制度性を見たが、本節では、教室活動としてのストーリーテリング活動を実践し達成していく過程で、ストーリーテリングという活動についての学習者の知識が呈示され、そうした知識が学習者間で共有されたり調整されたりする様相を観察していく。

　ここで、そのようなストーリーテリングという活動に関する学習者の知識が呈示されていく、教室活動における学習者間の対話について、考察を加えておきたい。

　Swain(2000)は、第二言語学習の重要な側面として、学習者の第二言語のアウトプットを促すインターアクションと、そうしたアウトプットをきっかけに第二言語の言語形式に対する学習者の「気づき」が促されるインターアクションの必要性を挙げている。さら

に、そのようなインターアクションに加えて、第二言語に関する言語的な問題を解決するための学習者間の「協働的なダイアローグ(collaborative dialogue)」の重要性を指摘している。

　学習者のアウトプットが言語的な問題として学習者間の対話において焦点化されると、その焦点化された対象を巡って、学習者はその問題を解決しようと試みる。そして、学習者間に第二言語に関する知識の差異があることに気づく。そうした差異、あるいは問題を解決するために、学習者は第二言語に関する知識についてのやり取りを交わす。そこで、学習者が何らかの方法で問題を解決できれば、そのようなやり取りに言語学習が起こり、第二言語に関する新しい言語的知識が協働的に形成されていく。Swain(2000)では、こうした「協働的なダイアローグ」が、学習者による協働的な問題解決という社会的活動であるだけでなく、「知識構築のためのダイアローグ(knowledge-building dialogue)」として、学習者の認知的活動と捉えられている。

　このように、Swain(2000)の関心は、協働的に問題解決にあたる学習者間の対話に言語学習が起こり、第二言語に関する言語的知識が構築されていくことにある。そのため、Swainは、あるテクストを聞き取り、学習者同士でそれを検討し創作し直すといったタスクにおけるやり取りそのものが、問題解決のための「協働的なダイアローグ」となるような教室活動を取り上げ考察している。そして、このようなタスクでは、学習者間で問題の焦点として対象化される事柄が、自ずと第二言語の言語形式、語彙や表現など、学習者の言語的な知識に関わるものとなる。

　しかし、本研究の場合、「与えられたストーリーのトピックに基づいてストーリーを語り、聞く」という「ストーリーテリング」が中心となる教室活動であるため、活動の過程で何らかの問題が生じた場合、学習者間の「協働的なダイアローグ」は自発的に行われている。また、「協働的なダイアローグ」を第二言語リテラシーの観点から見ると、第二言語に関する言語的知識だけが問題の焦点となるのではなく、学習者がこれまでに第一言語や第二言語を媒介にして獲得しているリテラシーに基づく、ストーリーテリングという活動そのものに関する知識も対象となりうる。

　そして、本研究のストーリーテリング活動では、そのような「協働的なダイアローグ」すなわち「知識(再)構築のためのダイアローグ」が、学習者間の交渉の過程に観察される。第5章で説明したように、本研究のストーリーテリング活動で観察される学習者の交渉は、学習者双方による協働的な働きかけの行為であり、ストーリーを理解するために必要とされる知識を共有するために、あるいは、学習者各々がこれまでの経験に基づいて獲得している知識の差異を調整するために起こる。こうした学習者間の交渉を通して、そこで問題となっている事象や事柄が対象化され、それを解決するための知識を共有したり、知識の差異を調整したりする作業が協働的に行われる。このような作業の過程自体が、本章の冒頭で説明したように、学習者の第二言語リテラシーの具現化として捉えられる。

　そして、こうしたストーリーテリング活動中に起こる学習者間の交渉は、第3章で説明したストーリーテリングを構成する領域の

一つである「語りの世界」で起こる。ストーリーテリングは、語り手のストーリーの内部世界が描写される「語られる世界」と、語り手と聞き手がストーリーを協働的に展開し構築していく「語りの世界」の二つの位相から構成されている。この「語りの世界」における語り手と聞き手のやり取りを詳しく見ると、実際には二つの異なる性質のやり取りが観察される。語り手のストーリーに対するアセスメントを与えるなど、聞き手が語り手のストーリーテリングに直接関与していく際のやり取りと、ストーリーテリングに関する何らかの問題を巡って起こる学習者間の交渉のやり取りである。本節で行うデータ分析では、これらのやり取りを区別するため、問題解決のための学習者間の対話の場すなわち交渉の場を、ストーリーテリング活動内の「オフ・ステージ」とし、学習者間でストーリーテリングが展開されている場を「オン・ステージ」とする。

　以下、本節では、学習者がストーリーテリング活動で与えられた役割を遂行する中で、教室活動で与えられた課題の達成を目指しながら、ストーリーテリング活動を展開していく過程を観察する。まず、ストーリーのトピックを巡って起こった学習者間の交渉の過程に、ストーリーテリングについての学習者の知識が呈示され共有されていく現象を取り上げる(6.2.1)。次に、学習者がストーリーテリング活動で与えられた役割を支援し合い、第二言語リテラシーを調整していく様相を提示し考察していく(6.2.2)。

6.2.1 ストーリーテリングについての学習者の

知識の呈示と共有

　本項では、日常の会話で行われる「ストーリーテリング」という活動の経験を基に、学習者がこれまでに獲得したストーリーテリングについての知識が、ストーリーテリング活動における学習者間の対話を通して呈示されていく現象を取り上げる。そのようなストーリーテリング一般に関する学習者の知識は、以下のデータ例に見られるように、特に、ストーリーのポイントやストーリーの展開を巡って何らかの問題が生じたために起こった学習者間の交渉の過程に、そのような学習者の知識が立ち現れているのが観察される。

　第3章で説明したように、日常会話に生じるストーリーテリングは、ストーリーテリングの冒頭で、語り手によってストーリーの要約やストーリー内容に関するアセスメントなどの前置きが与えられることが多い。このようなストーリーの前置きにおいて、語り手はストーリーのポイントを知らせることがあり、そのため、聞き手はこれから語られるストーリーに対するスタンスを語り手と共有し、語り手の発話に適切に応答しながらストーリーテリングへ関与していくことができるのである(Goodwin & Goodwin, 1987; Sacks, 1992)。

　しかし、そのようなストーリーのポイントに基づいてストーリーがどのように展開されるべきか、また、ストーリーのポイントがどのように解釈されるべきかといった語り手の提案を、聞き手が支持しないこともある。したがって、必ずしも語り手の思惑

通りにストーリーテリングが展開しないこともあり、その場合は、語り手と聞き手の間にストーリーの展開やポイントを巡って交渉が起こりうる。このような交渉は、第5章のデータ例にも観察された現象である。

　以下の例5は、ストーリーテリングの途中で、ストーリーのポイントやストーリーの展開を巡って起こった学習者間の交渉の過程に、「ストーリーをどのように展開するか」といったストーリーテリングに関する学習者の知識が呈示されているのが観察できる例である。データ例に登場する学習者は、BOが語り手、SOが聞き手、THがもう一人の聞き手で、KHが書き手である。

【例5】

01	BO:	あの:: 先月の日曜日, 神戸に行って:: 友だちと, え:: 食べ放題の 場所で,
02		夜, 食べました. リーガロイヤー, ロイヤルホテルかな,
03		あれも (.) 見えるし: 海も見える. だからきれいし:
04		で: (.)なんか, あの::料理も: いっぱい.
05		(2.0)
06	BO:	あの:いろんな料理ありました. で (.) なんか:=
07	SO:	=中国料理, タイ料理
08	BO:	〉いや〈中国::〉いやいや〈そうでも [ない.
09	TH:	[なにについて(.) は:: 話す?
10		(2.0)
11	TH:	°ごめん [ごめん°

12　BO:　　　　　[あ, 電話 (.)し(h)た(h): hh .hh

13　　　(0.7)

14　BO:　((KHに向かって))ﾟいや〈書いてﾟ

15　　　(0.8)

16　TH:　ﾟごめんﾟ

17　BO:　やっぱり, 最初, 紹介 (.)じゃないとね?=

18　TH:　う::ん

19　BO:　=みんなに.

20　　　(0.8)

21　BO:　うん.

22　KH:　なんの話?

23　BO:　〉いや〈あ, 電話?

24　　　(0.5)

25　KH:　ﾟ電話?ﾟ=

26　BO:　=ﾟhh .hh hhそう.hhﾟ

27　KH:　でんわ?

28　BO:　〉いや〈でも, これ, 〉だいじょうぶ〈

29　TH:　こ[れがあって,

30　BO:　　[最初-

31　TH:　これを電話 [したとかhh. hh

32　BO:　　　　　　　[そうそう.

33　KH:　[あ::

34　BO:　[これがあるから, あっちも (.)電話.

35　　　(1.0)

36　BO:　で

37　　　(1.3)

38		けっこう, あ, ちょっと, 午後5時から,大体11時まで:
39		営業してますよ. で: 大体4時間ぐらい食べました.

(後略: この後、昼食中にかかってきた家族からの電話の内容につい
てBOが語り始める)

BOは「家族との電話」というトピックに基づいてストーリーを語ることになっていたが、ストーリーテリングが開始されると同時に、友人と神戸に行き、昼食のために入店した食べ放題のレストランに関する詳細を述べ始める。最初に、ストーリーのトピックに言及しなかったため、他の学習者がBOのストーリーの内容やポイントを理解するのに問題を抱えている様子が明らかになっていく。

01	BO(n):	あの:: 先月の日曜日, 神戸に行って::友だちと, え:: 食べ放題の場所で,
02		昼, 食べました. リーガロイヤー, ロイヤルホテルかな,
03		あれも (.) 見えるし: 海も見える. だからきれいし:
04		で: (.)なんか, あの::料理も: いっぱい.
05		(2.0)
06	BO(n):	あの: いろんな料理ありました. で (.) なんか:=
07	SO(l):	=中国料理, タイ料理
08	BO(n):	〉いや〈中国::〉いやいや〈そうでも [ない

01行目から08行目にかけて、BOはレストランの位置、レストラ

ンから見える景色、そこで食べられる料理の種類などを説明して
いるが、ストーリーのトピックである「家族との電話」に全く触れ
ていない。そのため、聞き手の一人であるTHが、ここまでのBO
の説明ではストーリーのポイントを理解できず、09行目で、語り
手BOと聞き手SOのやり取りに参入する。

		08	BO(n):	⟩いや⟨中国::⟩いやいや⟨そうでも
				[ない.
→		09	TH(b):	[なにについて(.) は:: 話す?
		10		(2.0)
→		11	TH(b):	°ごめん [ごめん°
→		12	BO(n):	[あ, 電話 (.)し(h)た(h): hh .hh
		13		(0.7)
→		14	BO(n):	((KHに向かって)) ⟩いや⟨書いて°
		15		(0.8)
→		16	TH(b):	°ごめん°
→		17	BO(n):	やっぱり, 最初, 紹介 (.) じゃないとね?=
		18	TH(b):	う::ん
→		19	BO(n):	=みんなに.

　09行目、THは、語り手BOがストーリーの背景を説明している
ところへ参入し、「なにについて話す?」とBOに尋ね、ストーリー
のトピックを明確にするよう要求する。ここから、BOのストー
リーのトピックを巡る学習者間の交渉が始まる。録画データを見
ると、THは身体を前に傾け、書き手であるKHをちらっと見て、

KHがメモを取っている紙を指差している。THの質問に答えようとしている際、BOもまたKHのメモを見る。それから、THに対してまごつきながら、12行目でストーリーのトピックは「(家族との)電話」であることを述べる。

　そして14行目、BOは書き手であるKHに向き直り、「書いて」と述べ、自身のストーリー内容に関するメモを取り続けるよう促す。このKHに対するBOの「書いて」という発話は、BOがここまで行ってきたようにストーリーの説明を続けること、すなわち、ストーリーテリングを中断せずにそのまま続行することを知らせていると言える。11行目と16行目で、THは、語り手であるBOのストーリーテリングに介入し、ストーリーテリングを中断させてしまったことに対して「ごめん」と謝っているが、このように繰り返されている謝りも、THがBOの意図を支持していることを示していると考えられる。そして、こうしたTHの行為もまた、ストーリーテリング活動に対するTH自身の認識から生じたものである。

　その後、17行目から19行目にかけて、BOは、THに対し「やっぱり、最初、紹介じゃないとね？みんなに」と述べることによって、ストーリーテリングの冒頭では友人と行ったレストランを紹介するというBOの本来の意図を伝え、すでに述べたストーリーの内容やストーリーの展開に関する自身の考えをここで正当化しようとしている。このBOの発話は、レストランに関する描写、つまり、ストーリーの出来事が起こった状況説明がこのストーリーの導入として適しているという、BO自身のストーリーの展開に関する知識が呈示されていると言える。そして、こうしたBOの考えは、18

行目におけるTHの同意によって受け入れられている。

→	19	BO(n):	=みんなに.
	20		(0.8)
	21	BO(n):	うん.
→	22	KH(w):	なんの話?
	23	BO(n):	〉いや〈あ, 電話?
	24		(0.5)
→	25	KH(w):	°電話?°=
	26	BO(n):	=°hh .hh hhそう.hh°
→	27	KH(w):	でん<u>わ</u>?

　ところが22行目、今度は、書き手であるKHが、ストーリーのト
ピックをBOに尋ねる。この時点でもKHは、ここで何が起こって
いるのか、BOのこれまでのストーリーがトピックにどのように関
連しているのかを理解していないことが窺える。23行目で、BOが
「(家族との)電話」というトピックを再度述べると、25行目、KHは
小さな声で「電話?」と聞き返す。続けてBOが「(家族との)電話」が
ストーリーのトピックであることを笑いながら認めた後でさえ、
KHはさらに、27行目で「でんわ?」と先行の発話を繰り返し、ト
ピックの内容を確認しようとしている。

	27	KH(w):	でんわ?
→	28	BO(n):	〉いや〈でも, これ, 〉だいじょうぶ〈
→	29	TH(b):	こ[れがあって,

```
      30   BO(n):      [最初-
→     31   TH(b):   これを電話 [したとかhh. hh
→     32   BO(n):            [そうそう.
      33   KH(w): [あ::
→     34   BO(n): [これがあるから, あっちも (.) 電話.
      35          (1.0)
→     36   BO(n):  で
      37          (1.3)
      38   けっこう, あ, ちょっと, 午後5時から, 大体11時まで:
      39   営業してますよ. で: 大体4時間ぐらい食べました.
```

　KHによって繰り返し行われた聞き返しに対し、28行目、BOは「いや、でも、これ、だいじょうぶ」と返答し、ストーリーテリングの冒頭でBOが与えようとしているストーリーの背景に関する情報が、「家族との電話」というストーリーのトピックに関連していることを主張する。すると、29行目から31行目にかけて、BOのストーリーのトピックについて最初に尋ねたTHが、ここでBOを支持する。「これがあって、これを電話したとか」と述べ、BOのストーリーの背景説明がストーリーのトピックに関連していることを、THがBOに代わって、書き手であるKHに説明している。その後、BOも32行目の「そうそう」という承認でTHの支持を受け入れ、34行目、「これがあるから、あっちも電話」と、THの説明に類似した発話を繰り返して、ストーリーの展開に関するBO自身の考えをKHに説明する。

　そして、33行目のKHの「あー」という承認でKHの理解を得て、

36行目からBOはストーリーテリングを再開する。この36行目で、BOは、交渉のやり取りが行われていたストーリーテリングのオフ・ステージから、ストーリーの状況説明を行うオン・ステージへと戻る。ここでは、BOのスピーチ・スタイルが、ストーリーを語るときの丁寧体の使用から他の学習者との交渉における普通体の使用へ、さらに、普通体から丁寧体へと変化していることが、そうしたオン・ステージでのストーリーテリングとオフ・ステージにおける交渉との往還を示しているのが観察できる。こうしたオン・ステージとオフ・ステージとの往還で異なるリソースを使用できることにも、学習者自身の第二言語リテラシーの具現化が観察できると言ってよいであろう。

　このストーリーテリングで学習者間の交渉が起こったのは、語り手であるBOがストーリーのトピックを最初に述べなかったことが原因であるとも言える。前節6.1.1で見たように、本研究のストーリーテリング活動では、ストーリーテリングの開始時に、語り手はこれから語るストーリーのトピックについて述べることが多い。本研究で収集したデータを観察すると、実際、BOも他のストーリーテリング活動のセッションでは、「○○について話します」とストーリーのトピックを最初に述べ、ストーリーを開始しているのである。しかし、この例では、そうしたストーリーのトピックが最初に明示されなかったことで、学習者間でストーリーのトピックを巡る交渉が起こり、ストーリーの展開に関する学習者の知識が呈示されることになったと考えられる。

　このようにして呈示されるストーリーテリングという活動につ

いての学習者の知識は、日常生活で、あるいは他の教育現場で、学習者がこれまでに第一言語や第二言語を媒介にして獲得してきたリテラシーに基づくものである。この例に観察されたように、ストーリーテリングを展開していく上で問題となる事象や事柄が対象化され、それを解決するために起こる学習者間の「協働的なダイアローグ」が、そうした第二言語リテラシーの具現化を誘発する。そして、そこで具現化されたリテラシーは、問題解決を導くための、あるいは、ストーリーテリング活動を達成していくためのリソースとして、他の学習者とも共有される。

　さらに、このデータ例で注目されるのは、書き手役の学習者に配慮しながら、学習者間の交渉が行われていることである。このことは、書き手の役割も含め、ストーリーテリング活動で与えられている各役割に関する認識が、学習者間で共有されているということを意味する。そのため、ストーリーテリングが中断され、ある問題を巡って学習者間で問題解決のための交渉が起こったとしても、活動を続けるやり方が学習者間で協働的に決定されていくのである。そして、学習者は与えられた課題を達成するために、ストーリーテリング活動の役割を互いに支援しながら、教室活動を実践していく。このような学習者間の役割支援については、次項でさらに詳しく観察する。

6.2.2 ストーリーテリング活動の役割支援と
リテラシーの調整

　本研究のストーリーテリング活動では、学習者に課題として与えられた「ストーリーのトピックに基づいてストーリーを語り、聞く」という「ストーリーテリング」が、教室活動の目的となる。本章のこれまでのデータ例にも、こうした教室活動の目的が学習者間で共有されていることが観察される。そうした教室活動の目的を共有し、与えられた課題を達成するために、学習者は、ストーリーテリング活動の役割を担いながら教室活動を実践していく。

　本章の冒頭で説明したように、本研究のストーリーテリング活動では、学習者が「知識として知っている」と自ら認識している事象を対象化したり、顕在化したり、概念化したりていく過程に、第二言語リテラシーの具現化が観察される。また、第5章5.1.2や前項6.2.1で明らかにしたように、問題となっている事象や事柄を対象化し、他の学習者との交渉を通して、問題を解決するための知識を共有していく学習者間の協働的な作業の過程にも第二言語リテラシーの具現化が見られる。

　そうした過程で、問題解決のための敷地となる知識は、学習者がこれまでに獲得したリテラシーに基づくものである。前項では、ストーリーテリングの途中で、ストーリーのポイントを巡って起こった交渉の過程に、語り手役の学習者のリテラシーが具現化され、ストーリーテリングを展開していくためのリソースとして他の学習者と共有されるのを観察した。本項では、語り手のス

トーリーの展開の仕方を巡る学習者間の交渉を通して、聞き手や書き手役の学習者が語り手役の学習者を誘導し、その結果、語り手のリテラシーの調整が行われていく現象を提示する。

　また、前項のデータ例で観察したように、そのような学習者間の交渉は、特に、書き手の役割への配慮を中心になされることがある。書き手は、語り手のストーリーを聞きながらメモを取り、後に作文にして提出する課題が与えられているため、聞き手同様、語り手のストーリー内容やポイントを理解しておく必要がある。学習者は、こうしたストーリーテリング活動における書き手の役割に関する認識を共有しており、同時に、役割に関する認識の共有を互いに呈示し合い、自身に与えられた役割の責任も果たしながら、「ストーリーテリング」という課題の達成を目指す。本項では、このような学習者間の役割支援も観察していく。

　以下の例6は、第5章5.2.2の例7でも取り上げたTHの「怖かった経験」についてのストーリーである。以下のデータ箇所は、例7のストーリーテリングの前半部分にあたる。第5章の例7で説明したように、このTHのストーリーは、中国の大学に通っていたある日のこと、道幅が狭く人通りの激しい橋の上を自転車で渡っていたときに、誤ってタクシーのドアにぶつかり傷をつけてしまったという出来事についての話である。

【例6】

(前略:語り手であるTHが、起こった出来事の時間や場所など、ス
　　　　トーリーの方向付けを与えた後、ストーリーの状況を説明して
　　　　いる)

01　TH:　私,最初のときは,あら,あやまろうとしたんですけど,

02　　　　あのドライブさんが降りてきて:,自転車をぱっとけって,

03　　　　な,おまえ何やってんで::って言われて,

04　　　　え:: そんな- その態度で,私すごく腹立って:

05　　　　で,この人に絶対あやまらなくて:

06　　　　うん,もうあげないと思ったんですね.

07　　　　(0.5)

08　　　　で,う::ん,そのときに,.hh うん,私もうゆったんですね.

09　　　　で,前のタクシーが,あの:: 最初,速いスピードで走ったとき
　　　　　に:

10　　　　そのまま走ってたら私はその後ろと-う::

11　　　　[ついていって,通るんですけど::

12　TO:　[゜あ、怖い話ではない,違う゜?

13　　　　(1.0)

14　TO:　腹立つことではないです゜か゜?

15　　　　(0.5)

16　TH:　こ- こわ- 怖かった (.) 怖かったことです.

17　TK:　いえ,中断しないで. そ(h)の(h)あと(h)

18　　　　.hh [.hh.hh

19　TO:　　　　[あ:ん,そのあとは?

```
20    TK:    橋までき- きて [るんですけど,
21    TO:                    [あ:ん
22    TK:    [そのあと全然進まないから.
23    TH:    [あ:
24           .hh うん. その- そ-そのあとに, .hh (.) うん, えっと:
25           降りてきた, 降りてきて (.) う::ん,
26           何やってるんか:: とそう言われて, う::ん,
27           絶対に謝らないと思ったんですけど,
28           うん(.)思って.
```

（後略：この続きは、第5章5.2.2で取り上げた例7のデータ部分である）

　　THの自転車がタクシーに触れた後、タクシーの運転手がそれに気づき、車を停め、車から出てきてTHに怒鳴りつける。最初は謝ろうとしたTHだったが、タクシーの運転手の態度に腹が立ち、絶対謝らないと思ったというところから、このデータ例は始まっている。

```
       01   TH(n):  私, 最初のときは, あら, あやまろうとしたんですけ
                    ど,
       02           あのドライブさんが降りてきて:,　自転車をぱっと
                    けって,
       03           な, おまえ何やってんで::って言われて,
    →  04           え:: そんな- その態度で, 私すごく腹立って:
       05           で,この人に絶対あやまらなくて:
       06           うん, もうあげないと思ったんですね.
```

```
07        (0.5)
08        で, う::ん, そのときに, .hh うん, 私もうゆったんで
          すね.
09        で, 前のタクシーが, あの:: 最初, 早いスピードで
          走ったときに:
10        そのまま走ってたら私はその後ろと-う::
11        [ついていって,通るんですけど::
→   12 TO(l): [°あ、怖い話ではない, 違う?°
13        (1.0)
→   14 TO(l): 腹立つことではないです°か°?
15        (0.5)
→   16 TH(n): こ- こわ- 怖かった (.) 怖かったことです.
```

　01行目から11行目、語り手であるTHは「怖かった経験」で起こった出来事の状況を説明しているが、聞き手であるTOがストーリーの内容、あるいはストーリーのポイントを理解するのに十分な情報を与えていない。そのことは、12行目のTOの質問によって明らかになる。12行目、聞き手であるTOは「怖い話ではない、違う？」と、THのストーリーの内容が「怖かった経験」についての話かどうかTHに尋ねる。ここで取り上げたデータ部分以前に、このストーリーテリングの冒頭で、THは「怖かったことについて話します」と宣言してからストーリーテリングを開始している。しかし、ここまでのTHのストーリー説明では、TOが「怖かった経験」のストーリーのポイントを理解するには十分でないことが、この12行目のTOのストーリーのトピックの確認によって分かる。ここで、ス

トーリーのポイントを巡る、ストーリーテリング活動内のオフ・ステージにおける学習者間の交渉が始まる。

　さらに14行目、TOは「腹立つことではないですか」とTHに尋ねる。このTOの質問は、THが04行目で「私すごく腹立って」と述べたことから、それを受けて生じた質問であると考えられる。そして、語り手であるTHは、聞き手のストーリーテリングへの関与なしに、この時点までストーリーの状況説明を続けてきたため、突然のTOの質問に対して、16行目で、言いよどみながらストーリーのトピックが「怖かった経験」であると述べる。

```
→  16   TH(n):  こ- こわ- 怖かった (.) 怖かったことです.
→  17   TK(w):  いえ, 中断しないで. そ(h)の(h)あと(h)
    18           .hh [.hh.hh
→  19   TO(l):      [あ:ん, そのあとは?
→  20   TK(w):  橋までき- きて [るんですけど,
    21   TO(l):              [あ:ん
→  22   TK(w):  [そのあと全然進まないから.
    23   TH(n):  [あ:
→  24           .hh うん. その- そ-そのあとに, .hh (.) うん, えっと::
    25           降りてきた, 降りてきて (.) う::ん,
    26           何やってるんか:: とそう言われて, う::ん,
    27           絶対に謝らないと思ったんですけど,
    28           うん(.)思って.
```

　ここで17行目、書き手であるTKが、THとTOのやり取りに参入

し、「いえ、中断しないで。そのあと」と笑いながら、THにストーリーテリングを続けるよう促す。録画データを見ると、それまで語り手のストーリー内容を書き取ることに集中していたTKが、ここで顔を上げTHに視線を向ける。そして、20行目と22行目で、TKはTHのストーリーが展開していないことをはっきり指摘する。THが語っているストーリーの出来事が橋の上で起こったことであるので、TKは「橋まできてるんですけど」と、この時点までに説明されたストーリーの場面に言及する。しかし、「そのあと全然進まないから」と、THのストーリー展開の停滞を指摘することによって、THが「怖かった経験」のストーリーのポイントを与えていないことを示唆する。

　聞き手であるTOも、書き手TKの指摘に同意し、19行目で「そのあとは？」とTHに次の段階へストーリーを進めるよう、その展開を促す。24行目、THが「そのあと」というTOの発話を繰り返し、ストーリーテリングを続けようとしていることから、語り手であるTHも、TKの指摘やTOの提案に同意、あるいは、少なくとも受け入れていることが分かる。

　この例の場合は、聞き手がまず、語り手にストーリーのトピックを確認し、その後、書き手がストーリーテリングに参入し、語り手にストーリーを展開するよう促すといった交渉が観察された。そして、聞き手と書き手が協働して、語り手にストーリーの展開の仕方を気づかせる。語り手も、このような聞き手や書き手の意図を汲み取り、ストーリーテリングを次に起こった出来事へと進ませ、ストーリーの展開に変化をつけていくことになるので

ある。

　以下の例7も、そのような学習者間の役割支援とリテラシーの調整が観察できる例である。例7では、ストーリー内容をメモしている書き手に対して、語り手がその状況を尋ねたのをきっかけに、ストーリーテリングの展開を巡る学習者間の交渉が始まる。これは、語り手であるBOが、別のストーリーテリング活動で語った「家族への電話」についてのストーリーである。聞き手はTKで、書き手はKHである。

【例7】

```
(前略：　「家族との電話」の内容についてBOが語っている)

01   BO:   おれ, さっき3番目言った?
02         (0.5)
03         もし: いい女の子がいれば, なんか:: ま, 付き合って.
04   TK:   ((笑))
05   BO:   おれもあの:: 電話から, あの:: いつも, なんか, いい女の子い
            ればなって.
06   TK:   ((笑))
07   BO:   もう書いた? 書いた.
08         (0.2)
09   BO:   それ: [で
10   TK:         [途中で話がかわ-話題が変わってる. 大丈夫?
11         (1.0)
```

```
12  KH:  でも:: 何回も変わるでしょ.

13        こういう話だったら, 流れがないんじゃない?

14        (2.0)

15  TK:  例えば, 何日会ってないから:: こないだ母親電話しました.

16        で, 覚えてるのは, あの:: 一人っ子で:: (.) 幸せだと思うんで
          す.

17  BO:  ま, そうでもない.

18  TK:  え, 兄弟 [いたら::=

19  BO:           [そうでもない.

20  TK:  =お金をあげるときは:: 半分. 少ない.

21  BO:  さびしいですよね:: 一人っ子って.

22        (1.0)

23  BO:  ん, ま::

24        (3.0)

25  BO:  えっと:: やっぱりあの:: そうですね, 私の:: 将来に関する話.

26        それ, と2番目は, ま:: あの:: 体に注意してくださいってこと.
```

(後略: この後、BOはこれまでに語ったストーリーを要約していく)

　このデータ例に観察されるやり取り以前に、BOは、両親と電話で話した3つの話題のうち、「BOの将来と健康に対する心配」という2つの内容をすでに説明している。以下の01行目のBOの発話は、「家族との電話」の話題の3つ目にあたる内容に言及したものである。

　　→　01　BO(n):　おれ, さっき3番目言った?

02		(0.5)
03		もし: いい女の子がいれば, なんか:: ま, 付き合って.
04	TK(l):	((笑))
05	BO(n):	おれもあの:: 電話から, あの:: いつも, なんか, いい女の子いればなって.
06	TK(l):	((笑))

　01行目の「おれ、さっき3番目言った？」というBOの発話は、先述した両親との電話の話題の3つ目にあたる内容を、BO自身がすでに語ったかどうか、他の学習者に問いかけ確認している。上記のデータ部分からは分からないが、ストーリーテリングの冒頭からこの時点までのデータ資料を見ると、「家族との電話」というストーリーのトピックから度々脱線してストーリーテリングが行われてきたため、ここで、このようなBOの確認が生じたと考えられる。また、他の学習者に対するこのBOの問いかけには、ストーリーテリングの展開に関して、他の学習者が担う役割を配慮しているBOの意識も窺える。

　その後、BOは、両親との電話で話した3つ目の内容を繰り返し語り始める。このBOの発話に対し、聞き手であるTKは、04行目と06行目に見られるように「笑い」で応答しているだけである。

→	07	BO(n):	もう書いた? 書いた.
	08		(0.2)
	09	BO(n):	それ: [で
→	10	TK(l):	[途中で話がかわ-話題が変わってる. 大丈夫?

	11	(1.0)
→	12	KH(w): でも:: 何回も変わるでしょ.
→	13	こういう話だったら, 流れがないんじゃない?
	14	(2.0)
→	15	TK(l): 例えば, 何日会ってないから:: こないだ母親電話しました.
→	16	で, 覚えてるのは, あの:: 一人っ子で:: (.) 幸せだと思うんです.

　07行目、BOは「もう書いた?」と、BOのストーリーの内容をメモしているKHに、ストーリー内容の書き取りの進行状況を尋ねる。このことも、書き手役の学習者に対するBOの配慮が示されていると言える。ところが、この07行目のBOの発話がきっかけになり、その後、学習者間で交渉が始まる。09行目からBOはストーリーテリングを続けようとするが、ここで、10行目、聞き手TKが「途中で話が、話題が変わってる」と、ストーリーテリングの展開がストーリーのトピックから脱線してきたことを指摘する。

　続いて、TKは「大丈夫?」と、書き手であるKHに尋ねる。このKHに対するTKの問いかけも、書き手であるKHの役割に対する配慮を示している。つまり、このTKの問いかけには、語り手のストーリー内容を書き取り、作文にして提出する課題が与えられている書き手の役割に関するTHの認識が示されているとともに、ストーリーテリングはストーリーのトピックが一貫して反映されているストーリー内容を伴うべきであるという、ストーリーテリン

グという活動についてのTKの知識も呈示されていると言える。

　このようなTKの問いかけに応じ、KHは、12行目と13行目で「でも、何回も変わるでしょ」「こういう話だったら、流れがないんじゃない？」と、BOのストーリー展開の脱線とその問題を指摘する。この13行目のKHの指摘にも、上述したTKの問いかけと同様、「一貫した流れを伴うべき」ストーリーテリングという活動についてのKHの知識が示されていると言える。

　2秒の沈黙の後、TKは、ここまで展開されてきたストーリーテリングの内容を思い出しながら、15行目で「何日（も）会ってないから、こないだ母親（に）電話しました」とKHに話しかける。このTKの発話は、BOが語ったストーリー内容を代弁したものであるが、すでに行われたストーリーテリングの内容から、特にストーリーのトピックに則した内容をTKが取り出したものであると考えられる。また、16行目の「で、覚えているのは、一人っ子で、幸せだと思うんです」というTKの発話は、聞き手であるTK自身がストーリーテリングでアセスメントとして与えた内容を指していると捉えられる。このようなTKの発話には、語り手であるBOや書き手であるKHの役割を支援しようとしているTKの試みが観察される。

```
→   17  BO(n):  ま, そうでもない.
→   18  TK(l):  え, 兄弟 [いたら::=
    19  BO(n):         [そうでもない.
→   20  TK(l):  =お金をあげるときは:: 半分. 少ない.
    21  BO(n):  さびしいですよね:: 一人っ子って.
```

22		(1.0)
23	BO(n):	ん, ま::
24		(3.0)

→ 25　BO(n): えっと:: やっぱりあの:: そうですね, 私の:: 将来に関する話.

26　　　　それ, と2番目は, ま:: あの:: 体に注意してくださいってこと.

　すると17行目、語り手BOは、先行するTKの発話に対して、「そうでもない」と否定する。このBOの発話は、TKが代弁したBOのストーリー内容の間違いを指摘しているのではない。この対話の場に再度取り上げられた「一人っ子で、幸せだと思うんです」というストーリーテリングにおけるTKのアセスメントそのものに対する否定である。したがって、その後のBOとTKのやり取りからも分かるように、この17行目のBOの発話から、学習者間の対話は、ストーリーテリングの展開を巡る交渉のオフ・ステージからストーリーテリングのオン・ステージへと移行する。そして、25行目以降に見られるように、BOはすでに語った「家族との電話」のストーリーの要約を始める。

　このように、この例7でも、ストーリーテリング活動の途中で、ストーリーテリングの展開を巡って起こった交渉をきっかけに、聞き手や書き手役の学習者によって、語り手の第二言語リテラシーの調整が誘導されていくのが観察される。また、そのような交渉の過程で、学習者間で共有されている活動の役割に関する認

識やストーリーテリングという活動についての学習者の知識が呈示されていく。

　しかし、この例7の場合は、聞き手や書き手がストーリーテリングの展開の問題を指摘しているものの、先の例6とは異なり、語り手に対して、ストーリー展開の修正を明示的に要求しているわけではない。聞き手と書き手役の学習者のやり取りに、互いの役割に対する配慮や、ストーリーテリングについての知識が呈示されたことによって、語り手のリテラシーの調整が促されている。こうした学習者間の役割支援が観察されるのは、ストーリーテリングという課題を達成するのに、協働して活動を実践していく必要があるという認識が学習者間で共有されているためであると言える。

　Swain(2000)は、学習者間の「協働的なダイアローグ」が、学習者による協働的な問題解決という社会的活動であるとともに、学習者が協働して知識を構築していく認知的活動であると捉えていたが、ストーリーテリング活動の役割支援という側面から学習者間の対話を見ると、学習者は、与えられた課題を達成していく過程で、社会的で認知的な実践を行いながら、制度的な実践も同時に行っていることが分かる。そうして、学習者は、課題を達成するという教室活動の目的を共有した役割を担って、自らをストーリーテリング活動に位置づけていると言える。

6.3 結び：教室活動と第二言語リテラシー

　本章では、本研究のために行われたストーリーテリング活動を教室活動としての側面から見た場合に観察される現象に注目し、学習者がストーリーテリング活動を達成していく過程に具現化されるリテラシーを考察した。6.1では、学習者によるストーリーテリングの開始と完了の決定や、ストーリーのトピックの維持に、ストーリーテリング活動の教室活動としての制度的側面に関する学習者の認識の呈示を見た。6.2では、ストーリーのトピックやストーリーの展開を巡る学習者間の交渉の過程に、ストーリーテリングという活動に関する知識が呈示され共有されていく様相と、学習者間の役割支援とリテラシーの調整を観察した。

　こうした教室活動やストーリーテリングに関する学習者の認識や知識の呈示、学習者のストーリーテリング活動への参加の様相や問題解決のための交渉の過程、活動で与えられた役割を担う学習者の行為を探ることで、本章では、教室活動としてのストーリーテリング活動の多面的な性質が明らかになったであろう。また、学習者間の対話を通して、これまでの経験を基に獲得している学習者の認識や知識が立ち現れる様相を提示したことで、こうした学習者の第二言語リテラシーをどのように引き出し、他の学習者の第二言語リテラシーとの協働をどのように支援し合えるかが、教育現場の課題であることも示唆されたであろう。

　また、本章のデータ分析で観察してきたように、教室活動に関する認識や与えられた課題に関する知識は、学習者間の対話を通

して立ち現れる。そして、こうした学習者の認識や知識が、学習者間で理解され共有されることによって、教室活動で与えられた課題の達成が可能になる。このことに関連していると思われるLave & Wenger(1991)の見解を以下に引用したい。

　　共同体ということばは必ずしも同じ場所にいることを意味しないし、明確に定義される、これとはっきりわかるグループを意味してもいない。あるいは社会的に識別される境界があるわけでもない。それは参加者が自分たちが何をしているか、またそれが自分たちの生活と共同体にとってどういう意味があるかについての共通理解がある活動システムへの参加を意味している。

(Lave & Wenger, 1991, p.98; 邦訳, 1993, p.80)

　Lave & Wengerが指摘しているように、学習者が参加するコミュニティの一つとなりうる教室も、教室という場面が与える制約、そこで行われる活動の目的や役割の遂行など、制度的状況に基づく事象に関する認識や知識が、学習者間で理解され共有されることで成り立つものである。したがって、制度的な状況というのは、必ずしも既成の組織やグループを指すのではなく、そうした学習者の認識や知識の共通理解と共有によって構成されている様々な現象の集合体と捉えることもできる。

　そして、そうした場において、学習者がこれまでの経験を基に獲得している認識や知識をどのように扱うか、また、そのような認識や知識を、他の学習者との対話においてどのように呈示させていくかが、学習者の第二言語リテラシーと関連するところであ

る。本章で考察してきたように、学習者間の対話において具現化
されるリテラシーは、さらに対話を通して更新され続けるものと
捉えると、教室で日本語を学ぶ「学習者」にとっての第二言語リテ
ラシーというものは、常に、教室というコミュニティとその参加
者である他の学習者との対話に見ていかなければならないと言え
よう。

第7章
学習者の意識や気づきと
第二言語リテラシー

第7章

学習者の意識や気づきと第二言語リテラシー

　本章では、学習者とのインタビュー[1]から、教室内で行われたストーリーテリング活動や教室外での第二言語環境における学習者の様々な意識や気づき[2]を取り上げ、そうした学習者の意識や気づきと、第5章や第6章で考察した第二言語リテラシーの具現化や実践との関連を見ていく。学習者の意識や気づきの考察によって、第5章や第6章で観察してきたストーリーテリング活動におけ

---

1) 第4章で説明したように、学習者とのインタビューにあたって、筆者は学習者に尋ねておきたい質問事項を念頭に置きながらも、学習者自身の観点から学習者の解釈のあり方や調査課題に対する意味づけを得るために、学習者の自発的な発言に則してインタビューを進めた。また、インタビュー・データの文字化は、学習者によって語られた内容の把握を重視したため、過剰なフィラーや言いよどみなども省略し簡素化を試みた。なお、本章で取り上げるインタビュー・データには、分析において着目したい学習者のことばや表現を太字で強調してある。
2) 本章で記述していく学習者の「気づき」とは、英語の "awareness" の意味である。つまり、学習者がその場で何が起こっているのかに気づくこと、あるいは、起こっていることを理解することを意味する。第二言語のインプットやアウトプットにおける言語の形式や規則に対して意識的に働きかけるプロセスである "noticing"(Swain, 2000; Swain & Lapkin, 1995等)の日本語訳「気づき」との混同を避けるため、付記しておく。

る学習者間の対話や学習者の参加の構造、そして、学習者の行為の様相がより包括的に理解できるであろうと考える。

　また、本章では、インタビューで語られた学習者の意識や気づきに、第二言語話者としての日本語学習者の行為の特質を見ていく。序論で述べたように、本研究のストーリーテリング活動においては、学習者は「ストーリーを語る、聞く」という言語活動を行いながら、第二言語を用いて行動したり表現したりする第二言語話者としての行為を経験していることになる。したがって、学習者の意識や気づきから、第二言語話者としての日本語学習者の行為の特質を記述していくことは、第5章や第6章で観察してきたストーリーテリング活動における学習者の言語行為を裏づけることにもなる。

　本章ではさらに、ストーリーテリング活動の教室活動としての可能性も検討していく。本研究の研究課題の一つに、ストーリーテリング活動が、「ストーリーを語る、聞く」という行為を通して、自身の経験や知識を第二言語で表現する機会を学習者に与え、第二言語で活動に参加し貢献しているという意識から学習者の気づきを生み出す教室活動として検討するという目的があった。序論から第3章にかけて、教室活動としての本研究のストーリーテリング活動の可能性として示唆した点を整理すると、以下の5点になる。

　　(1) ストーリーテリング活動は、学習者が他の学習者との対話を通して「ストーリーを語る、聞く」ことを実践する場を与えるだけ

でなく、互いの行為に観察されるリテラシーの具現化に、学習者が利用可能なリソースを新たに発見する可能性を与える。

(2) ストーリーテリング活動は、学習者が教室内外でこれまでに獲得した第二言語に関する知識を、実践を通して再構築できる場である。

(3) また、そうした知識が有効であるかどうかを試せる場ともなりうる。

(4) ストーリーテリング活動は、学習者が第二言語で「語る」「聞く」という行為を通して様々な交渉的なやり取りに従事しなければならず、他者の言語使用に対する批判的な眼も養うことができ、学習者の意識や気づきなど認知的な側面に働きかける。

(5) ストーリーテリング活動は、第二言語を媒介としたイデオロギー的形成への手段を学習者に与える。

　第5章と第6章では、教室活動としてのストーリーテリング活動の可能性として、上記の(1)と(2)にあたる可能性を検討してきた。本章では、(3)(4)(5)の教室活動としてのストーリーテリング活動の可能性も視野に含め、インタビューで語られた学習者の意識や気づきを提示し考察していく。

　以上で述べたことを整理し、学習者のインタビュー・データを分析する際に着目していく点を挙げておく。

(1) 他の学習者とストーリーテリング活動を達成していく過程における学習者の意識や気づきをインタビューから拾い上げ、第二言語リテラシーとの関連を見ていく。

(2) インタビューで学習者が語る第二言語による言語体験に、「イデ

オロギー的形成」の過程にいる第二言語話者としての学習者の意識や気づきを辿っていく。

(3) 上述の2点に鑑み、インタビューで語られた学習者の意識や気づきに関連させて、本研究のストーリーテリング活動を検討する。

　以下、第5章と第6章において行ったデータ分析で明らかになった事柄との関連にも触れつつ、ストーリーテリング活動において語り手や聞き手などの役割を担い、活動に参加する際に、学習者がどのような意識を持ち行動していたかを、学習者の発言から明らかにしていく。また、ストーリーテリング活動における学習者の気づきから、第二言語リテラシーについての学習者の視点も考察していく(7.1)。次に、ストーリーテリング活動、及び教室外での第二言語環境における学習者の意識や気づきから、日本語学習者のイデオロギー的形成の過程を見て、そうした学習者の意識や気づきとイデオロギー的形成の関連を探る(7.2)。最後に、本章の結びとして、第二言語話者としての学習者の可能性について検討する(7.3)。

7.1 ストーリーテリング活動における
学習者の意識と気づき

　Schmidt(1990)は、第二言語の暗示的・明示的な学習と関連させて、第二言語習得における学習者の「意識(consciousness)」の役割

について考察している。この学習者の意識として挙げられているのが、(1)学習者が意識的・意図的に何かを学ぼうとしていること、(2)学習者が「学んでいる」ということを自覚していること、(3)「意識的な注意」を向けて、対象言語の形式や規則に気づくことである。Schmidtにとって「学習」とは「意識的なプロセス」であり、教室などの第二言語教育の現場では、第二言語学習者はそうした意識を持って第二言語に関する知識を獲得していくという。そして、第二言語学習者は、その過程で常に「何を行っているか、何を学んでいるか」に気づいているであろうと、Schmidtは指摘している。

　このような学習者の意識を、第5章と第6章で行ったデータ分析や考察に鑑み、ストーリーテリング活動への参加の観点から見ると、(1)学習者は意識的・意図的に、ストーリーテリング活動の役割を担い活動に参加している、(2)学習者は活動に参加しているということを自覚し「そこで何が起こっているか」に気づいている、(3)対象言語の形式や規則に限らず、ストーリーテリング活動において具現化される第二言語リテラシーに意識的な注意を向けている、となるであろう。そこで、学習者とのインタビュー・データから、このようなストーリーテリング活動における学習者の意識や気づきを明らかにすることによって、学習者の意識や気づきと、第5章や第6章で考察してきた学習者の第二言語リテラシーの具現化や実践、また、ストーリーテリング活動に観察される学習者の行為を関連づけることができると考える。

　また、本節では、上述した教室活動としての本研究のストー

リーテリング活動の可能性として示唆した点の中から、以下の可能性について考察していく。

> (4) ストーリーテリング活動は、学習者が第二言語で「語る」「聞く」
> という行為を通して様々な交渉的なやり取りに従事しなければ
> ならず、他者の言語使用に対する批判的な眼も養うことがで
> き、学習者の意識や気づきなど認知的な側面に働きかける。

　以下では、まず、インタビューで語られたストーリーテリング活動全般に関する学習者の意識や気づきを取り上げる。語り手や聞き手などの所与の役割を担い、学習者がどの程度どのような意識や意図でストーリーテリング活動に参加していたか、また、そこで新たに学習者は何に気づいたかを検証していく(7.1.1)。次に、ストーリーテリング活動への参加を通して学習者自身が気づいた、第二言語リテラシーについての学習者の視点を記述していく(7.1.2)。

7.1.1 ストーリーテリング活動への参加の意識と気づき

　「ストーリーを語る、聞く」という行為に対する学習者の気づきとは、ストーリーテリング活動を通して、学習者自身が、「自分(そして他の学習者)がどのような語り手であり、どのような聞き手であるか」を認識していくことである。そして、そのような気づきは、学習者が何らかの意識や意図を持った上でストーリーテリ

ング活動に参加し、他の学習者との対話を通して起こりうると考
える。以下、ストーリーテリング活動で与えられた役割の行為に
ついて、インタビューで学習者が触れた箇所を取り上げ、ストー
リーテリング活動へ参加していた際の学習者の意識や気づきを見
ていく3)。

7.1.1.1 語り手と聞き手の行為に関する意識と気づき

BOは、ストーリーテリング活動における語り手の観点から、聞
き手に対する配慮について、以下のように述べている。

BO:　**わかりやすく**、やっぱり**内容も面白く**して。
M4):　わかりやすくするために何をした？
BO:　**簡単な言葉**とか、難しいこともたぶんわからないし、**複雑な
　　　ことは言わないで**、いろんな細かいこととか、それはちょっ
　　　としゃべりにくいから、わかりやすく。で、**皆好きなこと**と
　　　か話したら、皆もうれしいし、私も話しやすいし。

このBOの発言から、ストーリーテリングの語り手として、(1)聞
き手にストーリー内容を理解させるために「わかりやすく」「簡単な

---

3)　第4章で説明したように、本研究のために行われたストーリーテリング活
　　動では、学習者は4人1組（あるいは3人1組）になり、語り手や聞き手など
　　の所与の役割に従って活動を進めた。筆者は、活動の前に学習者に対
　　して、語り手役の学習者だけがストーリーを語るのではなく、他の役割
　　を担う学習者も互いに自由に発言したり意見を求めたりしても構わない
　　とだけ伝えてあった。
4)　Mは調査者である筆者のイニシャルを指す。

言葉」を用いて「複雑なことは言わない」、(2)ストーリーの内容を
「面白くする」、(3)「皆好きなこと」を話す、といった点に配慮して
いたことが分かる。BOがそうした配慮をストーリーテリングに実
際に反映させていたかは、ここでは問わないが、少なくとも「語り
手の役割は、ストーリーを聞き手に理解させるためにストーリー
の描写や説明においては適切なことばを選択し、ストーリーの内
容自体を簡素化させ、聞き手との対話に貢献していくこと」とBO
が認識し、そのような意識を持って活動に参加していたと言える
であろう。

　こうした語り手の行為に関するBOの意識は、以下の発言にも表
れている。

　　　BO:　困ったことだけしゃべったら、面白くない。ちょっと広くし
　　　　　　て、中心はやっぱり困ったことで、なんか面白いこともしゃ
　　　　　　べったり。

　与えられたストーリーのトピックに基づいてストーリーを語る
といった活動を進める中で、ストーリーのポイントは維持してス
トーリーの幹は失わず、しかし起伏のあるストーリーテリングを
行うという意識であろう。こうしたストーリーテリングに関わる
語り手の役割に関して、BOは、次のような気づきに触れている。

　　　M:　　じゃあ、相手がわかりやすいだろうなぁとか、これだったら
　　　　　　面白いなっていうのは、話してるうちにわかるの？
　　　BO:　　はい、自分の判断かな。

　BOの意味する「自分の判断」というのは、ストーリーテリングが展開する中で、聞き手の興味を維持するために、あるいは、聞き手にストーリーを理解させるために、その場の状況に応じて利用可能なリソースを使用したり修正したりするのを、自身の判断で行うということであろう。これは、第5章5.1のデータ分析において、学習者間の対話にも観察されたことである。

　KHもまた、こうしたストーリーテリング活動の役割に関して、聞き手の行為に対する気づきから、以下のように述べている。

> KH:　　聞くときは、**理解することば、大切だ**と思ったんで。
> 　　　　同じくこんな感じで、うんうんうんって。
> M:　　　それはどうして？うなずくのはなんで？
> KH:　　**向こうが理解**してくれなかったら、**話せなくなる**じゃないですか。それで、**あのー聞いてるよ**って。そうですねー！とか（笑）でも、**話したのに、向こうが何も返事なかったら、「えー？この人聞いてたかな？」**って思う。

　「理解することば、大切だと思った」というKHの発言は、「語り手のストーリーを理解したことを語り手に知らせる」のが、ストーリーテリング活動に参加する聞き手の役割であるという気づきに至ったことを示している。ここでKHの意味している「理解することば」というのは、第5章5.2のデータ分析で援用したClark & Schaefer (1989)の「聞き手の理解の証拠」として用いられている応答のためのリソースを指しており、うなずきやあいづちなどは、語り手にストーリーテリングを続行させる「承認」にあたる。KHが語り手の

328 第二言語リテラシーとストーリーテリング活動

立場から指摘しているように、「向こう(聞き手)が理解してくれな
かったら、話せなくなる」、また、「話したのに、向こう(聞き手)
が何も返事なかったら、『えー？この人聞いてたかな？』って思う」
と、聞き手が語り手のストーリーを理解したことを、何らかの行
為によって応答として呈示しなければ、ストーリーテリングが上
手く進行していかないということを、KHはストーリーテリング活
動の過程で認識したと言える。

　ここで、ストーリーテリング活動におけるこのような聞き手の
行為を、「聞くとき」の学習者の意識(あるいは態度といってもよ
い)の側面から捉え直してみると、同じ内容のストーリーを聞いて
いても、学習者によって、同意して聞く、批判的に聞く、他の可
能性を考慮しながら聞くなど、活動に参加する際の聞き手として
の意識は様々であるのが窺える。例えば、TKやSUは、以下のよう
に述べている。

TK:　　もし自分が気になるところがあったら、私は絶対聞く。なぜ
　　　　こうした？相手が行動して、自分と違うところがあったとき
　　　　には、なぜこうしなかった？あるいは私の考えを言って、な
　　　　ぜこうはしなかった？トラブルとか問題に遭ったときに、こ
　　　　の人はどんなふうに解決したとか、たぶん、その人の解決の
　　　　仕方とか、私の考えと違うときもあるから、え？なぜ？そ
　　　　のとき私の考えを立てながら、なぜこう解決しなかったの
　　　　か、こんなふうにちゃんと聞いている。

SU:　　とりあえず、自分が分からないことについて質問して、また

は、例えば、もし自分がこれをやったらこの結果出るかどう
か、絶対自分でそのように知ってるじゃないですか。そし
て、もしこんなことがあったら、別の結果出たら、**相手に質
問して、こんな結果が出たら、どうするって。**

　THは、語り手のストーリーに「気になるところ」があれば質問
し、ストーリーテリングにおいて語られる語り手の考えを自身の
考えと比較し、批判的に解決の仕方を探るという意識を持ち、ス
トーリーを聞く。SUも、語り手の経験に自身を重ね合わせ、語り
手の経験に起きた出来事の結果を考察し、さらにまた、語り手に
質問することによって、他の可能性も視野に入れていくという意
識で、ストーリーを聞く。

　こうしたTHやSUの意識が、ストーリーテリングにおいて聞き手
の行為として呈示されるならば、THやSUの「聞く作業」は、語り手
のストーリーに対する聞き手側の理論構築活動と言える(Ochs,
Taylor, Rudolph, & Smith, 1992)。聞き手は、語り手のストーリーを
自分なりに理解し、それがその出来事の説明として筋が通ってい
るかを吟味する。語り手のストーリーが納得のいく理論として受
け入れられない場合、聞き手は、語り手のストーリーに疑問を投げ
かけ修正を促したり、別のストーリー案を提案したりする。このよ
うにして、語り手とストーリーを協働的に形成していくとともに、
互いのパースペクティブを擦り合わせ、語り手の経験に意味づけ
し、理論づけていく。第5章で考察した聞き手の能動的なパフォー
マンスは、このようなTHやSUの意識から生まれると言えよう。

7.1.1.2 ストーリーのトピックやストーリー展開に関するストラグル

第2章で説明したClark& Schaefer(1989)が指摘していたように、「聞き手の理解の証拠」の順に聞き手の理解の深さが示されるというわけではなく、対話が生じる活動自体の性質や活動の目的などによって、聞き手の応答のあり方は異なってくる。聞き手が語り手のストーリーを完全に理解していても、その場の状況や対話において達成されるべき目的によっては、あいづちなどの「承認」を表明するに留まる場合もある。TKは、そうした聞き手の応答のあり方について、以下のように述べている。

> TK: 聞き手として、あんまり質問とかしないときもあるんじゃないか。そのときは大体、相手の側、相手の行動とか、**賛成のとき**。普通に黙ってるときは、**大体相手のその方法には、あーなるほどな、そんな感じ**。

TKは、語り手のストーリー内容に賛同する場合、それほど能動的にストーリーテリングに関与しないという自身の行為を指摘している。そうした行為の理由として、TKは聞き手として参加したストーリーテリング活動の例を挙げ、以下のように説明している。

> TK: 自分が前からそれに対して**興味を持ってた話題**だったし。ちょっと詳しく聞きたかったんですけど、**やっぱり、あー言うの邪魔やなーって**(笑)で、まあ、**詳しくは聞けなかった**わけです。

　TKのような聞き手としての意識は、活動を達成していく過程で、ストーリーテリング活動に参加する他の学習者の意識や意図と衝突することがある。その場合には、第5章や第6章のデータ分析で観察したように、学習者間で交渉が生じたり、または、ストーリーテリングが語り手の思惑通りには展開しなかったりすることも考えられる。しかし、TKが述べているように、聞き手が、語り手のストーリーの展開を観察し、自らの判断でストーリーテリングに関与しないことを選択する場合もある。

　また、ストーリーテリング活動への参加の様相は、与えられたストーリーのトピックに対する学習者の「興味」や「関心」、あるいは「躊躇」などによっても影響を受ける。しかし、語り手役の学習者は、そのトピックでストーリーを語ることに躊躇しても、「トピックに基づいてストーリーを語る」という教室活動の課題が与えられているため、そうした課題の目的を達成しようとする。一方、その他の役割が与えられている学習者は、基本的に語り手と協働して活動を達成していくが、語り手の意識や意図、期待に反して、ストーリーテリングに積極的に関与しないこともある。TKは、こうしたストーリーのトピックとストーリーテリングへの参加について触れている。

　　TK:　　私は特に自分の専門ですね、選んだ専門は**関心**今まであると思うんですけど、経営に対しての話題なら、**積極的に取り組む**んですけど。

　　　　　（中略）

やっぱし自分が興味を持ってる話題に対しては、しっかり取り組むけど、結局、困ったこととか、つらかったこととかに対してはあんまり興味がない。

このTKの発言から言えることは、「興味」や「関心」があるトピックで語られるストーリーテリングには積極的に関与していくという聞き手の行為もまた、活動において観察されるということである。前項で取り上げた、語り手として「ストーリー内容を面白くする」といったBOの意識は、こうした聞き手の行為を見取り、ストーリーテリングの展開を調整しようとする試みともとれる。

M:　じゃあ、なんで面白くしようと思うの？
BO:　やっぱり、あの、面白くした方が皆により理解っていうか、関心、興味がある。で、ま、それを面白くして。

BOが述べているように、聞き手のストーリーテリングへの関与や貢献が見られない場合、語り手は聞き手の「興味」を惹きつけるために、あるいは、「皆により理解」されるために、ストーリー内容に起伏をもたせようとすることもあるだろう。

TKのいうストーリーのトピックへの興味や関心だけでなく、トピックへの躊躇やそのトピックでストーリーテリングに参加することの内的な衝突なども、聞き手の行為を決定する場合がある。例えば、SOは、ストーリーテリング活動の聞き手としてストーリーテリングに参加している際に気づいたことを、以下のように述べている。

SO:　　そのテーマで自分が何が聞きたいか、**聞きたいことが分から
　　　　なかったら、聞けない**です。

　SOの気づきは、ストーリーのトピックに基づいて語られるストーリー内容を巡って、語り手と自身のパースペクティブの擦り合わせ、あるいは重ね合わせができない場合に、聞き手としてストーリーテリングに関与していくのに困難を抱えるという意味であろう。

　また、第6章のデータ分析でも観察したように、与えられたストーリーのトピックが維持されず、ストーリーテリングが何らかの理由で本来のトピックから脱線して展開されることもある。BOは、ストーリーテリング活動におけるそうしたストーリーのトピックの脱線を指摘し、そこでの自身の気づきを述べている。

BO:　　**皆しゃべるとき、はずれてますよ。**
　　　　なんか話、ちょっと違う方向に向けてます。
M:　　うん
BO:　　で、それも結構面白いけど、なんかちょっとはずれてるから。
M:　　**それは話してる人のせいだと思う?**
BO:　　ま、それは、**両方ともあると**、あります。
　　　　やっぱりしゃべる人も、こっちに行って、こっちに行って、
　　　　聞く人も質問する人もなんか、自分がやっぱり興味があるこ
　　　　とをちょっと聞くわけです。で、どんどん広くなる、で、は
　　　　ずれます。で、話、やっぱりはずれるわけですよ。

　BOの気づきによれば、ストーリーのトピックがストーリーテリングにおいて維持されないのは、語り手と聞き手(あるいは他の参加者)双方が、自身の参加の意識や意図に従って、それぞれの思惑でストーリーテリングを展開し、関与していくためであるという。しかし、第6章で考察したように、ストーリーテリング活動が教室活動であるという学習者の認識から、教室活動の制度的な側面がストーリーテリングにおいて焦点化され共有される場合がある。たとえ、BOが指摘しているように、ストーリーがそのトピックやポイントから逸脱することはあっても、学習者間の交渉的なやり取りを通して、ストーリーのトピックは維持されていく。

　このような本研究のストーリーテリング活動の特徴として挙げられるのが、「ストーリーを語る、聞く」役割である語り手と聞き手だけでなく、書き手や傍聴者といった役割を担う学習者も活動に参加していることである。そうした役割も、ストーリーテリングの展開に影響を与えることは、第6章で観察したとおりである。SOは、こうしたストーリーテリングに参加する書き手の立場から、ストーリーテリングの流れにおけるストーリーのトピックの逸脱を、以下のように指摘している。

SO:　　たぶん、なんか**話が噛み合ってない**じゃないですか。
　　　　ほんとは**このテーマで**そういう話のはずですけど、だんだん話、ほかの方向へ行ったから、自分が知りたいことも**聞かれてないし**、たぶんそれがちょっと。**自分が聞きたいこと**いっぱい**聞いてもらいたいし。**

　また、SOの発言には、書き手の視点から、聞き手に対する期待が述べられている。書き手は、語り手のストーリーを要約し活動後に提出するという作文課題のために、メモを取りながら語り手のストーリーを聞き、ストーリーテリング活動に参加する。そうした役割を担う書き手として、SOは「自分が知りたいことも聞かれてないし」、「自分が聞きたいこといっぱい聞いてもらいたいし」と、「語り手からストーリーに関する情報を引き出す役割を担っているのは聞き手である」というストーリーテリング活動の参加に関する自身の認識を述べている。

　この書き手の役割を担う学習者への配慮を、THは、語り手や聞き手の役割の視点から以下のように述べている。

> TH: やっぱり、言う人って、**皆が一つの役割があるのに**、私も聞かなかったって言って、私が言わなくても（言わなかったら）、**書く人は困るやろうし**。

　このTHの発言は、学習者は各々の役割の責任を果たしながらストーリーテリングに参加するべきであり、そうすることでストーリーテリング活動が教室活動として協働的に達成されることになるというTHの意識を示している。語り手はストーリーに関する十分な情報を他の学習者に与え、聞き手は語り手からそのような情報を引き出さなければ、語り手のストーリーを「書く人は困るだろう」と、語り手と聞き手のやり取りが、書き手の作文内容にも影響を与えるという認識が、THの発言から分かる。

　SOとTHはさらに、このような協働的な活動であるストーリーテリングの所与の役割に関連して、同じトピックで同じ内容のストーリーを、聞き手を替えて再度語ったときのストーリーテリングについて、その展開の相違を指摘している。第5章5.2.1のデータ分析で取り上げたように、本研究では、計6回の授業時間のうち後半3回の授業時間を、あるトピックで一度語ったストーリーを再度、内容を変えずに異なるグループのメンバーに語るといったストーリーテリング活動に充てている。

　SO:　　変わりました、すごく！
　　　　やはり、聞く人が違いますから、した質問も違います。

　TH:　　会話が面白く続く人と、全然面白くない人といるんですね。それも聞く人によっても全然変わるんです。
　　　　自分の話すことは一緒なのに、聞く人によって変わる。

　SOもTHも、二度目に同じ内容のストーリーを異なるグループのメンバーに語った際に、ストーリーテリングの展開が、聞き手(あるいは他の参加者)によって異なるという気づきを述べている。これは、第5章のデータ分析でも明らかにしたように、特に、ストーリーテリングに関与していく聞き手役の学習者の行為によって、同じストーリーを語っていても、ストーリーテリングの展開のあり方が異なってくる。
　ここまで見てきたように、学習者は何らかの意識を持ってストーリーテリング活動に参加し、所与の役割の責任を果たしなが

ら、与えられたストーリーのトピックに基づいてストーリーを展開し、他の学習者と協働的に活動を達成していく。そうした過程で、学習者の意識が他の学習者の意識と衝突したり、学習者間で交渉が起こったりして、その結果、新たな気づきが生じる。こうしたストーリーテリング活動への参加に関する学習者の意識や気づきを考察することで、ストーリーテリング活動に観察される学習者間のやり取りや参加の構造、行為の様相がより包括的に理解できると言えよう。

7.1.2 第二言語リテラシーに基づく学習者の視点

　本研究のストーリーテリング活動では、学習者間の対話を通して、ストーリーの内容やポイントを理解するのに必要とされるパースペクティブを共有するための様態が創造され、そこに第二言語リテラシーが具現化されることを、第5章で観察した。学習者は、これまでに第一言語あるいは第二言語を媒介にして獲得しているリテラシーを、さらに、他の参加者と第二言語による活動の達成のためのリソースとして用い、活動の実践においては、常にそうした両言語による二重の言語体験を経験していると言える。特に、第5章で考察したように、語り手のストーリー内容の理解が共有されるのに必要なことばを巡って交渉が起こり、そうしたことばのパースペクティブが学習者間のやり取りにおいて共有されていく過程は、ことばに対する学習者の気づきも促すことになると考えられる。

　本項では、ストーリーテリング活動における学習者の言語的な側面に関する気づきを取り上げ、第二言語リテラシーについての学習者の視点を考察していく。まず、第一言語である中国語と第二言語である日本語で、ストーリーを語る際の相違について述べている学習者の発言を以下に引用する。SUとBOはストーリーを語る際に、表現したい中国語のことばを、日本語のことばから選択することの難しさについて指摘している。

> SU:　例えば、**話そうと思うことを話せない、日本語だったら。**
> 面白いことがあって、会話が面白く続く人と、全然面白くない人とい。
> でも日本語でどうやって言ったらいいかなーって。

> BO:　**やっぱり中国語そのまま表現するのは難しいですよ。**
> もし形容詞とか、あの中国語でしゃべったら結構面白いけど、**日本語しゃべったらその感じわからん、っていうか。**
> で、**他の言葉、替わってあれを言ったら、感じはよくないっていうか、うまく伝わってるのかなって思う。**

　このSUとBOの発言は、「中国語なら面白いことばを選択して表現したい内容を伝えることができるが、それを日本語に置き換えるとしっくりせず、ストーリーのポイントを他の学習者に理解してもらえるかどうか分からない」といった意味であろう。言い換えれば、ストーリーを語る際に、第一言語を媒介にして獲得していることばのパースペクティブを、第二言語である日本語を媒介に

して言語化していくのは容易ではないということになろう。このような学習者の気づきは、ストーリーテリング活動内に限らず、教室外の第二言語環境でも経験されていると思われる。SUとBOの発言を見ると、このような学習者が抱える困難は、第二言語能力の問題に還元されるものではなく、学習者が第一言語と第二言語を媒介にして獲得している、それぞれのことばのパースペクティブの相違ではないかと考えられる。

そして、BOは、そうしたことばの選択に困難を抱えた場合、以下のように対処するという。

BO:　一番近いっていうか、自分が勉強したことを活かして、それ言ったら大丈夫かなと思って。

第一言語を媒介にして獲得した経験や知識を再構築するために、第二言語のことばの中に「近い言葉を探す」、そして、学習者間の対話の場において「自分が勉強したことを活かし」それらを言語化していく。そのため、学習者にとっては、第一言語と第二言語のことばのパースペクティブが共有されやすいような、ことばの選択が多ければ多いほど、ストーリーテリングにおいて利用可能なことばの選択の幅も広がるということであろう。

ストーリーを語る際の第一言語と第二言語に関するこのような気づきについて、学習者の中で唯一の韓国人留学生で、母語が韓国語であるKHの発言を次に取り上げる。

KH: なんか、**表現として日本っぽくなったんですけど**、大体同じです。

M: 大体同じ。

KH: でも、文法的に韓国語と日本語、一緒なんですよ。
そのまま移してるっていう意識が、そうなんですよ。
でも、伝わらないっていうのはたまにあります。

M: ある。

KH: あります。

M: それはどうしてかな？

KH: 1つの色があるじゃないですか。
黄色を日本語では1つしか言えないじゃないですか。
でも韓国では、いろんな言い方があるんですよ。
これ日本語では黄色っていうじゃないですか。
ほんとの黄色じゃないけど、ちょっと濃いめの黄色で。
でも韓国では、この色は黄色だけど、別の言葉がある。
それが難しい。

　韓国語と日本語の文法的な相似点から、KHは、韓国語の表現などを日本語で「そのまま移してる」という意識を持ってストーリーを語っているという。しかし、KHが挙げている「色」の例に見られるように、韓国語の多様な色の表現を日本語で表現する難しさを述べている。これは、上述の第二言語のことばの選択におけるSUやBOの気づきと同様である。

　また、韓国語の表現が「日本っぽくなった」というKHの発言も、第一言語と第二言語のことばに対するKHの気づきを示していると言える。このインタビュー・データでは、そうしたKHの表現にお

ける実際の変化は分からないが、このようなKHの気づきは、第二言語のことばが獲得されるにつれ、第二言語が第一言語に何らかの影響を与える場合もありうるということを暗示していると捉えてよいであろう。このような気づきは、第二言語の視点から、自身の第一言語を振り返った際に起こりうる。

　このように、学習者は、第一言語と第二言語を媒介にしてこれまで獲得してきた、それぞれのことばのパースペクティブの相違に関する気づきを、常に経験していると言える。また、学習者は、ストーリーを語る際、自身が用いる第二言語のことばに対する意識も常に経験していると考えられる。そのような意識について述べている学習者の発言を以下に引用する。

　　SO:　日本語学校で勉強したのは、そういう文法はこうしたらいいか、いっぱい先生教えてくれたから分かってますけど、話すときはまた元に戻る。
　　　　　話した後分かり、あーここで間違えた、あ、今度気をつけようと自分が意識しましたけど。

　　TK:　話すときもやっぱし、**言葉とか文法には気をつけるように、**それに対して、**相手側の表情が変わるのと、相手の様子を見ながら、**あと何を質問するか、それに反応しながら、話をする。

　このような発言から、SOもTKも、ストーリーテリングにおいて、日本語のことばや文法に意識的な注意を向けていたことが分

かる。また、以下に引用するTHは、普段、日本語の文法に気を配ることはないが、ストーリーテリングを通して文法にも「気を遣わなきゃだめ」ということに気づいたという。

> TH: 授業では、すごく普段よりももっと話したと思います、自分が。で、努力したのは会話ですけど、すごく文法とかそんな考えなくて、でも、**こんなふうに気を遣わなきゃだめでしょ？それが、まだできてなかった**。で、それをまだ言うとき気づかない。まだ、自分なりに言ってしまうだけもあるし。

このように、第二言語リテラシーの側面から見ると、学習者は常に「第二言語」である「日本語」を意識して活動に参加しているということである。そして、そうした「意識」を持つことで、学習者は教室活動において様々な「気づき」を経験している。このような学習者の意識や気づきは、学習者が第一言語のことばから第二言語のことばを、あるいは第二言語のことばから第一言語のことばを振り返る往還的作業を繰り返すことによって、第二言語リテラシーに基づく視点を明確にしていく。このような学習者の作業は、学習者のイデオロギー的形成の過程と重なるところであろう。次節では、こうした学習者のイデオロギー的形成を中心に考察していきたい。

7.2 日本語学習者のイデオロギー的形成の過程

　第2章で概説したバフチンのイデオロギー的形成の過程は、簡潔に言えば「他者のことばを受け取り、自分自身のことばで語り直していく」過程である。また、「他者のことば」という差異との出会いによって、自己内の意識上の変容がもたらされる過程である。バフチンは「他者の言葉およびその影響の闘争のこの過程が、個人意識のイデオロギー的形成の歴史において持つ意義はきわめて大きい」(Bakhtin, 1981, p.348; 邦訳, 1996, p.168-169)とし、他者との対話を通して自己のイデオロギー的形成が発達していくと捉える。

　そして、イデオロギー的形成が発達するにつれ、「この過程は、様々な他者の声が(それらが周囲の社会的現実においても闘争しあうように)個人意識の内部で自己の影響力を求めて争い始めることによって複雑なものになる。まさにこうしたことのすべてが他者の言葉を検証的に対象化する好箇な土壌を提供するのである」(Bakhtin, 1981, p. 348; 邦訳, 1996, p.169)。第二言語学習者のイデオロギー的形成は、そうした「他者の言葉を検証的に対象化する好箇な土壌」で、第二言語を媒介にした経験や知識を獲得しながら、第二言語話者としての振舞いも獲得していくことになる。

　本節では、このバフチンの「イデオロギー的形成」の概念から見た学習者の気づきの考察を中心に、ストーリーテリング活動に見る学習者のイデオロギー的形成(7.2.1)と、第二言語環境全般における学習者のイデオロギー的形成の過程、及び、学習者自身によ

るイデオロギー的形成のための場の創造(7.2.2)を検討していく。

7.2.1 ストーリーテリング活動における
　　　　イデオロギー的形成

　本項では、本研究のストーリーテリング活動が、学習者のイデオロギー的形成にどう関わっているか、また、学習者のイデオロギー的形成にとってどのような場を提供しているかを、学習者の意識や気づきから考察していく。ストーリーテリング活動における学習者間のやり取りに観察される現象が何に基づいて起こりうるのか、そうした現象の裏に何が起こっているのかを知ることは、教室活動に見られる学習者の言語行為を理解する上でも必要だと考える。

　また、本項では、本章の冒頭で挙げた教室活動としての本研究のストーリーテリング活動のその他の可能性についても考察していきたい。前節では、本研究のストーリーテリング活動が教室活動として示唆する可能性として、ストーリーテリング活動が学習者の意識や気づきに働きかけることを検討した。本項では、以下の点を検討していく。

　　(3) ストーリーテリング活動は、学習者が教室内外でこれまでに獲
　　　　得した第二言語に関する知識が有効であるかどうかを試せる場
　　　　ともなりうる。

(5) ストーリーテリング活動は、第二言語を媒介としたイデオロギー的形成への手段を学習者に与える。

　まず、ストーリーテリング活動が、学習者が教室内外でこれまでに獲得した第二言語に関する知識が有効であるかどうかを試せる場となるかといった可能性について触れているTHとSUの発言を引用したい。

　TH:　**使うんですね、他のものをここの場所で。使うとき、あー**これ、このときこう言うんだとか使うんですね。

　SU:　あ、これ、この言葉、初めて聞いた。意味ももうわかった。**それじゃ、もし同じ状況にあって、相手にこの言葉使って話す。**

　M:　あった？そういう状況って。

　SU:　**いっぱいありますよ。**

　TH、SUともに、教室外の第二言語環境で獲得したことばを、教室で、あるいはストーリーテリング活動で用いてみると述べている。その理由として、THは以下のような点を挙げている。

　TH:　**日本人が言う日本語を聞いて、そうなるように話そうとしてるんですけどやっぱり自分がよく言わないから、真似するだけでは。使わないとやっぱりだめ。**

　教室外の第二言語環境において、日本語母語話者の用いる日本語をインプットして受け取る。そして、それを真似て、ストーリーテリング活動で用いるよう試みる。しかし、日本語母語話者のことばや言語使用を「真似するだけでは」だめであり、「使わないとやっぱりだめ」だという。「使わないとやっぱりだめ」というTHの発言が意味するのは、他者のことばである日本語母語話者のことばを、自分のことばにしていく過程で生じる学習者の気づきである。また、THの発言から分かることは、ストーリーテリング活動が、第二言語を媒介にしたイデオロギー的形成の場として、学習者に提供されているということであろう。

　バフチンは、「我々は、この言葉(内的説得力のあることば)から新しい返答、その意味の新しい光、新しい自分の言葉を獲得するために、それを新しいコンテキストの中に導入し、新しい素材に適用し、新しい状況に置く」(Bakhtin, 1981, p.346; 邦訳, 1996, p.167)と述べているが、学習者は、教室で学んだ事柄を教室外の第二言語環境に適用させていくだけでなく、教室外の環境で学んだことが有効かどうかを教室内でも試す。このような学習者の試みが、教室内で起こっているわけであり、こうした学習者の発言からも、教室活動がそのような場としての役目も担っていると考えてよいであろう。

　THの発言から、さらに具体的な例を挙げよう。日本語母語話者であるTHの友人の話である。THの友人のアルバイト先の同僚は、THの友人に対して常に敬語を用いて話していたらしい。ところが、その同僚が実際はTHの友人より年上だということが分かり、

THの友人は、年上である同僚が年下である自分に対して常に敬語を用いることに驚いたという。その友人の体験談を聞いて以来、THは自身が敬語を用いる時と場面を意識するようになったと話す。

TH: 日本人親しくなったら、すぐ敬語とか使わないのが多いじゃないですか？私も親しくなったら、年上の人にもあんまり敬語とか使わないとき多いですよ。これまでもバイト先でとか、始めのときは結構「ですます」とか丁寧に言ったんですけど、ちょっと親しくなったら、もう「ですます」も言わないし。でも、やっぱり**敬語使うっていきなり尊敬される**んだなと思うんですね。

先述のように、教室外の第二言語環境における日本語母語話者との接触場面において、THは、日本語母語話者同士の会話やその言語使用などを観察している。そして、「敬語使うっていきなり尊敬される」という気づきに至る。そこで、THは、今回のストーリーテリング活動でも丁寧体である「ですます」を用いるよう意識したという。

TH: それがあの、日本人の会話聞いて、やっぱり敬語使うって、相手が誰であろうと、自分だけとは言えないですね、**その人を見るみんなの眼が、やっぱり違う**んだなと思うんですね。
M: なるほどね。

> TH: 普段に話すときだけじゃなくて、他の人でも横で聞こえるでしょう。で、「ですます」とか使ったら、すごく、きっと**真面目とか、そんなイメージがあるし**。
>
> M: そういうふうに見せたいのかな、THさんは。
>
> TH: ん、**見せたいではなくて。そんなふうに、見られたいですよ**ね。
>
> M: そういうふうに見られたい。
>
> TH: それやし、**やっぱり敬語とか使ったら、すごく話しやすいと**思うんですね。最初はなんか、敬語とか使わなかったら、話し方がちょっと、違う場所やのに、なんでそんなこと言った、みたいな感じもあるし。
>
> M: なるほど。
>
> TH: **いいと思って、そう使うようになったんですね**。

　THは、「ですます」を用いることによって、「真面目である」イメージを他の学習者に与え、そのように「見られたい」という。そして、自己呈示の手段として、ストーリーテリング活動において敬語を用いることを選択している。自己を呈示するために利用可能な第二言語リソースを選択し用いることで、自分が「どのような人であるか」といったイメージに、他の学習者を導くことができる。また、THは「敬語とか使ったら、すごく話しやすいと思う」と、教室外の第二言語環境で気づいたことを、「いいと思って、そう使うようになった」という意識に基づいて、ストーリーテリング活動で実践している。

　THの場合、このようなイデオロギー的形成の過程において、「他

者のことば」から自己呈示のためのリソースを選択することによって、「自己のことば」を形成しているのが窺えるが、次に、他の学習者との対話において互いの第二言語能力を図りながら、「自己のことば」を調整している学習者の発言を見ていく。

　ストーリーテリング活動における「自己のことば」の調整に関して、SUとTHは、以下のように述べている。

SU:　こっちは**簡単なことばで説明**してあげようかな。

M:　簡単な言葉でしゃべんの？

SU:　うーん、大体そんな難しくない。ただ、**自分で使えることばを使って話す**。

TH:　単語やさしく言ったら分かるかなと思いますけど、**普段見るものとか、よくしゃべることで話したら**、もっと分かりやすいと思って。

　SUもTHも、ストーリーテリングの過程で、他の学習者に対し自身の第二言語リテラシーを調整していくという。SUの「自分で使えることばを使って話す」という発言や、THの「普段見るものとか、よくしゃべることで話す」という発言に見られるリテラシーの調整も、「自己のことば」で対話するという意味で、イデオロギー的形成の過程にいる学習者の試みであると言える。

　以下で引用するBOの発言からは、ストーリーテリング活動における他の学習者との対話で、互いのリテラシーの差異を探りながら、自己呈示のリソースとして自身のリテラシーを用いているの

が分かる。

> BO: だって、彼も日本語学ぶわけ。おれも日本語学ぶ。だか
> ら、おれも結構、自分は日本語能力ちょっとはっきりした
> い、彼に。彼に対しては、できるだけいい表現を使いた
> い。できるだけ、ちょっと深い表現とか、単語難しいのを
> 使ったし。おれのレベルがあの人より高いっていうか、その
> ことをちょっと表現したい。

　BOと同様に日本語を学んでいる他の学習者に対して、BOは、自身の第二言語能力を示すために、自身の第二言語リテラシーをリソースとして用いている。「自分は日本語能力ちょっとはっきりしたい、彼に」という発言や「おれのレベルがあの人より高いっていうか、そのことをちょっと表現したい」という発言は、BOが、利用可能な第二言語のリソースを用いて、自己の呈示を行っていることを表している。

　また、BOは、ストーリーテリング活動を、そうした自身の第二言語リテラシーを試す場としても活用していると言える。本節の冒頭で述べたように、学習者は、イデオロギー的形成の過程で、「他者の言葉を検証的に対象化する好箇な土壌」(Bakhtin, 1981, p.348; 邦訳, 1996, p.169)において、第二言語のことばや第二言語を媒介にした経験や知識を獲得するとともに、第二言語話者としての振舞いも獲得していく。つまり、他の学習者の第二言語リテラシーを分析し、自身のリテラシーとの差異を図り、そして、対話の場でリソースとして用いる自身のリテラシーを決定したり調整した

りするといった点において、このようなBOの行為は、第二言語話者同士の対話における、第二言語話者としての振舞いの一例を示していると捉えることもできるであろう。

　このように、本研究の学習者は、ストーリーテリング活動を教室活動として、単に第二言語である日本語に関する知識を獲得する場と捉えているのではなく、(1)教室外で獲得した第二言語に関する知識が、他の学習者との対話においても有効であるかどうかを試す場、(2)他の学習者との対話において、自身の第二言語リテラシーを試す場としても活用している。そして、そうした他の学習者との対話を通して、学習者はイデオロギー的形成を経験していることになり、ストーリーテリング活動はそのような手段も与えていることになる。

7.2.2　イデオロギー的形成のための場の創造

　本項では、教室外の第二言語環境で、学習者はどのようなイデオロギー的形成のための経験を重ねているか、また、どのようなイデオロギー的形成のための場を創造しているかを見ていく。学習者がインタビューで語った、教室外の第二言語環境における日本語母語話者との接触場面を中心に、そこで学習者が得た経験や気づきを取り上げていく。

　学習者は、前節で見たようなイデオロギー的形成のための場を、教室内に限らず、教室外の第二言語環境においても創造していることが、以下の学習者の発言から分かる。例えば、BOは、ア

ルバイト先を活用し、そこで自身の学習の場を見い出している。

BO: どうしゃべったら日本人がうれしいか、どうしゃべったら日本人がちょっと悪いっていうか、気持ち悪くなるか。それも難しいかなと思う。そのときには、毎日おれ、仕事先に入ったら、BOさんしゃべってください(笑)で、仕事しながらしゃべったりします。

　BOは、「どうしゃべったら日本人がうれしいか、どうしゃべったら日本人が気持ち悪くなるか(気分を害するか)」といった判断や言語的な選択を「難しい」と感じており、そうした日本語母語話者との接触場面に必要だと考える社会言語的な知識を得るために、アルバイト先の日本語母語話者である上司や同僚との対話を、第二言語の学習の場として捉えている。以下で挙げるKHやTKも、BO同様に、アルバイト先をそのような学習の場として活用している。

KH: バイト先のおばさんから言われたんですけど、KHさんはよく聞くなーって言ってて(笑)私は、日本人と日本人が話すのを聞くんですよ。聞いて、こっちの人がなんて言うかな、こっちの人はなんて言うかな、聞いて、あーこのときはこの言葉を使うかなーって覚えるんですよ。

M: なるほどね。

KH: あの、バイト先で、はい。で、忙しいときは聞けないんですけど(笑)

M: (笑)

KH: 暇なとき聞くんですよ(笑)耳がどっちだ？っておっきくして (笑)

TK: できるだけレジの前ずっと立って、店の主人の立場では ちょっと怒るかもしれないけど、やっぱし店の売り上げより も、レジの前で仕事しながら、**ずっと立って聞くんですよ、 お客さん。一番近い席で座ってるお客さんがどんな話題を 持って話してるんか、どれぐらい聞き取れるのか、思って ずっと聞くんですよ。**そのとき、主人が、TKくんと呼んで もわからないです(笑)

　KHやTKは、アルバイト先で日本語母語話者同士の会話を傍聴 し、「他者のことば」を聞き分け、解釈し取り出すという作業を積 極的に行っており、このようなKHやTHの行為には、「自己のこと ば」を形成していくための学習の場を自ら創造しようという試みが 窺える。こうして、教室外の第二言語環境に学習の場を創造し、 日本語母語話者あるいは第二言語話者との対話を繰り返し経験す ることによって、「他者のことば」を受け取り「自己のことば」を振 り返り熟考する。そして、このような学習の場で、学習者は次な る新たな目標を見い出し、教室内の活動で他の学習者との対話に 自身の第二言語リテラシーを実践していく能動性も獲得していく と考えられるであろう。

　このようにして、学習者は「他者のことば」を受け取り、自分な りに吟味し解釈し、そして、自身の意味体系の中に組み込んで

「自己のことば」にしていく。しかし、イデオロギー的形成の過程
では、そのようにして獲得した「自己のことば」を巡るストラグル
が起こりうる(Bakhtin, 1981)。例えば、THは、日本語母語話者と
の会話における経験を、以下のように語っている。

> TH: **私は考えたのを、それを言ったんですけど、日本人が聞いた**
> ら、なんか、信じない顔とかしてるんですね。
> M: どういう意味？
> TH: うーん。
> M: 日本語？
> TH: いえいえ、そうじゃない。うん、内容が。**考え方が違うと**
> **か、なんかあるんで。**

　日本語母語話者との会話において「私は考えたのを、それを
言った」というTHの発言は、イデオロギー的形成の過程で獲得し
た「自己のことば」を用いて、自身の考えを表現したことを意味す
る。そして、他者から「自己のことば」に対する応答を得た後、「考
え方が違うとか、なんかある」という気づきをTHは経験してい
る。このTHの発言には、そのような「自己のことば」に関するスト
ラグルの過程が窺える。さらに今後、THが、他者からのフィード
バックに基づいて「自己のことば」を振り返り、多様化させていく
とすれば、以上で述べた「自己のことば」を巡る一連のサイクル
が、「他者のことばを受け取り、自分自身のことばで語り直して
いく」イデオロギー的形成を発達させていくと考えられるであろ
う。

　以下で引用するSOも、THと同様、日本語母語話者との接触場面における経験を語っている。また、KHは、中国からの留学生同士の会話に居合わせた際に経験した気づきを述べている。

> SO:　何を言ってんのか、たぶん冗談言うのが**中国人としてはそういう日本人の冗談はあんまりわからない**と思って。で、それもあるし、何を言ってるのかピンとこなくて、**この人が言ってることが、自分とつながらない**と思います。
>
> KH:　**中国の人とか、お互いに通じるんですよ。**私、え？なんで笑うかな？って。中国の話するときも、え、なに？って言うと、えー？**説明しても私わからないんですよ。**

「この人(日本人)が言っていることが、自分とつながらない」というSOの発言は、日本語母語話者との会話で、冗談などのストーリーテリングを理解するためのパースペクティブが共有されていない場合があることを意味している。KHも、第一言語が同じ話者同士の会話を聞き、そのようなストラグルを経験している。このインタビュー・データからは、そうした接触場面における実際のやり取りは分からないが、このようなSOやKHの経験は、同じ日本語を話していても、何らかの社会文化的な相違に基づくパースペクティブの擦り合わせの難しさを示しているのではないかと思われる。

　ここまで見てきたように、イデオロギー的形成の過程は、「他者の言葉の選択的獲得の過程」(Bakhtin, 1981, p.341;邦訳, 1996, p.158)

であるゆえ、他者のことばに学習者が獲得することばの選択があればあるほど、学習者は学習の機会を得るということになる。学習者が誰と、どのような状況において、どのような方法で対話を重ねていくかということも、学習者が学ぶものを決定していくと言えるであろう。

7.3 結び：第二言語話者としての学習者の可能性

　本章では、学習者のインタビュー・データから、ストーリーテリング活動や教室外での第二言語環境における学習者の様々な意識や気づきを取り上げた。そうした学習者の意識や気づきと第二言語リテラシーとの関連や、学習者が語る第二言語による言語体験に、イデオロギー的形成の過程にいる第二言語話者としての日本語学習者の行為を観察した。また、第5章と第6章において行ったデータ分析で明らかになった事柄との関連にも触れつつ、教室活動としてのストーリーテリング活動の可能性なども視野に含め、学習者の意識や気づきを考察した。

　インタビューで語られた学習者の意識や気づきを取り上げ考察することで、本章では、本研究のストーリーテリング活動の教室活動としての可能性として、ストーリーテリング活動が(1)学習者の意識や気づきなどに働きかける、(2)学習者が教室内外でこれまでに獲得した第二言語に関する知識が有効であるかどうかを試す場となる、(3)第二言語を媒介としたイデオロギー的形成への手段

を学習者に与えるといった点を検討することができ、また、こうした側面で、ストーリーテリングという活動で実現された第二言語話者としての行為の特質も検討することができたであろう。

さらに、本研究のストーリーテリング活動は、学習者が語り手や聞き手の役割を果たしながら参加していく教室活動でありながらも、そこで語られているストーリーは学習者個人の経験や考えに基づくものであり、個人間の関係を築く可能性を与える社会的な活動でもあったと言える。そのことが分かる学習者とのインタビューから、THの発言を以下に引用する。

> TH: よかったのは、**この授業を通じて皆が皆のことを知るようになってるし**、留学生の生活にも触れられて、**自分以外の人がどんな生活してるとか、わかるようになったし**。結局、**皆、本音言ったからわかるようになった**のがよかったと思います。普段よくしゃべらん人とも、この授業を通じてしゃべるようになったし、普段会ってもあんまりしゃべらなかったのに、この授業で話してから、また、よく話すようになったのもあるし。授業、結構面白かったんですね。

本研究のストーリーテリング活動では、ストーリーテリングを通して他の学習者と個人の経験や考えを共有することで、自分以外の第二言語話者の言語行為や、かれらを取り巻く第二言語環境を知り、理解する機会が得られる。さらに、THは続けて、ストーリーテリング活動でそうした個人の経験や考えを語ることに関して、以下のように述べている。

TH: すごく苦手、表現するのが。その**勇気がないですね**、ほんとに。**人の前で表現する勇気**が。でも、ここではそれができたと思います。

「人の前で表現する勇気がない」というTHが、本研究のストーリーテリング活動において、個人の経験や考えを語るという行為に挑んだ結果、ストーリーテリング活動において自己を語るという状況を、第二言語によるイデオロギー的形成の機会へと変えていくことになったと言えるであろう。このことは、以下のSOの発言にも見られる。

SO: だって、いっぱい話さないと。言語と言えば、やはりいっぱい話しすれば。で、**自分の感情とか表したあとは、だんだん自分を超えるということ**と思って。

「自分の感情とか表したあとは、だんだん自分を超えるということ」というのは、第二言語話者としての学習者の潜在的な可能性を示していると捉えられるであろう。つまり、第二言語リテラシーを実践していくことは、学習者にとってある種の挑戦であっても、同時に、第二言語話者としてのイデオロギー的形成の可能性を学習者に与えることにもなると言えよう。

第8章 結論：第二言語能力の再考

第8章

結論：第二言語能力の再考

　本研究は1章から7章にわたり、第二言語話者の言語能力や言語活動を捉える枠組み転換の必要性を指摘し、学習者の言語活動やリテラシーの理論的な背景を検討した上で、ストーリーテリング活動において学習者の様々な言語行為が観察される現象を提示し、日本語学習者の第二言語リテラシーについて考察してきた。本章は結論として、各章の内容をまとめた後、第5章から第7章にかけて行ったデータ分析を基に、本研究の試みであった「第二言語話者の視点に立った第二言語能力」の考察に改めて検討を加える(8.1)。さらに、本研究が第二言語習得研究や日本語教育研究に与える示唆(8.2)、及び本研究に残された研究課題や今後の教育的課題について述べる(8.3)。

8.1 本研究の総括

　本研究は、従来の第二言語教育が採用してきた、対象言語の母語話者の言語規範に基づく言語能力を理想とした枠組み自体に疑問を呈し、日本語学習者のストーリーテリング活動の観察とその様相の記述を基に、第二言語話者の視点に立った第二言語能力の考察を目指したものである。以下、8.1.1では各章の内容をまとめ、8.1.2では第5章から第7章で行ったデータ分析を基に、従来の第二言語習得研究や日本語教育が捉えてきた第二言語能力との関連にも触れつつ、日本語学習者の第二言語能力を再考する。

8.1.1 各章のまとめ

　序論である第1章では、本論文の執筆に至った問題意識に関連する先行研究を紹介し、続いて、本研究が採用する理論的枠組みや本研究の目的と意義、研究課題について説明した。

　まず、第二言語話者の視点に立って第二言語能力を捉えるといった本研究の目的を導いた先行研究を概観した。「母語話者」と「非母語話者」という二項対立的な観点を批判的に検討している先行研究から第二言語話者の理念的な概念を紹介した後、第二言語習得研究や第二言語教育で提唱されてきた従来の学習者の能力観と、近年議論されている新たな能力観についての動向を論じた。次に、日本語学習者の言語活動の観察と記述、及び、日本語学習者の第二言語能力の考察にあたり、本研究が採る理論的枠組みを

説明し、本研究における第二言語リテラシーを定義した。

　本研究では、学習者の第二言語リテラシーは、他者との対話を通して立ち現われ、第二言語のことばを媒介にして修正され更新されていくと考えた。また、第二言語リテラシーは、学習者の第一言語と第二言語に関する知識、そして、両言語による言語体験が学習者の思考において共存した状態にあるとした。

　この第二言語リテラシーの定義を念頭に、続いて、研究目的と研究意義を説明した。第二言語話者の視点に立った第二言語教育の適切な方向性を定めるための示唆を得るには、まずは、言語教授の基礎となる第二言語話者の言語行為そのものを観察し、そこから第二言語話者自身が具現化していく第二言語能力を検討していく必要があることを指摘した。そこで、本研究で分析の対象として取り上げたのが、第二言語を用いて行動し表現する第二言語話者としての様々な行為が要求されるストーリーテリング活動である。ストーリーテリング活動における学習者の言語行為の観察から、第二言語話者として活動する日本語学習者の第二言語能力を考察することで、今後の日本語教育の方向性を合わせて検討することも目的として挙げた。最後に、本研究の研究課題を概括的に述べた。

　第2章では、先行研究の概観を中心に、言語活動全般に関する理論的な考察を通して、本研究における第二言語学習者の言語活動の捉え方を明確にした。

　最初に、本研究における言語活動を捉える枠組みとして、バフ

チン(Bakhtin, 1981, 1986)の言語コミュニケーション観の中心的概念であるダイアロジズムを紹介し、話し手の発話の提示、それに対する聞き手の理解そして応答という、ダイアロジズムの特徴を成す言語的交通の様相を概説した。この言語的交通にパースペクティブの共有という現象を重ね合わせ、Clark(1996)等の協働理論から話し手と聞き手の対話の過程で起こる連携的行為を説明した。そして、Clark & Schaefer(1989)が提示した「聞き手の理解の証拠」を基に、話し手の発話に対する聞き手の理解と応答のあり方を具体的に補足した。

　次に、第二言語学習者の言語活動の核となる対話とリテラシーの関係、及び、リテラシー実践について説明した。まず、第二言語学習者の言語活動に関連する概念として、フレイレ(Freire, 1970)のリテラシー論で展開されている対話と意識化の概念や、バフチンの言語コミュニケーション観を成す「イデオロギー的形成」を概説した。さらに、Wenger(1998)の実践の定義や、Barton & Hamilton(2000)やGee(2000)などのリテラシー実践の理論を紹介し、コミュニティにおいて繰り返し行われる活動の社会的実践を通して、リテラシーが形成されていくことを理解した。このような社会的実践は、個々の具体的な相互行為の実践にも反映されるため、Hall(1995)や西口(2004)の相互行為実践の考察や、教室活動における実践の特質も合わせて検討した。

　最後に、第2章のまとめとして、本研究で取り上げるストーリーテリング活動と、学習者の言語活動を支える対話と実践、そして、学習者の第二言語リテラシーとの関連を包括して論じた。語

り手と聞き手の対話がストーリーテリングそのもの自体を形成していくと捉えた上で、本研究のストーリーテリング活動が他の学習者との対話を通して「ストーリーを語る、聞く」といった実践の場を学習者に与える可能性、ストーリーテリング活動の過程で学習者が活動を達成するための利用可能なリソースを新たに発見する可能性、そして、ストーリーテリング活動が第二言語を媒介としたイデオロギー的形成への手段も学習者に与える可能性を示唆した。

　第3章では、本研究の分析対象としたストーリーテリングに関する先行研究を概観し、第二言語習得研究や日本語教育研究における本研究の位置づけを明確にした。

　Labov&Waletzky(1997[1967])とLabov(1972)が提示した「個人の経験を語ったナラティブ」構造の説明から出発し、このラボビアン・モデルを巡って展開されている批判や議論を取り上げた。次に、Sacks(1992)やSchegloff(1992)を始めとして、ナラティブを社会的活動として捉え、日常会話に埋め込まれているストーリーテリングを分析し、会話の参加者がストーリーを協働的に形成していく過程を考察した研究を紹介した。ラボビアン・モデルが、語り手の経験が再現される「構造」にのみ注目したのに対し、会話分析の手法を用いたナラティブ研究では、その場の活動の参加者によって、そこで語られている語り手の経験が相互行為的に組織化され共有されていく「過程」を重視していることが分かった。さらに、ストーリーのオーサーシップとリスナーシップの観点から見た、

ストーリーテリングへの関与や貢献度から、語り手と聞き手の役割の様々な捉え方を説明した。

こうした先行研究を参考にして、本研究は、社会的活動としてストーリーテリングを捉える研究と同じ視点に立ち、ストーリーテリングにおいて学習者の経験や知識が、学習者間で協働的に共有されていくものと見なした。そのため、聞き手のストーリーテリングへの関与や貢献に注目し、「副次的な聞き手」あるいは「協力的な聞き手」から、ストーリーテリングの「共語り手」やストーリーの「共著者」としての「能動的な聞き手」まで、様々な役割を果たす聞き手の行為を観察することの重要性を指摘した。

そして、ストーリーテリングが、「語られる世界」と「語りの世界」という二つの位相から成り立っていることを論じ、それらの位相あるいは位相間で、語り手と聞き手が用いるストラテジック・リソースについて説明した。「評価装置」や「描写語句」といったストラテジーとして利用可能なリソースを用いながら、語り手は聞き手にストーリーを理解させるよう発話を調整し、聞き手も語り手のストーリーに対する自身の解釈の枠組みを提示しながらストーリーテリングに関与していくことをより具体的に示した。

第3章の最後に、第二言語習得や日本語教育分野におけるナラティブの先行研究を取り上げ、学習者のナラティブやストーリーテリングの分析を通してすでに明らかになっている研究結果を整理した。その後、それらの先行研究を基に、第二言語習得研究や日本語教育研究における本研究の位置づけを述べ、第二言語リテラシーの具現化と実践について、その現象を整理し論じた。学習

者の行為に注目してストーリーテリング活動の過程を観察し、学習者自身が具現化していく第二言語能力を可視化していく作業が、第二言語学習者の言語活動を包括的に捉えるためにも、また、今後の第二言語教育の示唆を得るためにも必要とされていることを指摘した。

　第4章では、本研究のために行ったデータ収集やデータ分析の方法など、本研究の方法論を説明した。まず、大学の外国人留学生対象の日本語会話クラスにおいてデータを収集するにあたって留意した点、本研究の調査協力者の背景情報、ストーリーテリングの役割分担や手順などのストーリーテリング活動の構成、各ストーリーテリング活動におけるストーリーのトピックやグループの内訳、そして、調査協力者に対するインタビューの方法やその内容などの詳細を含め、具体的なデータ収集の方法について説明した。

　次に、収集したデータを分析するための枠組みを始めとして、本研究のデータ分析の方法について説明した。ダイアロジズムの観点から学習者の言語活動を捉える本研究は、ストーリーテリング活動における学習者の対話の分析の枠組みとして、Marková(1990)の対話の分析単位を採用した。この分析方法では、段階を経て構成されていく対話者間のターンの移行を、対話者双方が互いのパースペクティブを取り込みながら、各々のパースペクティブを協働的に発展させていく過程と捉える。本研究は、このような観点に基づいてデータ分析を行った。最後に、教室内で

のストーリーテリング活動、及び、学習者に対するインタビュー
を録音・録画したデータ資料の文字化の方法について述べた。

　第5章と第6章は、学習者のストーリーテリング活動の録音・録
画データを文字化した資料を用い、ストーリーテリング活動にお
いて学習者の様々な行為が観察される現象を取り上げ、日本語学
習者の第二言語リテラシーの具現化や実践を考察した。

　第5章では、ストーリーテリング活動において学習者の具体的な
経験や知識が協働的に共有あるいは(再)構築されていく過程や、
能動的な参加者としての学習者の行為が観察される現象に、学習
者の第二言語リテラシーの具現化や実践を見た。

　5.1では、語り手と聞き手によるストーリーの協働的な形成を観
察することによって、語り手の経験が学習者間の対話において再
構築される様相を明らかにし、また、ストーリーの内容やポイン
トの理解を共有するための語り手と聞き手の交渉行為を観察する
ことによって、学習者間でストーリー理解に必要な知識がその場
で焦点化され共有されていく過程を提示した。

　まず、語り手や聞き手が与えるアセスメントによって、ストー
リー内容に対するスタンスが学習者間でどのように築かれ、ス
トーリーテリングへの関与が学習者間でどのように行われている
かを観察し、ストーリーが協働的に形成されていく過程を提示し
た。学習者がストーリーを協働的に形成していく過程で、ストー
リーのポイントを理解するためのパースペクティブを共有してい
くこと、また、そのためのリソースの使用が可能であることなど

に、第二言語リテラシーの具現化を観察した。次に、学習者は、交渉の焦点となっている対象に関する知識を巡って、ストーリー理解に必要な共有知識を確立するため、リソースを使用しながら、あるいは修正しながらストーリーテリングを達成していく様相を観察した。ここでは、学習者間の交渉の焦点となった対象に関する知識が、語り手のストーリー展開やストーリーのポイントに重要な要因ではない場合、交渉が開始されてもストーリーの理解のための共有知識が学習者間で完全には確立されない例も見た。このような現象から、第二言語習得分野における従来の研究が前提としてきた、第二言語能力の不完全さによる非母語話者の言語調整という行為が、本研究のストーリーテリング活動においては、必ずしも第二言語学習者が自身の第二言語能力の不完全さを補うためではなく、ストーリーのポイントを理解するための知識を共有し、活動の達成に向けて対話を進めていくために必要な基盤作りを築く手段となっていることが明らかになった。

　5.2では、聞き手としての学習者の行為に焦点を定め、Clark ＆ Schaefer(1989)の「聞き手の理解の証拠」を援用し、聞き手が語り手のストーリー内容やポイントを理解した証拠となる行為や、それに続く応答のためのリソース使用などが観察できる具体的な現象を挙げた。まず、語り手が同じトピックに基づいた同じストーリーを、異なる聞き手に語った2つのストーリーテリングを観察し、それらのストーリーテリングにおける聞き手の行為を比較した。そして、聞き手の行為によって語り手のストーリー展開の様相が異なってくることを明らかにした。次に、ストーリーテリン

グにより能動的に参加していく聞き手の行為として、聞き手がストーリー理解のためのパースペクティブを語り手と共有していることを示す「直接引用」が使用されている具体例を提示し考察した。

　ストーリーテリングの過程で、聞き手が、語り手のストーリー内容に対するアセスメントを与えたり、語り手の発話を言い換えたり、引き継ぎ完了させたりするなど、ストーリーテリングに積極的に関与し、ストーリー展開に貢献していく場合、ストーリーテリングが容易に達成されていくことが観察された。そして、このような聞き手による応答のためのリソース使用が観察されるストーリーテリングを分析する際、語り手と聞き手がストーリー理解のためのパースペクティブを共有し、そうしたパースペクティブの共有を呈示するといったダイアロジズムに基づく観点を導入することによって、聞き手としての学習者の行為がより深く理解できた。また、このような聞き手の行為に注目した分析によって、本研究のストーリーテリング活動が、聞き手に対しても能動的な参加の機会を与え、学習者に第二言語リテラシーの実践の場を与えていることが明らかになった。

　第5章の最後に、語り手と聞き手の「対話におけるパースペクティブの発展」について検討を加えた。第5章では、ある発話に対する理解とそれに続く能動的な応答の連鎖を言語コミュニケーションと捉えるダイアロジズムの観点に基づき、対話者双方が互いのパースペクティブを取り込みながら、各々のパースペクティブを協働的に発展させていく過程が対話であるという

Marková(1990)の視点に立って、ストーリーテリング活動における学習者間の対話を分析した。このような視点から学習者の行為を見ると、聞き手は、語り手のことばを解読してストーリーを理解するのではなく、語り手のことばを手掛りとしてストーリーを再構成していると捉えることができる。そして、ストーリーテリングの過程では、語り手の中で構成され発展されつつあるパースペクティブと、聞き手において再構成され発展されつつあるパースペクティブの照合が学習者間の新たな対話となり、ストーリーテリングとして展開される。このように見ることで、ストーリーテリング活動に観察される学習者の行為は、より能動的な参加者として適切な位置づけが得られることを指摘した。

　第6章では、本研究のために行われたストーリーテリング活動を教室活動として見た場合に観察される様々な現象を提示し、学習者がストーリーテリング活動を達成していく過程に具現化される第二言語リテラシーを考察した。

　6.1では、学習者によるストーリーテリングの開始と完了の決定や、ストーリーのトピックの維持に、教室活動に関する学習者の認識が立ち現れる様相を観察し、教室活動としてのストーリーテリング活動が学習者の対話に与える制度的な側面を見た。

　ストーリーテリングの開始や完了の決定は、ある一定の時間内に開始され、展開され、そして完了されなければならないといった教室活動に関わる学習者の判断に基づいたものであり、そのような行為に、ストーリーテリング活動の教室活動としての制度性

に関する学習者の認識の呈示が観察された。また、ストーリーテリングの過程で、与えられたストーリーのトピックを維持しようとする学習者間の対話や、ストーリーのトピックの定義を巡る学習者間の交渉にも、教室活動に関する学習者の認識が立ち現れるのを観察し、日常会話で生じるストーリーテリングとは異なる、本研究のストーリーテリング活動が学習者の対話に与える制度的な側面を見た。そして、このようなストーリーテリング活動の制度性も、ストーリーテリング活動における学習者間の対話あるいは交渉の過程で、教室活動に関する学習者の認識が立ち現れることによって、創造され維持されていることを指摘した。

　6.2では、ストーリーテリング活動を展開していく過程で、活動の展開を巡って生じた学習者間の交渉に、ストーリーテリングという活動についての学習者の知識が呈示され、そうした知識が学習者間で共有されたり調整されたりする様相を考察した。まず、ストーリーのトピックやストーリーの展開を巡って起こった学習者間の交渉の過程に、ストーリーテリングという活動についての学習者の知識が呈示されている現象を取り上げ、次に、学習者がストーリーテリング活動で与えられた役割を支援し合い、第二言語リテラシーを調整していく様相を提示し考察した。

　教室活動に関する学習者の認識やストーリーテリングという活動についての知識は、これまでの日常生活で、あるいは他の教育現場で得た経験を基に、学習者が第一言語や第二言語を媒介にして獲得してきたリテラシーに基づくものである。この第6章では、そのような学習者の認識や知識が、ストーリーテリングの過程で

生じた問題を解決するための学習者間の交渉に具現化されること、さらに、問題解決を導くための、あるいはストーリーテリング活動を達成していくためのリソースとして、他の学習者とも共有されることを観察した。こうした教室活動やストーリーテリングに関する学習者の認識や知識の呈示、学習者のストーリーテリング活動への参加の様相や問題解決のための交渉の過程、活動で与えられた役割を担う学習者の行為を探ることで、第6章では、教室活動としてのストーリーテリング活動の多面的な性質が明らかになった。

　第6章の最後に、教室活動と第二言語リテラシーの関連に考察を加えた。教室という場面が与える制約、そこで行われる活動の目的や役割の遂行など、制度的状況に基づく事象に関する学習者の認識や知識が、学習者間で理解され共有されることによって教室活動の達成が可能になるということ、したがって、教室活動に参加する学習者の第二言語リテラシーは、教室活動という制度的側面を考慮した上で、他の学習者との対話に見ていかなければならないことを指摘した。

　第7章では、学習者とのインタビュー・データから、ストーリーテリング活動や教室外での第二言語環境における学習者の様々な意識や気づきを取り上げた。そうした学習者の意識や気づきと第二言語リテラシーとの関連や、学習者が語る第二言語による言語体験に「イデオロギー的形成」の過程にいる第二言語話者としての日本語学習者の行為を観察した。また、第5章と第6章において

行ったデータ分析で明らかになった事柄との関連にも触れつつ、教室活動としてのストーリーテリング活動の可能性なども視野に含め、学習者の意識や気づきを考察した。

7.1では、インタビューで語られたストーリーテリング活動への参加や役割に関する学習者の意識や気づきを取り上げた。また、ストーリーテリング活動における学習者の第一言語や第二言語に関する気づきから、第二言語リテラシーに基づく学習者の視点も考察した。

学習者は何らかの意識を持ってストーリーテリング活動に参加し、所与の役割を担い、与えられたストーリーのトピックを維持しながら、他の学習者と協働的に活動を達成していく。そうした過程で、学習者の意識は他の学習者の意識と衝突したり、学習者間で交渉が起こったりして、新たな気づきが生じる。また、学習者は、第二言語である日本語に意識的な注意を向け教室活動に参加することで、第一言語と第二言語を媒介にしてこれまで獲得してきた、それぞれのことばのパースペクティブの相違に関する気づきを常に経験している。そして、このような意識や気づきに基づいて、第一言語のことばと第二言語のことばの振り返りを繰り返すことによって、学習者は第二言語リテラシーに基づく視点を明確にしていく。こうしたストーリーテリング活動への参加や第一言語と第二言語のことばに関する学習者の意識と気づきを考察したことで、ストーリーテリング活動に観察される学習者の参加の構造や行為の様相がより包括的に理解できたであろう。

7.2では、ストーリーテリング活動や教室外での第二言語環境に

おける学習者の気づきとイデオロギー的形成の関連を考察した。まず、学習者の意識や気づきから、本研究のストーリーテリング活動が学習者のイデオロギー的形成にどのような影響を与え、どのような場を提供しているかを考察し、次に、日本語母語話者との接触場面など、教室外の第二言語環境における学習者の経験や気づきを取り上げ、そこでのイデオロギー的形成の過程や、学習者によるイデオロギー的形成のための場の創造を検討した。

　ここでは、ストーリーテリング活動における他の学習者との対話の場で、互いの第二言語能力を図りながら、自己呈示のためのリソースを選択したり、リソースとして用いる自身のリテラシーを決定したり調整したりする学習者の行為が明らかになり、第二言語を媒介としたイデオロギー的形成の過程における第二言語話者としての振舞いの一例と捉えた。また、学習者は、アルバイト先などの教室外の第二言語環境においても、イデオロギー的形成の場を創造していることが分かった。教室外の第二言語環境を学習の場と捉え、日本語母語話者あるいは第二言語話者との対話を繰り返し経験することによって、他者のことばを受け取り、解釈し、自己のことばにしていくという作業を積極的に行う学習者の試みが窺えた。

　このように、第7章では、インタビューで語られた学習者の意識や気づきを取り上げ考察することによって、教室活動としての可能性として、本研究のストーリーテリング活動が(1)学習者の意識や気づきなどに働きかける、(2)学習者が教室内外ですでに獲得した第二言語に関する知識が有効であるかどうかを試す場となる、

(3)第二言語を媒介としたイデオロギー的形成への手段を学習者に
与えるといった側面で、ストーリーテリングという活動で実現さ
れた第二言語話者としての行為の特質も検討することができたで
あろう。

　最後に、第二言語話者としての学習者の可能性について触れ
た。本研究のストーリーテリング活動は、教室活動でありながら
も、そこで語られるストーリーは学習者個人の経験や考えに基づ
くものであり、個人的な関係を築く社会的な活動でもあった。ス
トーリーテリングを通して他の学習者と個人の経験や考えを共有
することで、自分以外の第二言語話者の言語行為や、かれらを取
り巻く第二言語環境を知る機会が得られる。そして、そのような
自己を語るという状況で、第二言語リテラシーを実践していくこ
とは、第二言語話者としての学習者の潜在的な可能性を引き出す
と同時に、第二言語話者としてのイデオロギー的形成の可能性を
学習者に与えることにもなると指摘した。

　以降では、本書の最終章として、本研究の分析結果を基に、第
二言語話者の視点に立った第二言語能力の考察を含めた、本研究
の総括、第二言語習得研究や日本語教育への本研究の示唆、そし
て本研究に残された研究課題や今後の教育的課題について述べる
ことになる。

8.1.2 第二言語話者の視点に立った第二言語能力の考察

　ここまで、各章にわたり第二言語学習者の言語行為や第二言語

能力の捉え方に触れ、日本語学習者の第二言語リテラシーを考察
してきた。本項では、本研究の分析や考察を基に、「第二言語話
者の視点に立った第二言語能力」の捉え方に改めて検討を加えた
い。

　序論で、従来の第二言語習得研究や第二言語教育で捉えられて
きた能力観を概観し、そうした先行研究の知見を基に、学習者の
「第二言語リテラシー」を定義したが、この定義づけ自体が、本研
究が目指した「第二言語話者の視点に立った第二言語能力」の考察
の出発点であったと言える。そして、本研究では、そうした第二
言語リテラシーの定義に基づいて、ストーリーテリング活動に観
察される学習者の様々な行為に、第二言語リテラシーの具現化や
実践を見てきた。そこで、本項では、本研究が採用した第二言語
話者の理念的な概念や第二言語リテラシーの定義を再度取り上
げ、本研究の第二言語リテラシーの考察が明らかにしてきた点を
説明していく。

　まず、本研究は、「対象言語の母語話者を理想的なモデルとし
て、その比較において非母語話者である第二言語話者(学習者)の
言語能力や言語使用を捉え評価する」といった従来の第二言語習
得研究や第二言語教育が採用してきた枠組みに対する疑問から出
発した。第二言語学習者の価値規準から見た言語能力の見直しを
主張しているCook(2002)の観点に賛同し、母語話者の言語使用は
ある社会で認識され構築されてきた一つの現実であることを認め
ながらも、本研究に限って言えば、第二言語学習者同士が従事す
る活動において、母語話者の言語能力や言語使用を目指すこと

が、必ずしも学習者にとって重要ではないと捉えた。この点が、本研究の第二言語リテラシーの定義に繋がる。

　次に、本研究の理論的枠組みとして、Cook(1991, 1992, 2002)のマルチ能力の概念を援用して、従来の第二言語習得研究や第二言語教育における学習者の第二言語能力観を捉え直し、本研究における第二言語リテラシーを定義した。第二言語リテラシーを定義する際、まず、学習者の第二言語能力を、対象言語の母語話者に満たない不完全なものとして捉えるのではなく、第一言語と第二言語の両言語を含めた学習者の言語能力の総体として捉えた。そして、第二言語学習者がこれまでに第一言語あるいは第二言語で獲得している行為体系や言語機構を基礎として、活動を達成できることとした。学習者はそのようなリテラシーを、他の学習者と第二言語による活動の達成のためのリソースとして用い、活動の実践においては両言語による二重の言語体験を経験していると考えた。

　そして、このような学習者の第二言語リテラシーは、他の学習者との対話を通して具現化されるものとした。第二言語リテラシーはまた、そうして学習者間で積み重ねられていく対話を通して、第二言語のことばを媒介にして修正され更新されていくものと見た。学習者は、利用可能なあらゆる第二言語のリソースを媒介にして自己のことばを創造し、そうしたリソースを動員して他者との対話に貢献し、また、第二言語話者としての行為を実践していくことになる。第5章から第7章にかけて分析してきたように、このような学習者の言語行為は、対象言語の母語話者の言語

行為を比較対象にして観察され、判断されうるものではない。

　本研究の対象であった日本語学習者は、教室で日本語を学ぶという意味では「第二言語学習者」であるが、同時に、第二言語としての日本語に関する知識を持ち、それらを基に第二言語を使用する「第二言語話者」として、第二言語環境である教室内外における活動に参加している。そこで、本研究が捉える「第二言語話者の視点から見た第二言語能力」を、ここで改めて検討し整理したい。以下に挙げる2点は、筆者自身が、ストーリーテリング活動における学習者の行為を評価する際に基準にした点でもある。

> (1) 対話の場や対話において焦点化された対象に関する認識や知識の呈示や、他者との対話におけるストラテジックなリソースの使用や修正が行える。

　これは、第二言語話者がこれまでの経験から、第一言語や第二言語を媒介にして獲得してきた行為体系や言語機構に基づいて、活動に能動的に参加していくことを指す。また、他者との対話において必要な情報を与え、かつ、相手からも情報を引き出す行為を意味する。対話内容の理解のためのパースペクティブを共有し、その場の状況を判断し、その場で何が起こっているかを客観視できるということでもある。また、対話において何らかの問題が生じた場合に、これまでに獲得しているリテラシーを動員して、問題を解決するための知識を他者と共有したり、知識の差異を調整したりする協働的な作業ができることでもある。

　第5章で考察したように、対話における語り手と聞き手の相互の「理解と応答」が成立するためには、双方が理解し合っているということだけでなく、同時に、理解し合っているということを互いに表明し合う行為が行われなければならない。そのためには、聞き手が理解を呈示する応答としての発話に、語り手の発話を自己のことばで語り直すことが必要となる。また、以前に発せられた語り手のことばを引用(借用)して、自身の発話に組み込む。そして、それを再度、対話の場に登場させる。そうすることで、互いが互いの発話と応答の繋がりを見い出し、対話の意味づけを行うことができるのである。

　　(2) 場の状況や役割についての認識や、自身が獲得しているリテラシーの認識などを呈示し、活動の実践あるいは達成のためのリソースとして他者にも利用可能にできる。

　これは、第6章で考察したことであるが、活動の実践や達成に必要とされる認識や知識を公にして他者と共有するということは、他者にもそうした認識や知識を、第二言語能力を具現化するリソースとして利用可能にすることを意味する。コミュニケーション上、問題となる事象や事柄が対象化され、それを解決するために起こる対話や交渉において、問題解決を導くための、あるいは、活動を達成していくためのリソースとして、そのような認識や知識を他者にも提供することでもある。

　また、このような行為に観察される「第二言語話者の視点に

立った第二言語能力」は、常に、第二言語話者間の対話において
考察される必要があり、そのことが第二言語話者間で理解され共
有されてこそ、その能力が能力として具象化されていくものと捉
えられる。そのため、第二言語話者がこれまでの経験を基に獲得
している認識や知識をどのように扱うか、そうした認識や知識
を、他者との対話においてどのように呈示させていくかが、第二
言語話者自身の視点で決定されていかなければならないと言えよ
う。

8.2 本研究の示唆

　序論で述べたように、本研究の目的は、(1)研究的側面として、
ストーリーテリング活動において観察される第二言語(日本語)学
習者の言語行為の分析を通して、学習者間の対話に具現化され、
実践される第二言語リテラシーの考察という新たな資料を第二言
語習得研究の分野へ提供すること、(2)教育的側面として、スト
ーリーテリングの語り手として自分の経験や知識を第二言語で表現
する機会を与え、聞き手として第二言語で活動に参加し貢献して
いく実践を与える教室活動としてのストーリーテリング活動の可
能性を追求し、そこから、日本語教育を考えるための一つの視点
を提示することであった。本節では、このような研究目的に基づ
いて行われた本研究での考察が、第二言語習得研究や日本語教育
に示唆するところを提示していきたい。

8.2.1 第二言語習得研究への示唆

　本研究は、まず、日本語学習者のストーリーテリング活動における第二言語リテラシーの具現化や実践が観察される現象を分析することが、第二言語話者の視点に立った第二言語能力の考察や、第二言語話者のための第二言語教育の適切な方向性の提案に繋がるとした。これは、多様化する日本社会において第二言語話者が必要とする能力を把握するために、日本語母語話者と日本語非母語話者の接触場面研究だけでなく、第二言語話者同士が経験する言語場面や言語活動に機軸を置いた研究が必要とされているという先行研究(Cook, 2002; 鎌田, 2005; ネウストプニー, 1995)の知見が基になっている。

　こうして、第二言語学習者間の対話に観察される学習者の言語行為を観察し分析し、そこに具現化され実践される学習者の第二言語リテラシーを考察したことによって、本研究は、以下の点において、第二言語習得の分野に示唆するところがあると考える。

　　(1) ダイアロジックな言語コミュニケーションの観点から、ストーリーテリング活動における日本語学習者間の対話を考察したことである。本研究では、対話における発話の意味は、それに対する応答との関係においてのみ生成されるとし、段階を経て構成されていく対話者間のターンの移行を、対話者双方が互いのパースペクティブを取り込み、各々のパースペクティブを協働的に発展させていく過程と見た。学習者間の対話をこのように見ることで、その場で起こっている事象を理解するためのパー

スペクティブを学習者間で共有し、そうしたパースペクティブ
の共有を呈示し合うといった言語行為の様相が提示できたと考
える。

(2) (1)で説明した視点に立ち、かつストーリーテリングの特質を踏
まえた上で、ストーリーテリング活動における語り手や聞き手
の行為に注目し、学習者の第二言語リテラシーの具現化や実践
を観察し考察したことである。Johnson(2004)は、ダイアロジカ
ル・アプローチの観点から、第二言語習得研究の最終目標は、
対象言語のコミュニティへ自発的に能動的に参加していく学習
者のプロトタイプを創造していくことであると主張している。
本研究では、第二言語を媒介にして行われている活動における
学習者間の対話を分析し、学習者の第二言語リテラシーが具現
化され、実践される様々な現象を観察し考察したことで、そう
した学習者の言語行為の特質が明らかにできたと言える。

(3) さらに、ストーリーテリング活動における聞き手の様々な行為
を明らかにしたことによって、ストーリーテリングのより包括
的な理解を得ることができたと考える。ストーリーテリングに
能動的に関与し貢献していく聞き手の行為は、従来の第二言語
習得分野におけるナラティブやストーリーテリングの研究にお
いては焦点化されてこなかったことから、本研究は、その点に
おいても意義があったと考えられる。

(4) ストーリーテリング活動を教室活動としての側面から見ること
で、そこで観察される学習者間の対話に、教室活動が与える制
度性に対する学習者の認識や、教室活動としてのストーリーテ

リングに関する知識が呈示される様相を考察したことである。
このような教室活動の制度的な側面を検討することによって、
ストーリーテリング活動に観察される学習者の言語行為や、学
習者が教室活動を達成していく過程で具現化される第二言語リ
テラシーをより包括的に捉えることができたと考える。

(5) 学習者の意識や気づきから、ストーリーテリング活動における
学習者の行為や第二言語リテラシーとの関連を検証したことに
よって、ストーリーテリング活動が教室活動として与える様々
な可能性が示唆されたと言える。また、学習者の意識や気づき
を考察することで、ストーリーテリング活動に観察される学習
者の参加の構造や行為の様相がより理解できたと言える。

　このように、ストーリーテリング活動に観察される学習者の行
為の分析から、学習者の第二言語リテラシーが実践されていく様
相や、これまでの経験を基に獲得している学習者の認識や知識が
立ち現われる現象を提示したことで、そのような学習者の第二言
語リテラシーをどのように引き出し、他の学習者の第二言語リテ
ラシーとの協働をどのように支援し合えるようにするかが、教育
現場の課題であることも示唆された。この点については、次項で
触れていきたい。

8.2.2 日本語教育への示唆

　前項で説明したように、第二言語習得の分野に提供されうる本

研究の資料は、日本語教育研究や日本語教育の実践の現場にとっても参考になりうると思われる。その理由の一つとして、近年、日本語教育においては、ストーリーテリングが教室活動の一環となる可能性を検討し始めているが、ストーリーテリングにおける学習者間の対話や学習者の行為の分析から、教室活動としてのストーリーテリングを検討した研究は、管見の限り見当たらなかったことが挙げられる。

　教育的な側面から見れば、本研究のために行われたストーリーテリング活動は、「ストーリーを語る、聞く」という行為を通して、自身の経験や知識を第二言語で表現する機会を学習者に与え、第二言語で活動に参加しているという「意識」から「気づき」を生み出す教室活動を目指すものであった。そして、そのようなストーリーテリング活動の過程で具現化され、実践されていく学習者の第二言語リテラシーの考察や、インタビューで語られた学習者のストーリーテリング活動における意識や気づきの検討などから、日本語教育を考えるための一つの視点を提示することが、本研究の目的の一つであった。

　第5章から第7章のデータ分析や考察において検討してきたことであるが、教育活動としての本研究のストーリーテリング活動が与える教育的な示唆を、ここで再び、整理しておく。

　(1) ストーリーテリング活動は、学習者が他の学習者との対話を通して「ストーリーを語る、聞く」ことを実践する場を与えるだけでなく、互いの行為に観察されるリテラシーの具現化に、学習

　　者が利用可能なリソースを新たに発見する可能性を与える。

(2) ストーリーテリング活動は、学習者が教室内外でこれまでに獲得した第二言語に関する知識を、実践を通して再構築できる場である。

(3) また、そうした知識が有効であるかどうかを試せる場ともなりうる。

(4) ストーリーテリング活動は、学習者が第二言語で「語る」「聞く」という行為を通して様々な交渉的なやり取りに従事しなければならず、他の学習者の言語行為に対する批判的な眼も養うことができ、学習者の意識や気づきなど認知的な側面に働きかける。

(5) ストーリーテリング活動は、第二言語を媒介としたイデオロギー的形成への手段を学習者に与える。

　第5章と第6章では、上記の(1)と(2)を、第7章では、(3)(4)(5)のストーリーテリング活動が教室活動として与える可能性を検討した。ストーリーテリング活動に観察される学習者の行為の分析や、インタビューで語られた学習者の意識や気づきを考察することによって、本研究のストーリーテリング活動が教室活動として、このような可能性を与えることが示唆されたと思われる。

　本研究で検討してきた、ストーリーテリング活動が教室活動として与えるこのような可能性から、日本語教育を考えるための一つの視点を提案するとすれば、前項の最後で触れたように、第一に、学習者の第二言語リテラシーを引き出し、他の学習者の第二言語リテラシーとの協働を支援し合えるような教室活動を提供す

ることである。そして、第二に、そのような教室活動を通して、学習者自身が「自分(そして他の学習者)がどのような語り手であり、どのような聞き手であるか」という気づきや認識を得られるよう支援することである。第7章で見てきたように、そのような気づきは、学習者が何らかの意識や意図を持った上で教室活動に参加し、他の学習者との対話を通して起こる。第三に、そうした気づきの下、学習者自身が求める能動的な参加者として行動できるための、学習者自身の目標を設定でき、教室活動における他の学習者との対話を繰り返し経験するような状況を創造することである。さらに、そうした目標を更新し、新たな目標を継続して設定していくためには、学習者が自身の言語体験を見つめるメタ認知的な能力が育成されることも必要であろう。

8.3 今後の研究的・教育的課題

　本章の最後に、本研究で行った分析や考察を踏まえ、本研究に残された研究的課題、及び、今後の教育的課題に検討を加えておきたい。本研究に残された研究的課題として挙げられるのは、ストーリーテリング活動における学習者間の対話から第二言語リテラシーの具現化や実践を考察した本研究の延長として、様々な角度から見た第二言語リテラシーの統合的な検討である(8.3.1)。今後の教育的課題としては、本研究で行ったストーリーテリング活動を踏み台にし、そのような統合的な第二言語リテラシーの実践

が期待できる、「リテラシー・イベント」を創造する教室活動の必要性を挙げる(8.3.2)。最後に、本書全体の結びを述べる(8.3.3)。

8.3.1 研究的課題
：能力の集合体としての第二言語リテラシーの検討

　以下、ストーリーテリング活動を分析対象とした本研究に残された研究課題、及び、本研究の延長として考えられる今後の研究の可能性を、具体的に2点挙げておく。

(1) 教室内で行われるストーリーテリング活動における学習者の言語行為と、教室外の第二言語環境における学習者の言語行為を、実際のデータ資料を用いて関連づけていくことである。教室外の第二言語環境における学習者の気づきは、第7章で考察したが、より信頼性のあるデータ分析を提供するためには、教室外の環境における学習者の言語行為を調査し、分析した資料が必要であろう。

(2) ストーリーテリング活動の書き手役としてストーリーテリングに参加した学習者が、活動終了後に提出した作文を検討することである。本研究では、ストーリーテリング活動における学習者間の対話に具現化され実践される第二言語リテラシーの考察に焦点を定めたため、学習者の作文の分析や考察は取り上げなかった。しかし、書き手役の学習者が語り手のストーリーをどのように捉え、第二言語を媒介にした自己のことばで他者の経験をどのように意味づけていくかといった考察も、学習者の第

　　　　二言語リテラシーの理解を深めるためにも必要だと思われる。

　以上で述べた2点を、今後の研究に取り入れるとすると、それはより包括的な第二言語リテラシーを検討する試みとなる。つまり、一般に言われる第二言語能力そのものだけでなく、第二言語話者が従事するあらゆる活動において必要とされる能力を相互構成的に捉えた「能力の集合体」としての第二言語リテラシーを検討するということになる。本研究のストーリーテリング活動においては、学習者は、語り手としてストーリーを語り、聞き手としてストーリーの理解を語り手と共有し、書き手として語り手のストーリーに構造を与え、そして、第二言語を媒介にして語られた経験を共に再構築し、ストーリー理解に必要な知識を共有していく。そうした教室活動に観察される学習者の行為と、教室外の第二言語環境における第二言語話者としてのかれらの行為を照合することによって、「能力の集合体」としての第二言語リテラシーの考察が可能になるであろう。このような第二言語リテラシーの考察は、次項で述べる今後の教育的課題にも繋がることになる。

8.3.2 教育的課題
　　：リテラシー・イベントを創造する教室活動

　本研究で考察してきた日本語学習者の第二言語リテラシーは、常に、他の学習者との対話の場に根ざした必要性に基づいて具現化され、実践されている。したがって、第二言語リテラシーの具

現化や実践のためには、学習者間の対話が繰り返し創造され維持
されるような教室活動が提供されなければならない。そこで、今
後の教育的課題としては、本研究のために行われたストーリーテ
リング活動が教室活動としての可能性を示唆した点を踏まえ、前
項で説明したような統合的な第二言語リテラシーの実践が期待で
きる、「リテラシー・イベント」を創造する教室活動の必要性を挙
げたい。

　第2章で説明したように、リテラシーが実践される「リテラ
シー・イベント」という事象は、そこでの参加者の相互行為の性質
や参加者の意味解釈の過程にとって、リテラシーが重要な意味を
持つ活動である(Heath, 1983)。そこでは、従来の第二言語教育の
実践の現場が、第二言語学習者が習得すべき技能として扱ってき
た「話す」「聞く」「読む」「書く」といった言語行為が、他者との対話
をベースに統合的に行われることになる(Gee, 2000)。このような
「リテラシー・イベント」の例として、我々の生活で日常的に行わ
れる活動である「料理」を挙げて説明しよう。我々が何か新しい料
理を作ろうとするとき、料理本やレシピを「読み」、必要な材料や
手順を理解する。そして、そうして作った料理を共に楽しむ友人
を夕食に招待する。そこで、その友人に料理の作り方の説明を求
められた場合、レシピから得た情報を、自分のことばで「話す」こ
とになる。友人は、その説明を「聞き」ながら、メモに「書き」留め
る。もし、友人にレシピを書いてほしいと頼まれれば、レシピを
「書く」こともある。さらに、その過程で、レシピの確認作業が協
働的に行われる場合もある。「料理」にまつわるこうした一連の流

れでは、必ずしもリテラシーの「言語的」側面だけが対象化される
わけではなく、「話し手」と「聞き手」、「書き手」と「読み手」の相互
行為といった「社会的」な対話や、そうした対話を通して、そこで
交わされることばの「状況的意味」(Gee, 2000)を、我々の物事の捉
え方や解釈の仕方に則して読み取る「認知的」な作業も行われる。

　このような「リテラシー・イベント」の創造を念頭に、前項で説
明した本研究の今後の研究課題とも重なるが、本研究で行われた
ストーリーテリング活動における「書き手」としての学習者の役割
に注目して、そうしたリテラシー・イベントが創造されうる教室
活動の構想例の一つとして、3段階のセッションから構成される活
動を提案しておく。

(1) ストーリーテリング・セッション
　　このセッションでは、本研究のストーリーテリング活動が行われ
　　る。

(2) フィードバック・セッション
　　次に、語り手役の学習者が語ったストーリーを基に、書き手役
　　の学習者が創ったストーリー作文を、学習者間で共有する。こ
　　こではまず、学習者は、そのストーリー作文を「読む」ところか
　　ら始める。Gee(2000)によれば、テクストを読み取ることは、書
　　き手のことばの状況的意味を読み取ることであるという。した
　　がって、学習者は、すでに知っている語り手のストーリーを手
　　掛りに、書き手のパースペクティブに入り、書き手の書いたス
　　トーリーを吟味しなければならない。書かれたテクストを学習

　　　者間で検討することによって、学習者間に「協働的なダイアロー
　　　グ」(Swain, 2000)が起こる。この過程で、書き手役の学習者は、
　　　他の学習者に対して「知識の主張(knowledge claims)」(Hyland,
　　　1997)を行いながら、自身のテクストを検証し、新たな知の構造
　　　を築いていくことが可能になる。

　(3) コレクティブ・セッション
　　　書き手役の学習者は、フィードバック・セッションにおける他
　　　の学習者からのコメントや自身の気づきを基に、最初に書いた
　　　ストーリー作文を修正したり、加筆したりする。ここで、教師
　　　によるフィードバックが与えられてもよい。そして、そのよう
　　　なフィードバックから、学習者自身が、どのことばを獲得し、
　　　自己のことばとして使用していくかを選択することができる。

　このような「リテラシー・イベント」の創造を目指す教育実践
は、学習者に第二言語リテラシーを実践する場が提供され、学習
者が現実の対話の場や文脈に根ざした自らのことばを用いて第二
言語リテラシーを実践していく過程を支援するものでなければな
らない。また、そのような過程で、第二言語を媒介にした経験を
得る機会が学習者に豊富に与えられることも必要である。そうし
た経験が積み重ねられることによって、学習者は第二言語を媒介
にした自身のイデオロギー的形成に向かい合い、第二言語話者と
して自律できるようになると考えられる。

8.3.3　結び

　我々の日常には、あらゆるストーリーが溢れている。ストーリーによって、また、ストーリーを通して、我々は、物事の見方や解釈の仕方を獲得していく。他者との対話において「ストーリーを語る、聞く」ということは、そのような我々の物事の見方や解釈の仕方を形成し、再編し、更新していくことである。そして、我々は、このような活動において自己や他者の経験や認識や知識に価値を付与し、そうした活動を通して他者と現実を構築しているのである。

　第二言語に媒介された世界に生きる第二言語話者は、そのような活動が継続して起こる日常において、常に自身の第二言語リテラシーを駆動させなければならない。第二言語に関する言語的・社会文化的知識だけでは、他者とのコミュニケーションを達成するには十分ではない。第二言語のことばを媒介にしたパースペクティブの共有と発展がコミュニケーションを成立させる。第二言語話者間の対話では、そのような第二言語を媒介にしたパースペクティブの共有と発展が必須であり、そうした活動を支援することこそが、第二言語教育の目的なのではないだろうか。そして、他者との対話において、第二言語リテラシーを実践していく力、また、他者とのリテラシーの差異を認識し、自身のリテラシーを調整する力、このような力の獲得が、今後の学習者の第二言語リテラシーを確かなものにしていくと思われる。

　そのような過程で、第二言語話者は、言語学習に関する目標を

更新し続ける。第二言語話者は、既存の、あるいは特定の状況だ
けでなく、未知の状況に直面した場合も、その第二言語リテラ
シーで、第二言語に関する経験や知識の獲得と適用に絶えず従事
していく。そして、第二言語話者は、常に第二言語で行動し表現
するといった「第二言語話者」を実践し続けなければならないので
ある。このような第二言語話者の第二言語リテラシーを考察した
本研究が、第二言語話者の生を支援するものとなることを願う。

おわりに

　本書は、筆者が2008年に大阪大学大学院言語文化研究科に提出した博士論文を改訂したものである。博士論文を完成させてからすでに5年以上が過ぎたが、紙面を借りて、本研究を進めるにあたって御指導、御助言くださった皆様に、あらためて深くお礼申し上げる。この間、韓国の高麗大学において教鞭を執ることができ、このように本書出版の機会が与えられたことも、これまでに出会った多くの方々の御支援のおかげである。心から感謝している。

　本書の出版にあたり、拙論を何度も読み返した。学習者自身がストーリーテリングにおいて具現化させる第二言語能力を可視化していくこと、これが本研究を導いた問題意識でもあり目標でもあった。学習者がストーリーテリングをどのように行っているかを観察して記述し、そこで浮き彫りになる現象を考察することで、多少なりとも、学習者の独創的なコミュニケーション・スタイルのあり方を提示できたのではないかと思う。

　そのようにして出来上がった本書『第二言語リテラシーとストーリーテリング』には、『次世代の日本語学習者のコミュニケーショ

ンのために』というサブタイトルを付けた。本書を手にした方々が、筆者が出会った素晴らしい日本語学習者たちの言語活動を、次世代の日本語学習者のコミュニケーションのあり方の参考にしていただきたいという願いと、　この研究を過去の研究として終わらせるのではなく、筆者の今後の研究活動や教育実践に活かしていくという想いを込めたタイトルである。

　最後になったが、高麗大学日本研究センターの安志英先生に、心からの感謝を伝えたい。安先生の御支援と御助力がなければ、本書の出版は成しえなかった。そして、迅速に編集作業を進めてくださったJ＆Cの編集者の方々にもお礼を申し上げる。韓国での最後の仕事として、本書の出版を大変嬉しく思う。どうも有難うございました。

■ 参考文献

英文

Bachman, L. F. (1990). Fundamental considerations in language testing. Oxford: Oxford University Press. 池田央・大友賢二監修(1997)『言語テスト法の基礎』みくに出版

Bakhtin, M. M. (1981). *The dialogic imagination: Four essays*. Austin, TX: University of Texas Press. 伊東一郎訳(1996)『小説の言葉』平凡社

_____ (1986). *Speech genres and other late essays*. Austin, TX: University of Texas Press. 新谷敬三郎・佐々木寛・伊東一郎訳(1988)『ことば対話テキスト』新時代社

Bamberg, M. (2004). Considering counter narratives. In M. Bamberg & M. Andrews (Eds.), *Considering counter narratives: Narrating, resisting, making sense* (pp.351-371). Amsterdam: John Benjamins.

Barton, D., & Hamilton, M. (2000). Literacy practices. In D. Barton, M. Hamilton, & R. Ivanic (Eds.), *Situated literacies* (pp.7-15). London: Routledge.

Bauman, R. (1986). *Story, performance, and event*. Cambridge: Cambridge University Press.

_____, & Briggs, C. L. (1990). Poetics and performance as critical perspectives on language and social life. *Annual Review of Anthropology, 19*, 59-88.

Belz, J. A. (2002). The myth of the deficient communicator. *Language Teaching Research, 6* (1), 59-82.

Berger, P., & Luckmann, T. (1966). *The social construction of reality: A treatise in the sociology of knowledge*. New York: Doubleday. 山口節郎訳(2003)『現実の社会的構成』新曜社

Bruner, J. (1986). *Actual minds, possible worlds*.Cambridge, MA: Harvard University Press.

Byram, M., & Zarate, G. (1994). *Definitions, objectives and assessment of socio-cultural competence*. Strasbourg: Council of Europe.

Cameron, C. A., & Wang, M. (1999). Frog, where are you? Children's narrativeex pressionover the telephone. *Discourse Processes*, *28* (3), 217-236.

Canale, M., & Swain, M.(1980). Theoretical bases of communicative approaches to second language teaching and testing. *Applied Linguistics*, *1*, 1-47.

Chafe, W. L. (1980). The deployment of consciousness in the production of a narrative. In W. L. Chafe (Ed.), *The pear stories: Cognitive, cultural and linguistic aspects of narrative production* (pp.9-50). Norwood, NJ: Ablex.

_____ (1994). *Discourse, consciousness, and time: The flow and displacement of conscious experience in speaking and writing.* Chicago: The University of Chicago Press.

Chomsky, N. (1965). *Aspects of the theory of syntax.* Cambridge, MA: M.I.T. Press.

Clancy, P. M. (1982). Written and spoken style in Japanese narratives. In D. Tannen (Ed.), *Spoken and written language: Exploring orality and literacy* (pp.55-76). Norwood, NJ: Ablex.

Clark, H. H. (1996). *Using language.* Cambridge: Cambridge University Press.

_____, & Schaefer, E. F. (1989). Contributing to discourse. *Cognitive science*, *13*, 259-294.

_____, & Wilkes-Gibbs, D. (1986). Referring as a collaborative process. *Cognition*, *22*, 1-39.

Cook, V. J. (1991). The poverty-of-the-stimulus argument and multi-competence. *Second Language Research*, *7*(2), 103-117.

_____ (1992). Evidence for multicompetence. *Language Learning*, *42*, 557-591.

_____ (2002). *Portraits of the L2 user.* Clevedon: Multilingual Matters.

Cope, B., & Kalantzis, M. (Eds.). (2000). *Multiliteracies.* London: Routledge.

Davis, A. (1991). *The native speaker in applied linguistics.* Edinburgh: Edinburgh University Press.

Davis, A. (2003). *The native speaker: Myth and reality.* Clevedon: Multilingual Matters.

Drew, P., & Heritage, J. (1992). Analyzing talk at work: An introduction. In P. Drew & J. Heritage (Eds.), *Talk at work: Interaction in institutional settings* (pp.3-

65). Cambridge: Cambridge University Press.

Duranti, A. (1986). The audience as co-author. *Text, 6* (3), 239-247.

Edwards, D. (1997). *Discourse and cognition.* London: Sage.

Færch, C., & Kasper, G. (1983). Plans and strategies in foreign language communication. In C. Færch & G. Kasper (Eds.), *Strategies in interlanguage communication* (pp.20-60). London: Longman.

Freedman, S. W., & Ball, A. F. (2004). Ideological becoming: Bakhtinian concepts to guide the study of language, literacy, and learning. In A. F. Ball & S. W. Freedman (Eds.), *Bakhtinian perspectives on language, literacy, and learning* (pp.3-33). New York: Cambridge University Press.

Freire, P. (1970). *Pedagogy of the oppressed.* New York: Seabury. 小沢有作・楠原彰・柿沼秀雄・伊藤周訳(1979)『被抑圧者の教育学』亜紀書房

Gardner, R. & Wagner, J. (2004). *Second language conversations.* London: Continuum.

Gee, J. P. (1986). Units in the production of narrative discourse. *Discourse Processes, 9*, 391-422.

_____ (1989). What is literacy? *Journal of Education, 171*, 18-25.

_____ (1990). *Social linguistics and literacies: Ideology in discourses.* London: The Falmer Press.

_____ (1991). Memory and myth: A perspective on narrative. In A. McCabe & C. Peterson (Eds.), *Developing narrative structure* (pp.1-25). Hillsdale, NJ: Lawrence Erlbaum Associates.

_____ (2000). The new literacy studies: From 'socially situated' to the work of the social. In D. Barton, M. Hamilton, & R. Ivanic (Eds.), *Situated literacies* (pp.180-196). London: Routledge.

Georgakopoulou, A. (2002). Narrative and identity management: Discourse and social identities in a tale of tomorrow. *Research on Language and Social Interaction, 35*(4), 427-451.

Giroux, H. A. (1992). Border crossing: Cultural workers and the politics of education. New York: Routledge.

Goffman, E. (1959). *The presentation of self in everyday life.* New York: Anchor

Books. 石黒毅訳(1974)『行為と演技―日常生活における自己呈示』誠信書房

_____ (1974). *Frame analysis: An essay on the organization of experience.* Boston, MA: Northeastern University Press.

_____ (1976). Replies and responses. *Language in Society, 5,* 257-313.

_____ (1981). *Forms of talk.* Philadelphia: University of Pennsylvania Press.

Goodwin, C. (1981). *Conversational organization: Interaction between speakers and hearers.* New York: Academic Press.

_____ (1984). Notes on story structure and the organization of participation. In J. M. Atkinson & J. Heritage (Eds.), *Structures of social action: Studies in conversation analysis* (pp.225-246). Cambridge: Cambridge University Press.

_____ (1986). Audience diversity, participation and interpretation. *Text, 6*(3), 283-316.

_____ (1995). The negotiation of coherence within conversation. In M. A. Gernsbacher & T. Givón (Eds.), *Coherence in spontaneous text* (pp.117-137). Amsterdam: John Benjamins.

_____, & Goodwin, M. H. (1987). Concurrent operations on talk: Notes on the interactive organization of assessments. *IPRA Papers in Pragmatics, 1* (1), 1-54.

_____, & Goodwin, M. H. (1992). Assessments and the construction of context. In A. Duranti & C. Goodwin (Eds.), *Rethinking context: Language as an interactive phenomenon* (pp.147-189). Cambridge: Cambridge University Press.

Goodwin, M. H. (1990). *He-said-she-said: Talk as social organization among black children.* Bloomington: Indiana University Press.

_____ (1997). Toward families of stories in context. *Journal of Narrative and Life History, 7* (1-4), 107-112.

Gwyn, R. (2000). "Really unreal": Narrative evaluation and the objectification of experience. *Narrative Inquiry, 10* (2), 313-340.

Hall, J. K. (1995). (Re)creating our worlds with words: A sociohistorical perspective of face-to-face interaction. *Applied Linguistics, 16*(2), 206-232.

_____, Vitanova, G., & Marchenkova, L. (Eds). (2005). *Dialogue with Bakhtin on second and foreign language learning.* Mahwah, NJ: Lawrence Erlbaum Associates.

Heath, S. B. (1983). *Ways with words: Language, life and work in communities and classrooms.* Cambridge: Cambridge University Press.

Hirsch, E. D. (1987). *Cultural literacy: What every American needs to know.* Boston: Houghton Mifflin.

Holme, R. (2004). *Literacy.* Edinburgh: Edinburgh University Press.

Holquist, M. (1990). *Dialogism.* London: Routledge. 伊藤誓訳(1994)『ダイアローグの思想—ミハイル・バフチンの可能性』法政大学出版局

Hutchby, I., & Wooffitt, R. (1998). *Conversation analysis.* Cambridge: Polity Press.

Hymes, D. (1972a). On communicative competence. In J. Pride & J. Holmes (Eds.), *Sociolinguistics* (pp. 269-283). Harmondsworth, England: Penguin Books.

_____ (1972b). Models of the interaction of language and social life. In J. Gumperz & D. Hymes (Eds.), Directions in sociolinguistics: The ethnography of communication (pp. 35-71). New York: Basil Blackwell.

_____ (1981). "In vain I tried to tell you": Essays in native American ethnopoetics. Philadelphia: University of Pennsylvania Press.

Hyland, K. (1997). Scientific claims and community values: Articulating an academic culture. *Language & Communication, 17* (1), 19-31.

Jacoby, S., & Ochs, E. (1995). Co-construction: An introduction. *Research on Language and Social Interaction, 28* (3), 37-72.

Jefferson, G. (1978). Sequential aspects of storytelling in conversation. In J. Schenkein (Ed.), *Studies in the organization of conversational interaction* (pp. 219-248). New York: Academic Press.

_____ (1979). A technique for inviting laughter and its subsequent acceptance /declination. In G. Psathas (Ed.), *Everyday language: Studies in ethno-methodology* (pp. 79-96). New York: Irvington Publishers.

Johnson, M. (2004). *A philosophy of second language acquisition.* New Haven: Yale University Press.

Johnstone, B. (2001). Discourse analysis and narrative. In D. Schiffrin, D. Tannen, & H. E. Hamilton (Eds.), *The handbook of discourse analysis* (pp.635-649). Oxford: Blackwell.

Jones, R. E. (2001). A consciousness-raising approach to the teaching of conversational storytelling skills. *ELT Journal, 55* (2), 155-163.

Karatsu, M. (2004). Verbal and nonverbal negotiation in Japanese storytelling. In P. Szatrowski (Ed.), *Hidden and open conflict in Japanese conversational interaction* (pp.125-161). Tokyo: Kuroshio.

Kasper, G. (2006). Beyond repair: Conversation analysis as an approach to SLA. *AILA Review, 19*, 83-99.

Kramsch, C. (1998). A privilege of the intercultural speaker. In M. Byram & M. Fleming (Eds.), *Language learning in intercultural perspective: Approaches through drama and ethnography* (pp.16-31). Cambridge: Cambridge University Press.

_____ (2006). From communicative competence to symbolic competence. *The Modern Language Journal, 90* (2), 249-252.

_____, & Sullivan, P. (1996). Appropriate pedagogy. *ELT Journal, 50* (3), 99-212.

Labov, W. (1972). *Language in the inner city: Studies in the Black English vernacular.* Philadelphia: University of Pennsylvania Press.

Labov, W., & Waletzky, J. (1997 [1967]). Narrative analysis: Oral version of personal experience. *Journal of Narrative and Life History, 7* (1-4), 3-38. (Original edition: In J. Helm (Ed.), *Essays on the verbal and visual arts: Proceedings of the 1966 Annual Spring Meeting of the American Ethnological Society* (pp.12-44). Seattle: University of Washington Press.)

Lave, J., & Wenger, E. (1991). *Situated learning: Legitimate peripheral participation.* Cambridge: Cambridge University Press. 佐伯胖訳(1993)『状況に埋め込まれた学習—正統的周辺参加』産業図書

Lerner, G. H. (1992). Assisted storytelling: Deploying shared knowledge as a practical matter. *Qualitative Sociology, 15* (3), 247-271.

Linde, C. (2001). Narrative in institutions. In D. Schiffrin, D. Tannen, & H. E. Hamilton (Eds.), *The handbook of discourse analysis* (pp.518-535). Oxford: Blackwell.

Linell, P. (1998). *Approaching dialogue: Talk, interaction and contexts in dialogical perspectives.* Amsterdam: John Benjamins.

Liskin-Gasparro, J. E. (1996). Narrative strategies: A case study of developing storytelling skills by a learner of Spanish. *The Modern Language Journal, 80* (3), 271-286.

Lo Bianco, J., Liddicoat, A. J., & Crozet, C. (1999). *Striving for the third place: Intercultural competence through language education.* Melbourne: Language Australia Publications.

Long, M. H. (1983). Native speaker/non-native speaker conversation and the negotiation of comprehensible input. *Applied Linguistics, 4* (2), 126-141.

Mandelbaum, J. S. (2003a). How to "do things" with narrative: A communication perspective on narrative skill. In J. O. Greene & B. R. Burleson (Eds.), *Handbook of communication and social interaction skills* (pp.595-633). Mahwah, NJ: Lawrence Erlbaum Associates.

＿＿＿＿＿＿＿＿＿ (2003b). Interactive Methods for Constructing Relationships. In P. J. Glenn, C. D. LeBaron, & J. S. Mandelbaum (Eds.), *Studies in language and social interaction: In honor of Robert Hopper* (pp.207-219). Mahwah, NJ: Lawrence Erlbaum Associates.

Markee, N. (2000). *Conversation analysis.* Mahwah, NJ: Lawrence Erlbaum Associates.

＿＿＿＿＿＿＿ & Kasper, G. (2004). Classroom talks: An introduction. *The Modern Language Journal, 88* (4), 491-500.

Marková, I. (1990). A three-step process as a unit of analysis in dialogue.In I. Marková & K. Foppa (Eds.), *Thedynamics of dialogue* (pp.129-146). London: Harvester Wheatsheaf.

Maynard, S. (1989). *Japanese conversation: Self-contextualization through structure and interactional management.* Norwood, NJ: Ablex.

Minami, M. (2002). *Culture-specific language styles: The development of oral narrative and literacy.* New York: Multilingual Matters.

Mori, J. (2004). Negotiating sequential boundaries and learning opportunities: A case from a Japanese language classroom. *The Modern Language Journal*, *88*(4), 536-550.

Nishikawa, R. (1999). Communicating the point: Analysis of Japanese narrative structure. Unpublished MA thesis. University of Hawaii at Manoa, Honolulu.

Norrick, N. R. (2000). *Conversational narrative: Storytelling in everyday talk*. Amsterdam: John Benjamins.

Ochs, E.(1997). Narrative. In T. A. Van Dijk (Ed.), *Discourse as structure and process* (pp.185-207). London: SAGE.

_____, & Capps, L. (2001). *Living narrative*. Cambridge, MA: Harvard University Press.

_____, Taylor, C., Rudolph, D., & Smith, R. (1992). Storytelling as a theory-building activity. *Discourse Processes*, *15*, 37-72.

Ohta, A. S. (2001). *Second language acquisition processes in the classroom*. New Jersey: Lawrence Erlbaum Associates.

Pica, T. (1994). Research on negotiation: What does it reveal about second-language learning conditions, processes, and outcomes? *Language Learning*, *44*, 493-527.

Pomerantz, A. M. (1984). Agreeing and disagreeing with assessments: Some features of preferred/dispreferred turn shapes. In J. M. Atkinson & J. Heritage (Eds.), *Structures of social action: Studies in conversation analysis* (pp.57-101). Cambridge: Cambridge University Press.

Polanyi, L. (1979). So what's the point? *Semiotica*, *25*, 207-241.

_____ (1985). *Telling the American story: A structural and cultural analysis of conversational storytelling*. Norwood, NJ: Ablex.

Propp, V. (1968). *Morphology of the folk-tale*. Austin, TX: University of Texas Press.

Rommetveit, R. (1985). Language acquisition as increasing linguistic structuring of experience and symbolic behavior control. In J. J. Wertsch (Ed.), *Culture, communication, and cognition: Vygotskian perspectives* (pp.183-204). New York: Cambridge University Press.

Sacks, H. (1992). *Lectures on conversation*. Oxford: Basil Blackwell.

_____, Schegloff, E. A., & Jefferson, G. (1974). A simplest systematic for the organization of turn-taking in conversation. *Language*, *50*, 696-735.

Schegloff, E. A. (1992). In another context. In A. Duranti & C. Goodwin (Eds.), *Rethinking context: Language as an interactive phenomenon* (pp.191-227). Cambridge: Cambridge University Press.

Schmidt, R. (1990). The role of consciousness in second language learning. *Applied Linguistics*, *11* (2), 129-158.

Snow, C. E. (1983). Literacy and language: Relationships during the preschool years. *Harvard Educational Reviews*, *53*, 165-189.

Swain, M. (2000). The output hypothesis and beyond: Medicating acquisition through collaborative dialogue. In J. P. Lantolf (Ed.), *Sociocultural theory and second language learning* (pp.97-114). Oxford: Oxford University Press.

_____, & Lapkin, S. (1995). Problems in output and the cognitive processes they generate: A step towards second language learning. *Applied Linguistics*, *16* (3), 371-391.

Tannen, D. (1989). *Talking voices: Repetition, dialogue, and imagery in conversational discourse*. Cambridge: Cambridge University Press.

_____ (1993). What's in a frame? Surface evidence for underlying expectations. In D. Tannen (Ed.), *Framing in discourse* (pp.14-56). New York: Oxford University Press.

The New London Group. (1996). A pedagogy of multiliteracies: Designing social futures. *Harvard Educational Review*, *66* (1), 60-92.

_____ (2000). A pedagogy of multiliteracies: Designing social futures. In B. Cope & M. Kalantzis (Eds.), *Multiliteracies* (pp.9-37). London: Routledge.

Vincent, D., & Perrin, L. (1999). On the narrative vs non-narrative functions of reported speech: A socio-pragmatic study. *Journal of Sociolinguistics*, *3* (3), 291-313.

Wajnryb, R. (2003). *Stories: Narrative activities in the language classroom*. Cambridge: Cambridge UniversityPress.

Wells, G. (1999). *Dialogic inquiry: Toward a sociocultural practice and theory of education*. New York: Cambridge University Press.

Wenger, E. (1998). *Communities of practice: Learning, meaning, and identity*. Cambridge: Cambridge University Press.

Wertsch, J. V. (1991). *Voices of the mind: A sociocultural approach to mediated action*. Cambridge, MA: Harvard University Press. 田島信元・佐藤公治・茂呂雄二・上村佳世子訳(1995)『心の声―媒介された行為への社会文化的アプローチ』福村出版

Wortham, S. (2001). *Narratives in action*. New York: Teachers College Press.

Yoshimi, D. R. (2001).Explicit instruction and JFL learners' use of interactional discourse markers. In K. R. Rose & G. Kasper (Eds.), *Pragmatics in language teaching* (pp.223-244). New York: Cambridge University Press.

Young, K. G. (1987). *Taleworlds and storyrealms: The phenomenology of narrative*. Dordrecht: Martinus Nijhoff.

Young, R. (1999). Sociolinguistic approaches to SLA. *Annual Review of Applied Linguistics, 19*, 105-132.

邦文

大平未央子(2001)「ネイティブスピーカー再考」山下仁・野呂香代子編『「正しさ」への問い―批判的社会言語学の試み』pp.85-110. 三元社

鎌田修(2000)『日本語の引用』ひつじ書房

＿＿＿＿(2005)「OPIの意義と異議―接触場面研究の必要性―」鎌田修・筒井通雄・畑佐

由紀子・ナズキアン富美子・岡まゆみ編『言語教育の新展開―牧野成一教授古稀記念論集』pp.311-331. ひつじ書房

川上郁雄(2005a)「言語能力観から日本語教育のあり方を考える」リテラシーズ研究会編『リテラシーズ1―ことば・文化・社会の日本語教育へ』pp.3-18. くろしお出版

＿＿＿＿＿(2005b)「『移動する子どもたち』と言語教育―ことば、文化、社会を視

野に」『国際研究集会：ことば・文化・社会の言語教育』pp.60-81.

木田真理・小玉安恵(2001)「上級日本語学習者の口頭ナラティブ能力の分析—雑談の場での経験談の談話指導に向けて—」『日本語国際センター紀要』第11号 pp.31-49.

串田秀也(2006)『相互行為秩序と会話分析—「話し手」と「共－成員性」をめぐる参加の組織化』世界思想社

クラムシュ，クレア(2005)「文化リテラシーとコミュニケーション能力」『国際研究集会：ことば・文化・社会の言語教育』pp.4-30.

桑野隆(1990)『未完のポリフォニー—バフチンとロシア・アヴァンギャルド』未來社

小玉安恵(2000)「ラボビアンモデルによる日本語のナラティブ分析の可能性と諸問題」『日本語国際センター紀要』第10号 pp.17-32.

佐藤公治(1999)『認識と文化10 対話の中の学びと成長』金子書房

嶋津百代(2005)「異言語話者のナラティブを研究する」西口光一編『文化と歴史の中の学習と学習者—日本語教育における社会文化的パースペクティブ』第11章 pp.234-255.凡人社

中井陽子(2005)「談話分析の視点を生かした会話授業」『日本語教育』126号 pp.94-103.

西川玲子(2005)「日常会話に起こるナラティブの協働形成—理論構築活動としてのナラティブ—」『社会言語科学』第7巻第2号 pp.25-38.

西口光一(2004)「留学生のための日本語教育の変革：共通言語の生成による授業の創造」石黒広昭編著『社会文化的アプローチの実際—学習活動の理解と変革のエスノグラフィー』第5章 pp.96-128. 北大路書房

＿＿＿＿＿＿(2005 manuscript)「日本における言語内共生のための課題」

＿＿＿＿＿＿(2013)『第二言語教育におけるバフチン的視点—第二言語教育学の基盤として』くろしお出版

ネウストプニー，J. V.(1995)『新しい日本語教育のために』大修館書店

バフチン，ミハイル.(1989)『マルクス主義と言語哲学—言語学における社会学的方法の基本的問題』桑野隆訳、未來社

フリック，ウヴェ(2002)『質的研究入門—＜人間の科学＞のための方法論』小田博

　　　　志・山本則子・春日常・宮地尚子訳、春秋社

法務省入国管理局ウェブページ(2014)「在留外国人統計」
　　　　http://www.immi-moj.go.jp/toukei/index.html

細川英雄(2003)　「『個の文化』再論―日本語教育における言語文化教育の意味と課
　　　　題―」「21世紀の『日本事情』」編集委員会編『21世紀の「日本事情」5―日
　　　　本語教育から文化リテラシーへ』pp.36-51.くろしお出版

＿＿＿＿＿(2005)『日本語教育は何をめざすか―言語文化活動の理論と実践』明石
　　　　書店細川英雄(2006)「『社会文化能力』から『文化リテラシー』へ―日本語
　　　　教育における『文化』とその教育概念をめぐって」リテラシーズ研究会編
　　　　『リテラシーズ2―ことば・文化・社会の日本語教育へ』pp.129-144.く
　　　　ろしお出版

＿＿＿＿＿(2007)「日本語教育学のめざすもの―言語活動環境設計論による教育パ
　　　　ラダイム転換とその意味―」『日本語教育』132号 pp.79-88.

森純子(2005)「第二言語習得研究における会話分析：Conversation Analysis(CA)の
　　　　基本原則、可能性、限界の考察」『第二言語としての日本語の習得研究』
　　　　第7号 pp.186-213.第二言語習得研究会

矢部まゆみ(2003)「『『人生の3大事件』を聴く、語る―早稲田オレゴンプログラム
　　　　『ワー クショップ』での試み―」『講座日本語教育』第39号 pp.101-121.
　　　　早稲田大学日本語研究教育センター

＿＿＿＿＿＿(2005)「対話教育としての日本語教育についての考察―＜声＞を発
　　　　し、響き合わせるために」『リテラシーズ1―ことば・文化・社会の日本
　　　　語教育へ』pp.35-51.くろしお出版

リテラシーズ研究会編(2005)『リテラシーズ1―ことば・文化・社会の日本語教育
　　　　へ』くろしお出版

李麗燕(2000)『日本語母語話者の雑談における「物語」の研究―会話管理の観点か
　　　　ら―』くろしお出版

■ 索引 ────────────────────────